COMUNICAÇÃO INTEGRADA DE MARKETING

uma visão global

www.saraivauni.com.br

Roberto Corrêa

COMUNICAÇÃO INTEGRADA DE MARKETING

uma visão global

Editora Saraiva

Editora Saraiva

Rua Henrique Schaumann, 270
Pinheiros – São Paulo – SP – CEP: 05413-010
Fone PABX: (11) 3613-3000 • Fax: (11) 3611-3308
Televendas: (11) 3613-3344 • Fax vendas: (11) 3268-3268
Site: http://www.saraivauni.com.br

Filiais

AMAZONAS/RONDÔNIA/RORAIMA/ACRE
Rua Costa Azevedo, 56 – Centro
Fone/Fax: (92) 3633-4227 / 3633-4782 – Manaus

BAHIA/SERGIPE
Rua Agripino Dórea, 23 – Brotas
Fone: (71) 3381-5854 / 3381-5895 / 3381-0959 – Salvador

BAURU/SÃO PAULO (sala dos professores)
Rua Monsenhor Claro, 2-55/2-57 – Centro
Fone: (14) 3234-5643 – 3234-7401 – Bauru

CAMPINAS/SÃO PAULO (sala dos professores)
Rua Camargo Pimentel, 660 – Jd. Guanabara
Fone: (19) 3243-8004 / 3243-8259 – Campinas

CEARÁ/PIAUÍ/MARANHÃO
Av. Filomeno Gomes, 670 – Jacarecanga
Fone: (85) 3238-2323 / 3238-1331 – Fortaleza

DISTRITO FEDERAL
SIA/SUL Trecho 2, Lote 850 – Setor de Indústria e Abastecimento
Fone: (61) 3344-2920 / 3344-2951 / 3344-1709 – Brasília

GOIÁS/TOCANTINS
Av. Independência, 5330 – Setor Aeroporto
Fone: (62) 3225-2882 / 3212-2806 / 3224-3016 – Goiânia

MATO GROSSO DO SUL/MATO GROSSO
Rua 14 de Julho, 3148 – Centro
Fone: (67) 3382-3682 / 3382-0112 – Campo Grande

MINAS GERAIS
Rua Além Paraíba, 449 – Lagoinha
Fone: (31) 3429-8300 – Belo Horizonte

PARÁ/AMAPÁ
Travessa Apinagés, 186 – Batista Campos
Fone: (91) 3222-9034 / 3224-9038 / 3241-0499 – Belém

PARANÁ/SANTA CATARINA
Rua Conselheiro Laurindo, 2895 – Prado Velho
Fone: (41) 3332-4894 – Curitiba

PERNAMBUCO/ ALAGOAS/ PARAÍBA/ R. G. DO NORTE
Rua Corredor do Bispo, 185 – Boa Vista
Fone: (81) 3421-4246 / 3421-4510 – Recife

RIBEIRÃO PRETO/SÃO PAULO
Av. Francisco Junqueira, 1255 – Centro
Fone: (16) 3610-5843 / 3610-8284 – Ribeirão Preto

RIO DE JANEIRO/ESPÍRITO SANTO
Rua Visconde de Santa Isabel, 113 a 119 – Vila Isabel
Fone: (21) 2577-9494 / 2577-8867 / 2577-9565 – Rio de Janeiro

RIO GRANDE DO SUL
Av. A. J. Renner, 231 – Farrapos
Fone: (51) 3371- 4001 / 3371-1467 / 3371-1567 – Porto Alegre

SÃO JOSÉ DO RIO PRETO/SÃO PAULO (sala dos professores)
Av. Brig. Faria Lima, 6363 – Rio Preto Shopping Center – V. São José
Fone: (17) 3227-3819 / 3227-0982 / 3227-5249 – São José do Rio Preto

SÃO JOSÉ DOS CAMPOS/SÃO PAULO (sala dos professores)
Rua Santa Luzia, 106 – Jd. Santa Madalena
Fone: (12) 3921-0732 – São José dos Campos

SÃO PAULO
Av. Antártica, 92 – Barra Funda
Fone PABX: (11) 3613-3666 – São Paulo

354.272.001.003

ISBN 978-85-02-05952-8
85-02-05952-1

CIP-BRASIL. CATALOGAÇÃO NA FONTE
SINDICATO NACIONAL DOS EDITORES DE LIVROS, RJ.

Corrêa, Roberto, 1937-
Comunicação integrada de marketing : uma visão global / Roberto Corrêa. – São Paulo : Saraiva, 2006

Inclui bibliografia
ISBN 978-85-02-05952-8
85-02-05952-1
1. Comunicação em marketing. 2.Marketing - Administração. I. Título.

06-3565 CDD-658.802
CDU-658.8

Direção editorial Flávia Alves Bravin
Coordenação editorial Alessandra Marítimo Borges
Ana Paula Matos
Gisele Folha Mós
Juliana Rodrigues de Queiroz
Rita de Cássia da Silva
Produção editorial Daniela Nogueira Secondo
Rosana Peroni Fazolari
Marketing editorial Nathalia Setrini Luiz
Suporte editorial Najla Cruz Silva
Arte e produção Cia. Editorial
Capa Weber Amendola
Produção gráfica Liliane Cristina Gomes
Atualização da 4ª tiragem ERJ Composição Editorial
Impressão e acabamento Prol Editora Gráfica

Contato com o editorial
editorialuniversitario@editorasaraiva.com.br

10ª edição
1ª tiragem: 2006
2ª tiragem: 2009
3ª tiragem: 2011
4ª tiragem: 2012

SaraivaUni

Prefácio

Inicialmente desenvolvido como trabalho de tese para obtenção de título de doutor, apresentado, com brilhantismo, perante banca formada por professores de três escolas, na Escola de Administração de Empresas de São Paulo, da Fundação Getúlio Vargas, agora é colocado em forma de livro.

Assim, um número maior de profissionais, e não apenas os privilegiados membros da banca examinadora, poderá ter acesso à análise resultante da pesquisa realizada com as Agências de Comunicação atuando no país.

Roberto Corrêa, tendo militado como executivo da área de comunicação, em agências nacionais e multinacionais, no exterior e no Brasil, é o especialista mais indicado para nos brindar com essa obra, mesmo porque atua nos dois mundos: no acadêmico e no de negócios.

De leitura agradável e conteúdo profundo, Roberto nos leva a uma expedição pelo panorama da comunicação publicitária, desvendando os meandros da comunicação global, abordando as dificuldades estratégicas enfrentadas pelas empresas etnocêntricas e propondo não só caminhos como soluções de uma lógica indiscutível.

Roberto contribui ainda para o mundo acadêmico, criando conceitos e definições que tornam claras áreas e questões até então difíceis de serem compreendidas e explicadas pelas escolas aos seus corpos discentes.

Temos, todos nós, acadêmicos e profissionais de comunicação, a partir de agora, uma base para argumentar a favor ou contra o uso de campanhas globais, de acordo com uma instrumentação sólida.

Agradeçamos pois, ao Roberto, por isso.

Prof. Dr. Antonio Jesus B. Cosenza

Introdução ao livro

Com base na tese de doutorado apresentada à EAESP-FGV procurei adaptar o texto ao formato de livro, eliminando as exigências acadêmicas de formatação e comprovação teórica, para que a leitura ficasse mais agradável. O pressuposto é que o leitor esteja mais interessado nos resultados e descobertas do que na observância do rigor científico. Alguns capítulos, então, receberam nova nomenclatura e foram redistribuídos para permitir melhor compreensão. O livro foi dividido em quatro partes: as três primeiras referem-se ao trabalho da tese e a última aborda alguns aspectos do planejamento de comunicação, complementando o assunto.

Como poderá ser apreciado mais adiante, a Comunicação Integrada de Marketing ainda está em seu estágio inicial de conceituação, desenvolvimento e sistemas de implementação. Conseqüentemente, ainda existem muitas dúvidas e incertezas que irão sendo respondidas à medida que os estudos forem ocorrendo, registrando as experiências das empresas e agências de comunicação que se dedicam a este mister.

Em vista desse panorama, fica aqui o incentivo para que outros profissionais tenham o seu interesse despertado para essas fascinantes áreas do conhecimento: a comunicação e o marketing. Sem nenhuma dúvida, pode-se dizer que a fragmentação da sociedade, dos mercados e da mídia, muito facilitados pelas possibilidades da tecnologia da informação, vai requerer, cada vez mais, uma gestão integrada dos negócios. Essa integração se faz dentro e fora da empresa pela ampliação do conceito de parcerias, permitindo que os melhores especialistas sejam agrupados em torno de projetos para a obtenção de resultados mais significativos. Entretanto, isso não acontecerá apenas pela vontade dos dirigentes, mas com um intenso trabalho de coordenação e supervisão, exigindo novas capacidades dos profissionais dessas áreas, modificando o seu perfil e a sua conduta.

Quero agradecer à minha esposa, Marlene, pela sua paciência, à minha filha, Karin, pela sua torcida, ao Prof. Francisco Gracioso pelo seu incentivo, ao Prof. Dr. Marcos Cobra, que me incitou a ser ousado, ao Prof. Dr. Rubens da Costa Santos, que me aconselhou a ser cientificamente preciso e coerente, bem como ao Prof. Dr. Antonio Jesus Cosenza pela sua orientação.

Desejo que a leitura desse livro seja proveitosa e que possa contribuir para abrir o debate sobre o tema. Afinal, a leitura sempre deve proporcionar algum prazer.

Prof. Dr. Roberto de Barros Rocha Corrêa

Sumário

INTRODUÇÃO

A idéia de globalização e suas conseqüências vêm sendo comentadas com grande freqüência pela imprensa em geral, sendo objeto de discussão no meio acadêmico, entre as autoridades governamentais, executivos e empresários das companhias, independentemente do seu tamanho. No Brasil, as privatizações atraíram inúmeras empresas estrangeiras que atuam internacionalmente e a nossa abertura comercial aumentou a concorrência de produtos e serviços, tanto do ponto de vista quantitativo quanto qualitativo. As grandes fusões de empresas em todo o mundo, na casa dos bilhões de dólares, tornaram-se um fato corriqueiro; a Internet e o *e-commerce* são uma realidade cada dia mais importante; empresas virtuais se multiplicam; a tecnologia de informática tem propiciado a transformação das estruturas das empresas e o seu gerenciamento de forma substancial, reforçando o senso comum de que a globalização é um fato irreversível, tendendo a se expandir cada vez mais.

Essas constatações me pareceram suficientes para proceder a uma investigação no setor da comunicação global no Brasil, por se tratar de uma variável importante na estratégia de marketing, e sua aplicação por parte das companhias atuantes no país, por meio de suas agências de propaganda.

O termo Comunicação Integrada de Marketing Global foi proposto por Gould, Leman e Grein, em 1996[1], sendo utilizado tanto por empresas multinacionais quanto pelas suas agências de propaganda.

O conceito da Comunicação Integrada de Marketing Global tem suas origens na *Integrated Marketing Communication* (IMC), cuja definição feita pela American Association of Advertising Agencies é: "um conceito de planejamento de comunicação de marketing que reconhece o valor adicionado de um programa que integre a variedade de disciplinas estratégicas"[2].

---

[1] GOULD, Stephen J.; LEMAN, Dawn B.; GREIN, Andreas F. Agency perceptions and practices on Global IMC. **Journal of Advertising Research**, p. 7, jan./fev. 1999.

[2] GOULD; LEMAN e GREIN., 1999, p. 8.

Aquele conceito expande o da IMC ao lhe acrescentar a dimensão internacional das disciplinas de comunicação e seu uso por meio das subsidiárias das companhias sediadas em diversos países.

Segundo Grein e Gould[3], Global Integrated Marketing Communication (GIMC) pode ser definida como "um sistema ativo de gerenciamento promocional que coordena estrategicamente as comunicações globais em todas as suas partes componentes, tanto horizontalmente, em termos de países e corporações, como verticalmente, em termos de disciplinas de comunicação"[4].

Como pode ser notado, o conceito de gerenciamento promocional divide a comunicação global em três dimensões:

a) integração e coordenação das diferentes disciplinas de comunicação;
b) integração do marketing com a comunicação;
c) coordenação geográfica com atuação em diversos países.

A consulta à bibliografia existente, tanto nacional quanto internacional, indicou que o conceito e a utilização da Comunicação Integrada de Marketing Global (CIMG) parece ainda sofrer algumas restrições, existindo uma tão discutida dicotomia entre a eficácia da comunicação padronizada para uso internacional e aquela que é adaptada a cada país ou região. Inferindo-se que o propósito da comunicação global seja adicionar valor às marcas internacionais, independentemente de serem empresas, produtos ou serviços, a elaboração da sua estratégia requer a identificação dos valores globais e a sua tradução em benefícios da marca para serem percebidos pelos consumidores. Essa interpretação deve ser feita de forma tal que possa ser apreciada como algo importante e independente das diferenças culturais que existem entre as populações dos diversos países.

Na prática, as marcas globais são raramente promovidas em bases puramente padronizadas ou adaptadas. Na verdade, vários pesquisadores têm proposto modelos nos quais os produtos e as variações da comunicação formam um *continuum*, tendo como extremos, de um lado, a padronização total e, de outro, o uso exclusivamente local. Entretanto, independentemente da estratégia, o papel da CIMG é maximizar as sinergias sem perder o vínculo com os consumidores, especialmente no que se refere aos valores da marca em nível local.

Durante a pesquisa bibliográfica, foram localizados trabalhos e artigos sobre o tema nos Estados Unidos, na Europa, na Ásia e na Austrália, mas pouca coisa significativa em respeito ao Brasil, seja por parte do anunciante ou da agência de propaganda. Paralelamente, não se tem uma idéia clara de como pensam os executivos das agências de propaganda que operam no país.

Como publicitário, a oportunidade de trabalhar em campanhas globais nas agências de propaganda permitiu-me observar que os projetos dessa natureza são complexos e

---

3 GREIN, Andreas F.; GOULD, Stephen J. Globally integrated marketing communications. **Journal of Marketing Communications**, v. 2, n. 3, p. 141-158, 1996.

4 GOULD; LEMAN e GREIN., 1999, p. 9.

que o sistema adotado, tanto pelos anunciantes como pelas suas agências, variava de companhia para companhia.

Com base nessas observações preliminares, podem ser levantadas as seguintes questões, do ponto de vista do mercado brasileiro:

- qual seria o nível de conhecimento da CIMG pelos profissionais de comunicação que trabalham no Brasil?;
- quais seriam as suas crenças a respeito da sua aplicabilidade no Brasil, no caso de importação de conceitos e/ou campanhas?;
- qual a sua opinião sobre a possibilidade do Brasil exportar conceitos e/ou campanhas para outros países?;
- qual a estrutura interna e o sistema de trabalho adotado pelas agências para realizar campanhas de comunicação globais?;
- existiriam outras restrições – conceitos, filosofias, postura administrativa etc. – que impediriam uma agência de implementar campanhas de comunicação global no nosso mercado?

Partindo dessas proposições e questionamentos, parece justificável investigar o uso da CIMG no mercado brasileiro. Antes, porém, seria conveniente identificar as três entidades principais da comunicação: as empresas anunciantes/clientes, as agências de propaganda e a mídia, conforme está ilustrado na Figura 1.1.

Figura 1.1 – As três entidades principais da CIM – Comunicação Integrada de Marketing

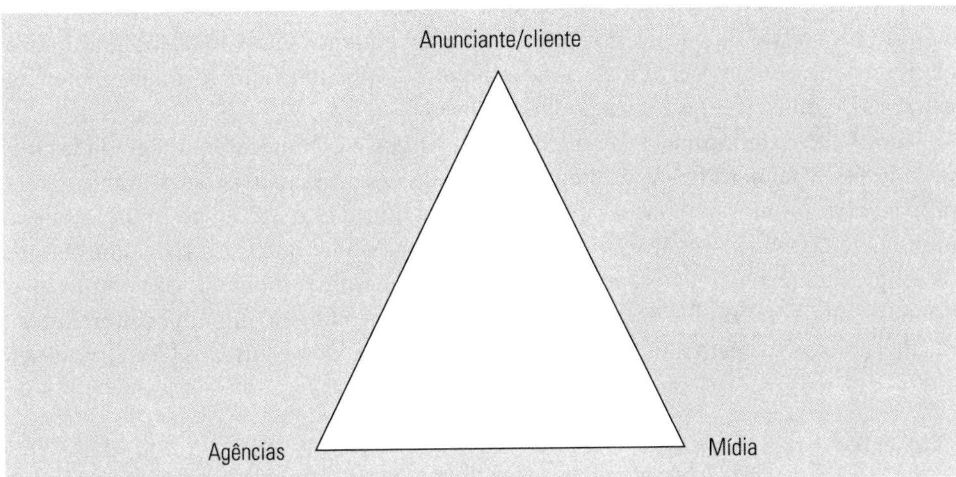

Fonte: Elaborado pelo autor.

Devido à amplitude do tema, o foco do trabalho foi delimitado:

- no setor privado com fins lucrativos;
- especificamente, nas agências de propaganda, por serem as criadoras, produtoras e implementadoras das ações de comunicação;
- localizadas na Grande São Paulo, por ser o maior mercado publicitário do país e da América Latina.

Para não perder o foco, deliberadamente foram excluídas as investigações sobre:

- a mídia – apesar de ser um terceiro elemento muito importante no processo de comunicação, por ter a missão de levar a mensagem ao público-alvo, não fará parte deste estudo devido ao menor índice de participação internacional, dentre as três consideradas, conforme as conclusões da pesquisa realizada por Gould; Leman e Grein.[5];
- o setor público – porque costuma dirigir a grande maioria das suas mensagens para o mercado interno, apesar de ser o maior anunciante no seu conjunto.

Na proposta de tese apresentada à banca examinadora, foi incorporada a literatura referente ao *Phase Model* de Bolwijn e Kumpe[6], que estabelece as fases evolutivas da empresa industrial; também a referente à evolução do marketing doméstico para o internacional, multinacional até o transnacional[7]; a teoria das fases expansionistas das empresas EPRG (etnocêntricas, policêntricas, regiocêntricas e geocêntricas) de Perlmutter[8]; e alguns casos de sucesso da comunicação global de empresas, devido ao trabalho interno de liderança transformacional e transacional. Esses estudos e casos me despertaram para a importância da participação das pessoas na adoção e implementação do processo de Comunicação Integrada de Marketing Global, conduzindo a minha atenção para o fato de que a CIMG não estaria dependente somente da integração das disciplinas de comunicação, mas seria influenciada por um número muito maior de variáveis do que à primeira vista poderia parecer.

Como dito anteriormente, seria lógico pensar que a comunicação integrada estaria voltada principalmente para a integração das diversas disciplinas de comunicação – propaganda, promoção, relações públicas, marketing direto etc. –, permitindo que a mensagem do anunciante tivesse *the same voice*[9] onde quer que fosse vista. Entretanto, os estudos mencionados no parágrafo anterior indicavam a dinâmica das empresas e do marketing em seu processo de desenvolvimento, resultando em uma cultura interna que, por sua vez, também seria dinâmica e evolutiva. Dessa forma, a CIMG, para ser

---

5 Ibid., p. 11.

6 BOLWIJN, P. T.; KUMPE, T. **Manufacturing in the 1990s** – Productivity, flexibility and innovation. Artigo baseado na apresentação à 2nd International Production Management Conference on Management and New Production Systems, Fontainebleau, mar. 1989, p. 47.

7 KEEGAN, Warren J. **Global marketing management**. 5. ed. New Jersey: Prentice Hall, 1995, p. 9-20.

8 PERLMUTTER, Howard. The Tortous Evolution of the multinational corporation. **Columbia Journal of World Business**, p. 9-18, jan./feb. 1969.

9 *The same voice* – manter a mesma linha de campanha, a mesma voz, para ter unidade.

executada com sucesso, não poderia estar dependente apenas dos aspectos do processo de comunicação em si, mas do entorno no qual deveria se expressar, ou seja, o estágio em que se encontra a organização do anunciante, sua filosofia de trabalho, o seu marketing, o mercado de atuação, o ciclo de vida dos produtos e dos mercados, as variáveis sociais e culturais dos diversos países objetos de uma campanha de comunicação de marketing. Sob esse aspecto, o quadro de atuação da CIMG passa a adquirir um contorno de uma complexidade ainda maior.

No decorrer da análise bibliográfica sobre o tema da tese, tornou-se mais claro que esta primeira percepção estava correta, levando à conclusão de que a CIM necessitava de um estudo mais aprofundado para determinar as variáveis que influenciam o processo de construção para, então, fazer a sua transposição para o âmbito global. Como não existem, até o presente momento, estudos sobre a CIM no Brasil, torna-se importante conhecer a percepção dos executivos das agências que atuam em São Paulo sobre este tema e sua extensão para o setor global. Para isso, foi necessário realizar uma pesquisa pioneira com as principais agências de propaganda.

A tese procura identificar as variáveis intervenientes no processo de planejamento da comunicação integrada de marketing, as barreiras existentes e as vantagens da sua prática.

Como contribuição, proponho uma nova definição para a CIM, que servirá de base para a da CIMG, como sua extensão natural. Contudo, como poderá ser apreciado no decorrer do texto, em se tratando de um processo evolutivo, considerei necessário adicionar uma fase intermediária, ainda não identificada na literatura especializada e à qual denominei de Comunicação Integrada de Marketing Regional (CIMR). Dada a multiplicidade das variáveis que influenciam o processo de adoção da CIM nas três situações citadas, proponho, também, um modelo para facilitar a classificação do estágio evolutivo da empresa anunciante, intitulado Arquitetura Espacial da Comunicação Integrada de Marketing. Este modelo poderá ajudar a reduzir os riscos da implementação de um programa de comunicação por indicar as condições que a empresa precisaria ter para atingir os seus objetivos.

Para encerrar, convém explicar que a área de comunicação costuma empregar os termos técnicos em inglês, a tal ponto que se integram no vocabulário do publicitário. O motivo é que nem sempre as traduções possuem o mesmo significado do termo original e a maior parte da bibliografia é expressa naquele idioma. Esse hábito apareceu fortemente nas entrevistas realizadas e achamos conveniente que fossem mantidos no texto deste trabalho os termos em inglês, mas, em nenhuma hipótese, significando um desrespeito ao nosso idioma.

PERGUNTAS

1. Qual é o conceito de Comunicação Integrada de Marketing (IMC – *Integrated Marketing Communication)* adotado pela American Association of Advertising Agencies?
2. O conceito de Comunicação Integrada de Marketing Global (*Global Integrated Marketing Communication* – GIMC), segundo Grein e Gould, aborda três dimensões. Quais são elas?
3. Identifique as três entidades principais da comunicação.

OBJETIVOS

Em qualquer trabalho, a determinação dos objetivos é uma parte fundamental porque indicará o que se pretende alcançar. A sua ausência ou uma redação ambígua certamente prejudicará o trabalhos de pesquisa e a estratégia a ser seguida. A seguir, os objetivos gerais e específicos da tese

Objetivos gerais

- Determinar as principais variáveis do processo de globalização que influenciam o uso da Comunicação Integrada de Marketing Global (CIMG).
- Compreender a definição de CIMG e os sistemas utilizados para o desenvolvimento e a aplicação da comunicação integrada, suas vantagens e limitações.
- Avaliar o grau de percepção das principais agências, com atuação em São Paulo, Brasil, sobre o uso da CIMG.

Objetivos específicos

- Analisar os diferentes modelos que explicam o sentido evolutivo das empresas no seu processo de expansão mundial.
- Analisar os conceitos utilizados e a sua relação com a CIMG para estabelecer as prováveis condições necessárias para o sucesso da sua aplicação.
- Detectar o nível de conhecimento sobre CIMG, de modo geral e especialmente em São Paulo.
- Avaliar a possibilidade de adoção da CIMG no Brasil e conhecer qual o processo utilizado pelas agências e clientes (empresas anunciantes).

- Avaliar o grau de credibilidade sobre a eficiência da CIMG em alguns países e no Brasil, especificamente em São Paulo.
- Examinar o tipo de relacionamento e de coordenação dos trabalhos de comunicação existente entre clientes e agências, no exterior e no Brasil.
- Verificar o grau de utilização total ou parcial dos conceitos, estratégias e peças publicitárias internacionais pelas agências de São Paulo.

PRIMEIRA PARTE

1
SÍNTESE DA EVOLUÇÃO DO MARKETING

A comunicação é um meio e não um fim em si mesma. Como parte integrante do marketing, sua função é fornecer o apoio necessário para que as estratégias de marketing possam ser divulgadas ao público no momento certo da sua implementação, da forma mais adequada e com a intensidade necessária para causar o impacto perante o consumidor ou cliente. Ao perceber a mensagem, ele poderá ser persuadido a dar a sua preferência para aquela marca.

No entanto, o marketing foi se modificando ao longo do tempo, da mesma forma que a comunicação. Por isso, é conveniente compreender essa evolução para identificar essas duas áreas do conhecimento, com suas características próprias e distintas, mas que precisam estar sempre integradas.

Síntese

Schultz et al.[1] apontam a Segunda Guerra Mundial como um fator determinante que mudou completamente a economia e a sociedade norte-americana bem como a sociedade mundial.

Devido ao esforço de guerra, mulheres participaram da força de trabalho nas fábricas e escritórios, idosos prestavam serviços de patrulhamento, e um pensamento unificado voltado para o sacrifício conduzia a todos para ajudar a vencer os exércitos oponentes. Depois do conflito, toda a produção foi orientada para atender as necessidades das populações que queriam se compensar por aqueles anos difíceis. Verifica-se, então, a primeira fase do marketing dos anos 1950 voltada para atender a uma produção maciça e denominada de *mass marketing*, com total foco para a produção.

Na década de 1960, com a mudança dos hábitos e a saturação dos mercados, surge o conceito da segmentação do mercado. Em seu famoso artigo "Marketing myopia",

[1] SCHULTZ, Don E. et al. **Integrated marketing communications**. Illinois: NTC Bussiness Book, 1996.

editado em 1960 e reproduzido no livro *Marketing classics*[2], Levitt escrevia: "Não existe tal coisa como uma indústria crescente. Existem somente necessidades de consumidores que podem mudar a qualquer momento". Os anos 1970 e 1980 foram muito frutíferos em termos de novas contribuições para o marketing. Em 1970, Alvin Toffler, citado por Schultz et al.[3], cunhava a palavra *demassification,* em sua obra *O choque do futuro,* prevendo que a estrutura social iria se fragmentar nos anos vindouros. Ainda no início da década de 1970, a General Electric desenvolveu uma teoria chamada *focus,* postulando que toda boa propaganda começa fundamentalmente com a compreensão do "receptor", sendo "receptor" o protótipo de um indivíduo cujo comportamento a propaganda teria a intenção de modificar. Na mesma época, George Gallup, um importante especialista americano em pesquisas de mercado, dizia que nos 25 anos após a Segunda Grande Guerra a propaganda tinha se aperfeiçoado muito pouco porque continuava a ser totalmente focada no produto e não no cliente[4].

Jack Trout e All Ries[5] propuseram a Teoria do Posicionamento, explicando que a propaganda vivia a Era do Produto nos anos 1950, concentrando as atenções nas características do produto e seus benefícios. Depois veio a Era da Imagem, ao ser constatado que os produtos não mais apresentavam diferenciais competitivos suficientes para se destacarem da concorrência e que a construção da imagem da marca passava a ser a estratégia mais importante para vendê-los. A partir dos anos 1980, percebeu-se que a criatividade já não era mais a garantia para o sucesso. Os autores chegaram à conclusão de que o produto tem de ser o primeiro na mente dos clientes, ocupando uma posição que o distinga da concorrência por seus benefícios. E outra voz começava a se fazer ouvir: John Naisbitt, autor de *Megatrends*[6], alertava nos seus *Trend Reports* que as atitudes dos consumidores e os valores sociais, tais como a nascente ecologia, iriam afetar o comportamento de compra[7].

As estatísticas mundiais publicadas nos mais variados jornais brasileiros comprovam que a longevidade das pessoas é agora maior do que no passado, que as famílias são menos numerosas e que o número de pessoas que vivem sozinhas vem aumentando continuamente. O secretário-geral da ONU, Kofi Annan, na abertura da Assembléia Mundial sobre o Envelhecimento, em Madri, informou que a população mundial com mais de 60 anos quadruplicará nos próximos 50 anos, para atingir os 2 bilhões, e ultrapassará em número, pela primeira vez, a parcela de menores de 15 anos[8]. O problema já atinge diversos países europeus, com um notável crescimento na proporção de idosos, em razão do aumento na expectativa de vida e da redução das taxas de natalidade. Mas muitos especialistas prevêem que o mesmo problema deve atingir, em breve, países em desenvolvimento. Todas essas modificações e tendências influenciam o comportamento

[2] LEVITT, Theodore. Marketing myopia. **Harvard Business Review**, jul./ago., 1960; op. cit. ENIS, Bem; COX, Keith; MOKOWA, Michael. **Marketing classics**. New Jersey: Prentice Hall, 1990, p. 3-21.

[3] SCHULTZ et al., 1992, p. 6.

[4] Ibid., p. 7.

[5] TROUT, Jack; RIES, All. **Posicionamento**: a batalha pela sua mente. Trad.: José Roberto Witaker Penteado. São Paulo: Pioneira, 1987, p. 17-18.

[6] NAISBITT, John. **Megatrends** – Ten New Directions Transform. NovaYork: Warner Books, 1984.

[7] SCHULTZ et al., 1992, p. 7.

[8] Redação. ONU discute mundo cada vez mais velho. **Folha de S.Paulo**, São Paulo, 9 abr. 2002, p. A 11.

de compra e a formação de segmentos de mercado, formado por grupos de pessoas com hábitos e expectativas semelhantes sobre produtos e serviços. Agora, estamos assistindo ao *marketing one to one*[9], mudando em direção a uma postura mais individualista, voltada para a análise detalhada das necessidades e dos desejos do consumidor como indivíduo e não como pertencente a um segmento de mercado.

Paralelamente a toda esta evolução do marketing, sintetizada ao máximo, verifica-se que as companhias ultrapassaram as barreiras políticas dos seus países de origem e se lançaram à conquista de novos mercados externos. A partir desse movimento de expansão, começaram a surgir preocupações quanto às atividades internacionais, ao conhecimento de novos mercados e à descoberta de oportunidades para o crescimento dos negócios.

Este movimento migratório das atividades empresariais foi acompanhado por uma grande quantidade de artigos e livros sobre a globalização nos seus mais diversos aspectos (produtos, finanças, comportamentos, tecnologia da informação, entre outros) e, também, sobre comunicação global. Para exemplificar, sem entrar no mérito do seu conteúdo, alguns textos demonstram que o tema escolhido para esta tese vem sendo objeto de estudo da academia há algum tempo. Com este intuito, posso citar, na área do marketing, Dichter[10], em seu artigo "The world customer", no qual analisou o comportamento dos consumidores do ponto de vista global; Perlmutter[11], que abordou a tortuosa evolução das companhias multinacionais; Wind et al.[12], que propôs um guia para a elaboração de estratégias de marketing internacional; e Buzell[13], que questiona se o marketing multinacional pode ser padronizado.

Nos anos 1990, Keegan[14] declarou que o conceito de marketing estava ultrapassado e que a demanda era pelo conceito estratégico. O conceito da estratégia de marketing foi uma revolução na história do pensamento de marketing e mudou o foco do "produto para o consumidor" para um contexto maior, afirmando que não é suficiente saber tudo sobre o consumidor. Para terem sucesso, os profissionais de marketing precisam conhecer o consumidor em um contexto que inclua a concorrência e a política governamental, além de possuir uma visão macro das forças econômicas, sociais e políticas que influenciam a evolução dos mercados.

Outra mudança importante ocorreu nos objetivos de marketing que, normalmente, são definidos em função de lucros em benefício dos *stakeholders*[15]. Para competir nos mercados atuais, é necessário ter uma equipe comprometida com a inovação contínua e com a qualidade de produção, ou seja, o marketing deve focar o consumidor dentro

---

[9] *Marketing one to one* significa "marketing individual", que se pratica um a um.

[10] DICHTER, Ernst. The world customer. **Harvard Business Review**, p. 113-122, jul./ago. 1962.

[11] PERLMUTTER, Howard. The tortous evolution of the multinational corporation. **Columbia Journal of World Business**, p. 9-18, jan./feb. 1969.

[12] WIND, Yoran et al. Guidelines for developing international marketing strategies. **Journal of Marketing**, p.14-23, abr. 1973.

[13] BUZELL, Robert D. Can you standardize multinational marketing? op. cit. THORELLI, H. B. **International marketing strategy**. Great Britain: Penguin Books, 1973, p. 325-329.

[14] KEEGAN, Warren J. **Global marketing management**. 5. ed. New Jersey: Prentice Hall, 1995, p. 5.

[15] *Stakeholders* refere-se aos consumidores, empregados, investidores, vendedores e todos aqueles que mantêm um relacionamento com a companhia.

de um contexto e criar benefícios para ambos, tanto clientes quanto empregados. Isto significa que a estratégia de marketing é uma estratégia de gerenciamento, que integra o marketing com as outras funções da gerência, agregando valor aos *stakeholders*, sendo o consumidor a peça-chave.

Finalmente, a estratégia de marketing é mudar o foco de maximizar o paradigma microeconômico para atuar na gerência estratégica de parcerias e posicionamento da firma entre vendedores e compradores na cadeia de valores, criando valor para o consumidor acima dos oferecidos pela concorrência.

Esta noção de valor pode ser expressa pela fórmula do Quadro 1.1:

Quadro 1.1 – Equação do valor

V = B / P, sendo V = valor, B = benefício percebido e P = preço

Fonte: KEEGAN, 1995, p. 8[16].

No que tange à propaganda, Roostal[17] já comentava a padronização da propaganda na Europa Ocidental; Killough[18] estudou o aperfeiçoamento da propaganda transnacional; e O'Connor, citado por Michman e Jugenheimer[19], escrevia sobre propaganda internacional. Esses estudos e muitos outros indicavam que a propaganda estava acompanhando a evolução do marketing. Suas manifestações surgiam em forma de promoção, marketing direto, ações de *merchandising*, entre outras, para melhor servir ao marketing.

O marco do pensamento sobre a globalização

Como comentado anteriormente, o interesse a respeito da globalização já vinha se manifestando há algum tempo, mas foi Theodore Levitt, considerado pelo mundo acadêmico e empresarial o grande defensor da globalização, que apresentou uma visão mais completa sobre o tema. Seu artigo "The globalization of markets"[20], é considerado o marco que estabelece o início do reconhecimento da era da globalização, ao estruturar o pensamento sobre esta tendência mundial:

> "Uma força poderosa move o mundo no sentido de uma convergência comum e esta força é a tecnologia. Ela tem proletarizado a comunicação, o transporte e as viagens. Tem feito de lugares isolados e de pessoas empobrecidas grupos famintos pela atração da modernidade. Quase todos em qualquer lugar querem as coisas de que têm ouvido falar, visto ou experimentado através da nova tecnologia"[21].

16 KEEGAN, 1995, p. 8.

17 ROOSTAL, Ilmar. Standardization of advertising for Western Europe. **Journal of Marketing**, p. 15-20, out. 1963.

18 KILLOUGH, James. Improved payoffs from transnational advertising. **Harvard Business Review**, p.102-110, jul./ago. 1972.

19 O'CONNOR, James. International advertising. op. cit. MICHMAN e JUGENHEIMER (eds.). Strategic advertising decisions: selected readings. **Grid Series in Advertising and Journalism**, p. 363-371, 1976.

20 LEVITT, Theodore. The globalization of markets. **Harvard Business Review**, maio/jun. 1983. op. cit. ENIS, Bem; COX, Keith; MOKOWA, Michael. **Marketing classics**. 8. ed. New Jersey: Prentice Hall, 1991, cap. 5.

21 LEVITT, 1983, p. 53.

Segundo o autor, o resultado desta constatação é o aparecimento de uma nova realidade comercial, ou seja, a emergência de mercados globais para produtos padronizados de consumo numa escala de grande magnitude, propiciados pela tecnologia. Corporações direcionadas para esta nova realidade se beneficiam de uma grande economia de escala na produção, distribuição, marketing e gerenciamento, ao transferirem esses benefícios aos preços mundiais. Por meio desta redução, elas podem vencer os competidores que ainda estão presos aos velhos conceitos sobre como os mercados funcionam. A corporação global opera a um custo relativamente baixo, considerando o mundo, ou as suas principais regiões, como se fosse uma só entidade: elas vendem os mesmos produtos e serviços, da mesma forma, em todos os mercados. Contrariamente, ainda existem muitas corporações multinacionais que operam em inúmeros países, ajustando seus produtos e sistemas em cada um, a um custo relativamente alto.

As possibilidades tecnológicas da comunicação via satélite têm permitido que acontecimentos ocorridos nas regiões mais distantes sejam vistos em tempo real, em todo o mundo, e que os valores de um sistema de vida mais moderno possam ser conhecidos internacionalmente, sem que as pessoas precisem sair de casa. Esta difusão de informações tem provocado modificações e feito com que "os desejos e necessidades mundiais se tornem irrevogavelmente homogeneizados cada vez mais"[22]. Para confirmar essa última afirmação, o autor se baseia em Daniel J. Boorstin, que escreveu a trilogia *The Americans,* e o cita: "a República da Tecnologia, cuja lei suprema [...] é convergência, mostra a tendência de tudo se tornar mais parecido em qualquer lugar"[23].

Segundo Levitt, as corporações vendem produtos e serviços padronizados da mesma forma em todos os lugares, desde produtos considerados *commodities*, passando pelos bens intermediários, até os produtos acabados. A globalização não se aplica apenas às matérias-primas ou a produtos de tecnologia de ponta, cuja adoção pelos consumidores e usuários é unificada por uma linguagem universal que facilita a padronização, porque as possibilidades transformadoras da comunicação e das viagens realizadas pelas pessoas penetram cada pequeno aspecto da vida humana neste planeta. Comercialmente, nada confirma melhor este ponto que o sucesso do McDonald's desde os Champs Elysées até Ginza, no Japão, da Coca-Cola em países da Ásia, e da Pepsi-Cola em Moscou, da música rock, da salada grega, dos filmes de Hollywood, dos cosméticos Revlon, dos televisores Sony e dos jeans Levi's em todos os lugares. Por esses fatos, pode-se dizer que produtos *high-touch*[24] são tão onipresentes quanto os *high-tech*[25].

Se uma companhia reduz seus custos e preços, melhora a qualidade e preserva a confiabilidade na sua marca, além de manter uma razoável preocupação quanto à adaptabilidade – os consumidores provavelmente irão preferir os produtos mundialmente padronizados. O autor citado considera que essa teoria sustenta-se neste estágio

[22] Ibid., p. 54.

[23] Ibid., p. 54.

[24] *High-touch* – termo utilizado para designar produtos de alto contato direto ou envolvimento com o consumidor, como alimentos, cosméticos, música.

[25] *High-tech* – utilizado para designar alta tecnologia ou tecnologia de ponta.

da evolução da globalização, não importando o que as pesquisas de mercado convencionais e o senso comum possam sugerir sobre as diferenças de gostos nacionais e regionais, preferências, necessidades e instituições. Mas, apesar das companhias adaptarem seus produtos para um determinado segmento de mercado, elas sabem que o sucesso em um mundo que possui uma demanda homogeneizada requer o uso da pesquisa justamente para encontrar oportunidades de vendas em segmentos similares através do globo, a fim de atingir as economias de escala necessárias para competir. Levitt comenta ainda que a diferença entre uma companhia multinacional e uma global:

> "É que a primeira conhece muito sobre um grande número de países e congenitamente adapta-se às supostas diferenças [...]. Em contraste, a companhia global sabe tudo sobre uma grande coisa. Ela sabe sobre a necessidade absoluta de ser competitiva, tanto em bases mundiais como nacionais, e procura constantemente reduzir os preços por meio da padronização do que vende e da sua operacionalização"[26].

As diferenças culturais, as preferências pelos gostos e padrões nacionais, bem como as instituições de negócios estão sendo modificadas à medida em que as pessoas viajam mais e se comunicam mais freqüentemente. Os chamados mercados étnicos são um bom exemplo. A comida chinesa, o pão sírio, a música *country*, a pizza e o *jazz* estão em toda parte. São segmentos de mercado que existem em proporções mundiais. Eles não negam ou contradizem a homogeneização global, mas a confirmam. É ainda Levitt quem afirma:

> "Muitas das diferenças atuais das nações com respeito a produtos e suas características refletem uma acomodação das corporações multinacionais sobre o que acreditam ser fixas preferências locais. Elas acreditam que as preferências são fixas, não porque são, mas por causa dos rígidos hábitos de pensar sobre o que realmente é. A maioria dos executivos das multinacionais é acomodada às suas crenças. Presumem, falsamente, que marketing significa dar ao consumidor o que ele diz que quer, em lugar de procurar entender o que ele realmente deseja"[27].

Alguns dos erros cometidos se identificam com a preocupação dos executivos em customizar os produtos para atender o que o consumidor quer, mas os custos continuarão altos se os produtos não utilizarem a tecnologia adequada e se as práticas multinacionais forem adaptadas em vez de serem direcionadas a favor de uma padronização global. Geralmente, as companhias falham ao tentar padronizar práticas internacionais simplesmente exportando produtos e processos domésticos sem os ajustes ou modificações necessários. Advogados da padronização global vêem-nos como exemplos de erros na execução. De fato, esses erros na execução se constituem numa causa importante, porém, mais importante ainda é a "falta de imaginação".

O autor passa, então, a expor o caso das máquinas de lavar Hoover e demonstra que uma análise criativa dos dados da pesquisa realizada entre os usuários da Inglaterra, França, Alemanha Ocidental, Suécia e Itália poderia ter alcançado um sucesso de

---

[26] LEVITT, 1983, p. 56-57.
[27] Ibid., p. 58.

vendas, em lugar de um fracasso. Na realidade, a falta de imaginação ocorreu porque aceitaram as respostas dos consumidores que mencionaram querer determinadas características nas máquinas de lavar, porém o seu comportamento demonstrou que estavam dispostos a aceitar outras características de produtos, diferentes das mencionadas, desde que o preço e a sua comunicação fossem corretos. A concorrência assim procedeu e apresentou novos produtos, características e preços diferentes das reveladas pela pesquisa. Dentro dessas novas condições, a concorrência conseguiu levar os consumidores potenciais da Hoover. Esse caso ilustra como a prática perversa do conceito de marketing e a falta de imaginação conduzem a atitudes de sobrevivência das multinacionais, enquanto os consumidores querem os benefícios da globalização.

A corporação global aceita que a tecnologia conduza o consumidor para os mesmos objetivos comuns – a diminuição do esforço para se viver, o aumento do tempo livre e do poder de compra. Sua tarefa é profundamente diferente da que tem sido para as corporações mais tradicionais, uma vez que ela orquestrará os vetores da tecnologia e da globalização para o benefício do mercado global. Isto não por destino, nem por natureza, mas simplesmente pela necessidade de comercializar a sua produção.

As diferenças no mundo são consistentes com os denominadores comuns fundamentais para a sociedade – eles freqüentemente se complementam em lugar de se oporem entre si. É como na física: a matéria e a antimatéria existem simultaneamente, trabalhando em harmonia simbiótica. A corporação global de sucesso não abjura a customização ou a diferenciação para os mercados que variam nas suas preferências por produtos, padrões de gastos, hábitos de compra e aspectos legais ou institucionais, porém, a corporação global aceita e se ajusta a essas diferenças com relutância, adaptando-se somente depois de testar sua imutabilidade, de tentar vários meios para as contornar ou reformular. Citando novamente Levitt:

> "Existe somente um aspecto significativo no qual as atividades da companhia ao redor do mundo são importantes, ou seja, o que produz e como vende. Tudo o mais deriva ou é conseqüência dessas atividades. Os dois vetores que modificarão o mundo são a tecnologia e a globalização. O primeiro ajuda a determinar as preferências humanas; o segundo, as realidades econômicas"[28].

Em seu artigo, conclui que o propósito dos negócios é conquistar e manter consumidores. Neste sentido, companhias que não se adaptarem às novas realidades globais se tornarão vítimas daquelas que o fizerem.

Keegan[29] define marketing global como "o processo de focar recursos (pessoas, dinheiro e ativo fixo) e objetivos de uma organização nas oportunidades e ameaças do mercado global". Na sua opinião, o marketing global é essencial não somente para concretizar com sucesso o potencial de um negócio, mas é ainda mais crítico para a sua sobrevivência. A empresa que falhar na sua ação global está em perigo de perder o seu

---

28 Ibid., p. 65.
29 KEEGAN, 1995, p. 3.

negócio doméstico para os competidores que têm menores custos, mais experiência, melhores produtos e oferecem mais valor para o consumidor.

Kadzban e Motwani[30] observam que, nos últimos 40 anos, a globalização evoluiu dramaticamente. Para capitalizar as oportunidades surgidas com este movimento, ou simplesmente para sobreviver em alguns casos, as companhias precisam adotar uma perspectiva global. À medida que as companhias aceitam as mudanças organizacionais, expandem suas operações globalmente, integrando e refinando ao longo do caminho.

O que é uma operação global

Operações globais incluem vários níveis de aprofundamento e sofisticação. Segundo os dois autores supracitados, uma definição básica inclui o "desempenho das atividades e operações de negócios que introduz e promove o fluxo de produtos e serviços da companhia para os consumidores, em mais de uma nação, para obter um lucro".

Para atingir esse objetivo, relacionamentos entre firmas de várias nações desenvolvem-se e cresce o nível de educação e interatividade entre as sociedades. Essas relações não se estabelecem de forma homogênea e retilínea, mas podem passar por várias etapas, apresentar oscilações de maior ou menor aproximação, que vão depender do momento econômico e político que cada país está vivenciando, da sua cultura, dos valores pessoais, crenças e comportamento de todas as partes envolvidas.

De fato, esses fatores se encaixam na estratégia global da companhia ao considerar a forma de entrar nos mercados estrangeiros: importação, exportação, licenciamento, *joint ventures*[31] ou estabelecimento de subsidiárias. Uma fase evolui para a outra, mas, apesar de características distintas, tendem a mudar de seqüência e a se superporem.

Ao perseguir a expansão das operações mundialmente, a escolha recai sobre as estratégias a serem seguidas e o grau de envolvimento. Essas escolhas se manifestam em um processo de desenvolvimento das fases e cada uma reflete um determinado foco, estratégia e tipo de organização. Os autores definem três fases desse processo evolutivo: inicial, de desenvolvimento e avançada.

Fase inicial

Na fase inicial da globalização, a companhia é muito independente e etnocêntrica, mantendo um ponto de vista único e nacional. Seu foco recai sobre os produtos existentes no mercado doméstico, a estratégia organizacional é centralizada e a companhia não possui relacionamentos além das fronteiras nacionais. Se clientes estrangeiros manifestarem interesse nos produtos, a companhia começa a considerar os vários

[30] KADZBAN, Susan; MOTWANI, Jaideep. How to integrate and refine global operations. **Review of Business**, inverno, 1995.

[31] *Joint ventures* – acordos empresariais ou comerciais que visualizam oportunidades de ampliação ou complementação dos negócios entre duas empresas.

modos de entrar no país: exportação ou licenciamento. Em seguida, considera qual o país em que deve entrar, quando, como e qual o sistema de gerenciamento.

Fase de desenvolvimento

Quando a fase inicial está madura, a organização se une com afiliadas em outras nações, geralmente por meio de fusões e aquisições. Esse estágio é caracterizado pelo desenvolvimento de empresas multinacionais que possuem a matriz em um país e operações em mais de um país. A perspectiva cultural evolui, indo de policêntrica (orientada para mercados externos individuais) no começo da fase, para se aproximar da geocêntrica no final da fase (orientada para o mercado global). Os associados dependem um dos outros e trabalham para promover os produtos existentes em uma arena multidoméstica. A organização estratégica é descentralizada e se expande para incluir produção e distribuição de produtos e serviços em várias localidades do mundo, por meio de um conjunto de mercados nacionais, aumentando a eficiência das operações e ampliando o potencial local.

Países que fazem parte da aliança dividem responsabilidades e recompensas. Desenvolvem uma interdependência e aprendem uns com os outros num relacionamento de reciprocidades. Não é uma questão de possuir ou não a aliança, mas como e quando a concretizar. Conseqüentemente, é importante desenvolver relacionamentos sinérgicos nos quais uma companhia compensa as suas fraquezas com as forças da companhia irmã, como, por exemplo, Hitachi e Hewlett-Packard, Westinghouse e Toshiba, General Motors e Toyota, Ford e Mazda, Renault e Volvo.

Fase avançada

Nesta fase, a organização cresce mais de forma sinérgica, adotando uma forte presença. O mundo passa a não ter fronteiras, os recursos são sinérgicos e os produtos velhos e novos são coordenados e integrados para serem apresentados sob uma única forma no mercado global. A organização estratégica é integrada e a companhia se preocupa em transferir *know-how,* informação e experiência de um local para o outro, como coordenar as operações mundiais e como promover os esforços de *marketing* mundialmente. A Figura 1.1 exemplifica hipoteticamente o *mix* de atividades que sinergicamente compreende o produto global.

As organizações mais avançadas mantêm um ponto de vista cosmopolita, capitalizando as oportunidades mundiais que possam otimizar a companhia por meio do crescimento da participação de mercado, lucros e retorno sobre o investimento. Elas podem alcançar esses resultados indo ao encontro das necessidades dos consumidores, dentro de um panorama de mercado global, que reconhecem o valor agregado com o menor custo.

Para atender a essas necessidades é necessária a exploração de um *pool* de recursos globais, promovendo a integração e a responsabilidade global, segundo as circunstâncias dos negócios. Nos mais sofisticados níveis da organização, a estratégia operacional inclui a reestruturação e integração da rede mundial de produção, distribuição e operações de marketing. Mais do que ligar as operações, a companhia as integra. Ao se adaptar à evolução mundial como um sistema econômico e de mercado, a operação global oferece uma estratégia unificada e consistente da corporação mundial, uma organização de vendas e de marketing, uma infra-estrutura mundial de informações e operações logísticas de suporte ao cliente. Esta fase adiantada concretiza os maiores benefícios das sinergias, do mesmo modo que as organizações globais capitalizam as economias de escala, economias de escopo e transferência de aprendizado além das fronteiras nacionais.

Figura 1.1 – Atividades sinérgicas em relação ao produto global

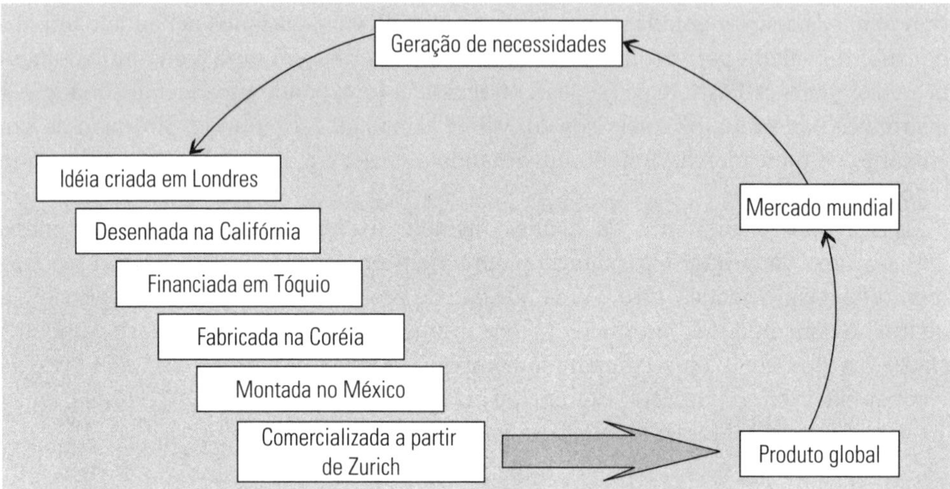

Fonte: KADZBAN; MOTWANI, 1995[32].

Ainda na segunda metade de década de 1990, admitia-se que as verdadeiras operações globais estavam na sua infância e ignoravam uma grande parte da população e recursos naturais do mundo.

Kadzban e Motwani[33], citados anteriormente, escreveram seu artigo sobre o processo evolutivo em fases, no qual destacam os efeitos sinérgicos da globalização, utilizando a teoria para a orientação dos negócios, concebida por Perlmutter[34], da Wharton School da Universidade da Pensilvânia, que estabelece três orientações básicas para guiar o trabalho dos executivos internacionais: egocêntrica, policêntrica e geocêntrica. Depois foi estendida para incluir a orientação regional, passando a ter quatro enfoques e adotando a sigla EPRG (egocêntrica, policêntrica, regiocêntrica e geocêntrica), cujos significados podem ser observados no Quadro 1.2.

---

[32] KADZBAN; MOTWANI, 1995.
[33] Ibid., 1995.
[34] PERLMUTTER, 1969, p. 9-20.

Quadro 1.2 – Orientação da gerência das companhias

Egocêntrica	Policêntrica
País de origem é superior. Vê similaridades nos outros países.	Cada país é único. Vê diferenças em cada país que atua.
Regiocêntrica	**Geocêntrica**
É etnocêntrica ou policêntrica na sua visão do resto do mundo. Vê similaridades e diferenças em uma região do mundo.	Visão mundial. Vê similaridades e diferenças no seu país de origem e nos demais onde atua.

Fonte: PERLMUTTER, 1969, [35].

Gostaria de ressaltar a complexidade de situações que uma organização tem de enfrentar para se tornar global, devido ao grande número de variáveis endógenas e exógenas que irá compor o seu processo evolutivo e expansionista. Depreende-se que a idéia de integração permeia os textos citados, o que conduz à necessidade de difundir os conceitos e as estratégias empresariais para que cada país, unidades de negócios, departamentos e funcionários trabalhem conscientemente para alcançar determinados objetivos. Esta parte estrutural das empresas e sistemas integrados de trabalho certamente irá influenciar a adoção e a implementação da Comunicação Integrada de Marketing Global (CIMG).

A noção sobre integração

Em outro artigo na *Marketing News*, Schultz[36] comenta que as definições de Comunicação Integrada de Marketing (CIM) parecem ter sido desenvolvidas para beneficiar as organizações de marketing, as agências e, em alguns casos, a mídia. As organizações comumente descrevem a integração com base no que acreditam no que ela pode fazer. Na maioria dos casos, é para obter os fundos necessários para os seus programas de comunicação.

Muitas agências ainda não abordaram o assunto da integração porque não acreditam ou acham que não vai ajudar os clientes. Ao contrário, as agências, que assumem a integração, fazem-no por causa do declínio do faturamento na mídia e a sua transferência para outras atividades promocionais que não são feitas pela agência. A integração foi uma solução das agências para o problema do faturamento, da receita e do lucro, e não um problema do consumidor.

Nas organizações de mídia, ocorreu a mesma coisa. A tentativa de integrar programas de mídia foi feita porque acreditava-se que deveria existir alguma sinergia entre todas essas facilidades de mídia que eles controlavam.

---

[35] PERLMUTTER, 1969, p. 20.

[36] SCHULTZ, Don E. Just what are we integrating? And who should benefit? **Marketing News**, maio 1993.

Em todos os cenários descritos pelo autor, as bases para a integração parecem ser evidentes. Existe alguma vantagem básica para o anunciante, a agência e a mídia usarem a integração: é a oportunidade de reduzir custos, aumentar vendas e/ou lucros para a organização envolvida. O problema é que as organizações estão olhando para o lado errado da integração quando deviam estar olhando para o valor a ser dado para o consumidor.

A mudança da compreensão da integração é o ponto mais crítico para o sucesso do conceito porque a integração, do ponto de vista do consumidor, significa que a organização de marketing tentará compreender os seus desejos e necessidades. Se a necessidade é claramente comunicada, o conceito faz sentido. Se o objetivo é tornar fácil a compreensão da oferta do produto ou serviço, então, a integração tem sentido. Se a CIM é algo que realmente ajuda os consumidores a perceber as opções que lhe são oferecidas, então, vale a pena o esforço para obter benefícios em curto e longo prazos para as organizações.

Nesta linha de integração, Davis[37] escreve que a CIM tem sido um objetivo válido para o pessoal de marketing durante anos. Quando comparada com as abordagens sem coordenação, ela oferece maior relevância e maiores oportunidades para atingir os objetivos dos clientes.

A oportunidade real para servir anunciantes com resultados significativos, entretanto, está em áreas fora da típica comunicação demanda/criação. Não se pode realmente ter comunicação integrada de marketing sem, primeiro, integrar o marketing e reconhecer que o atendimento da demanda (serviço, entrega etc.) é simplesmente crítico para o sucesso. Não se pode integrar o marketing sem integrar, primeiro, a companhia. Por exemplo, quando clientes começam a perguntar sobre produtos e funcionários mal informados, dão respostas parciais ou nenhuma resposta, não sabendo, até, onde as encontrar, naturalmente os resultados serão aquém do esperado devido às perdas das oportunidades na conquista dos clientes.

Existe um segredo para a CIM: integrar o marketing e integrar a companhia com foco concentrado no consumidor, reconhecendo que cada ponto de contato entre a companhia e o cliente – embalagem, propaganda ou serviço ao cliente – é uma oportunidade para criar uma sinergia positiva e um consumidor satisfeito.

A real importância da integração do marketing é reconhecer que os produtos e serviços não existem para aumentar os lucros e maximizar o valor das ações dos acionistas. Eles existem para beneficiar o consumidor melhor do que a concorrência. Numa visão de longo prazo, esta é a maneira de alavancar a lucratividade e aumentar o valor das ações.

A mudança requerida pela integração de marketing exige que as organizações foquem inicialmente em um determinado negócio ou área de produto. Depois, como segundo passo, vem a infra-estrutura, criando uma equipe multifuncional com pessoas que podem reconhecer e representar as necessidades dos consumidores em cada ponto de contato com a organização. Este grupo pode incluir finanças, vendas, canais de marketing, comunicação etc. O terceiro passo é escolher a abordagem de comunicação.

---

[37] DAVIS, Bill. Future lies in integrated marketing, not communications. **Marketing News**, ago. 1993.

Davis[38] explica que a abordagem de comunicação pode ser dividida em duas etapas:

- etapa A – na qual os produtos e serviços existentes, comunicação e infra-estrutura são orientados para uma área de negócios particular. A equipe multifuncional redefine a comunicação de marketing e os aspectos operacionais daquela área. A equipe estabelece os objetivos específicos e mensuráveis para a comunicação, qual a sua relevância e produtividade, criando planos específicos para atingir as metas;
- etapa B – na qual se estabelece um laboratório em separado expressamente para o novo produto ou serviço para o qual não haja um processo preexistente. A equipe tem poderes para estabelecer metas mensuráveis com os consumidores e todos os planos, programas e processos para atingi-las.

As etapas minimizam o risco ao criar um programa piloto para testar as novas abordagens. É também importante realizar pesquisas preliminares para conhecer as necessidades dos consumidores além das propriedades e benefícios para determinar as formas com que produtos ou serviços serão entregues, precificados, servidos e apoiados. Pesquisas posteriores são necessárias para medir o desempenho da organização em melhorar a percepção do consumidor e seu comportamento, e apontar quais áreas de contato precisam de melhoramentos.

Tudo isso sugere que o futuro da propaganda em geral e das agências não está na comunicação integrada, mas no marketing integrado. O desafio está em sair das soluções orientadas para cada disciplina de comunicação para soluções de marketing integrado que tenham múltiplas dimensões dos negócios dos clientes. Esta mudança requer que as agências desempenhem as suas funções como consultoras, especialistas em comunicação e facilitadoras do processo.

Perguntas

1. Keegan comentou que a revolução na história do pensamento de marketing mudou o foco do "produto para o consumidor" para um contexto maior. Qual seria este contexto para que os profissionais de marketing tenham sucesso?
2. Explique a seguinte afirmação: "a estratégia de marketing é uma estratégia de gerenciamento, que integra o marketing com as outras funções da gerência, agregando valor para os *stakeholders*".
3. Quais são as vantagens das empresas voltadas para a globalização?
4. Qual é o conceito de Keegan para "marketing global"?
5. Ao considerar que as operações globais incluem vários níveis de aprofundamento e sofisticação, Kadzban e Motwani propõem uma definição. Qual é a definição de "operação global"?

---

38 DAVIS, 1993.

6. O processo de desenvolvimento de uma empresa doméstica para uma operação global envolve algumas fases. Explique cada uma delas.
7. Perlmutter propôs uma classificação (EPRG) para explicar como as gerências das companhias se orientam durante o processo evolutivo em direção à globalização. Explique o modelo.
8. Por que a integração é importante nas ações de marketing e comunicação?

2
LEVANTAMENTO HISTÓRICO

Devido às controvérsias sobre a eficiência da Comunicação Integrada de Marketing Global (CIMG), procurei a bibliografia que abrange o período de 1990 a 2000, encontrando 18 artigos de vários autores, acadêmicos e de executivos das mais diversas empresas, que corroboravam ou contradiziam as afirmações de Levitt sobre a inevitável globalização e as possibilidades da CIMG. A extensão da pesquisa bibliográfica para 2005 não iria modificar o panorama observado.

As opiniões a favor e contra a viabilidade da CIMG

Seguindo uma ordem cronológica, foram registradas as seguintes opiniões:

- Artigo de Hoggan, K. "Gateway to Europe: have ads will travel?"[1].

O autor comenta que a propaganda global estava enfrentando muitas barreiras de ordem lingüística ou cultural. Encontrar a solução para vencê-las tornar-se-á um processo natural. Na J. Walter Thompson, há 25 anos, a agência utilizava diferentes peças publicitárias para os produtos anunciados na Inglaterra, Escócia e Irlanda. O argumento era que as regiões tinham idiomas e cultura tão próprios que os anúncios precisavam ser criados de forma diferente. Atualmente, ainda existe o debate sobre se o mesmo comercial pode ser veiculado tanto na Europa quanto nos demais países. Muitas questões, sobre como a propaganda global pode ser implementada com sucesso, continuam sem resposta. Anunciantes que atuam em pequenas regiões, como o Tirol, preocupam-se em obter economia de escala produzindo trabalhos que possam ser usados em mais de um país.

Grupos de pessoas de vários países, com características similares entre si, podem ter mais em comum do que com os do seu próprio local, podendo ser alcançados por campanhas globais devido a essas semelhanças. Hoggan mencionava que na conferência

---

[1] HOGGAN, Karen. Gateway to Europe: have ads will travel? **Marketing**, p. 38, abr. 1990.

anual da Market Research Society, Julie Lannon, executiva da JWT, achava que a habilidade de usar o mesmo comercial em todo o mundo parecia ser simplista e *naïve*, ao comentar:

> "As marcas clássicas internacionais, por desejo ou acidente, possuem uma forte e vívida metáfora que transcende a qualquer cultura. As grandes idéias (*big ideas*), representadas nos maravilhosos trabalhos de arte e literatura ao longo dos séculos, são essencialmente o que está por trás da propaganda de Levi's 501 – sexo, independência, juventude; sabonete Lux – a mulher mais bonita do mundo; cigarros Benson & Hedges – ouro, surrealismo". (p. 38)

Como conseqüência, parecia haver a possibilidade de uma personalidade ou metáfora a ser interpretada de forma a se ajustar ao mercado e cultura nacionais. A procura de arquétipos, símbolos e metáforas deveria formar a base de qualquer idéia de propaganda multicultural.

A Rolex, cliente da JWT, tem utilizado a mesma propaganda por 30 anos. Basicamente, a idéia de artesanato do relógio ligada a pessoas de sucesso transmite o desejo que as pessoas têm de se identificar com as personalidades utilizadas nos anúncios. Produtos de luxo podem ser internacionais porque os ricos costumam ser muito similares em todo o mundo. Cosméticos e moda também são mais fáceis de se internacionalizarem. Entretanto, a comida tem mais dificuldade de vencer as barreiras porque os hábitos alimentares são profundamente enraizados na cultura local. Cerveja é um bom exemplo: John Smiths Bitter e Guinness são tratadas diferentemente de acordo com cada região.

Em suma, a agência multinacional JWT admite a possibilidade de sucesso com campanhas globais, desde que contenham valores internacionais em suas mensagens e dependendo do tipo de produto.

- Artigo de Allen, G. "Every market needs a different message"[2].

Allen, comentando a experiência da cooperativa produtora de amêndoas Blue Diamond Growers, em Sacramento, na Califórnia, nos Estados Unidos, com exportação para 94 países, publicada pelo consultor de comunicação C. A. Roseville, citou a opinião do Presidente e CEO Roger Baccigalupi: "para vender mundialmente é necessário ter um marketing inovador e o reconhecimento de que cada país é um mercado diferente. O que funciona nos Estados Unidos provavelmente não é apropriado internacionalmente". Para confirmar esse ponto de vista, expõe vários exemplos da companhia, como pode ser visto a seguir:

- Nos Estados Unidos, a campanha de TV veiculou vários comerciais apresentando fazendeiros reais (e não atores) da cintura para baixo dentro de um monte de amêndoas, falando polidamente para o telespectador: "Uma lata por semana, é tudo o que pedimos". A intenção era trocar a percepção existente de consumo em ocasiões especiais para a de um salgadinho para ser consumido todos os dias. E

[2] ALLEN, Grey. Every market needs a different message. **IABC Communication World**, p. 16-18, abr. 1990.

funcionou. No entanto, foram feitas adaptações para outros mercados, sendo o logotipo Blue Diamond a única semelhança nos comerciais veiculados em Nova York, Tóquio, Moscou, Toronto e Estocolmo.

- Na Coréia, foram adicionados ao logotipo Blue Diamond os caracteres coreanos. A maioria dos comerciais mostra a família saboreando o produto.
- No Canadá, os comerciais americanos foram testados em Toronto, Montreal e Vancouver. Os canadenses disseram que parecia uma bobagem colocar os fazendeiros no meio das amêndoas, além de preferirem comprar o produto dos próprios canadenses. Foram criados, então, comerciais com um estilo Monty Python apresentando William Shakespeare, Michelangelo, David e Napoleão com o tema "*Blue Diamonds Almonds. The Classic Snack*".
- Os rótulos são impressos no idioma local em pelo menos 25 países e com dois idiomas no Canadá e na Finlândia.
- Na Rússia, em 1980, Baccigalupi propôs um plano de cinco anos para melhorar a dieta soviética. Solicitou um estudo das qualidades nutritivas das amêndoas à Universidade da Califórnia e descobriu que elas não contêm colesterol. Os soviéticos se tornaram o terceiro maior mercado consumidor do mundo.
- No Japão, as amêndoas eram desconhecidas até a chegada da Blue Diamond. Os consumidores foram pesquisados e, em função dos resultados, foram desenvolvidos mais de 100 produtos com amêndoas, adaptados aos gostos e necessidades locais. Para difundi-los, foram contratadas cinco agências, cada uma cuidando de uma função da comunicação de marketing, desde escolas de culinária até comerciais de televisão. Um comercial animado informava os valores nutricionais das amêndoas, outro enfatizava a versatilidade como *snacks* e como ingrediente para pratos, aliado a uma mensagem educacional sobre baixo colesterol e muita proteína por libra, equivalentes a um bife. O produto foi posicionado como *snack food*.
- Em Hong-Kong, como as amêndoas eram muito conhecidas entre os consumidores, tiveram sucesso os comerciais mostrando a origem californiana, sabor, nutrição e popularidade.
- A Alemanha Ocidental é uma grande importadora de amêndoas para fazer pratos quentes e sobremesas, mas tem sido lenta em aceitar Blue Diamond como um *snack* de todos os dias. O tema da campanha é "O extraordinário sabor das amêndoas Blue Diamond em sete sabores exclusivos".
- Na Arábia Saudita, os comerciais mostravam o estilo de vida do Oeste americano e com música moderna, por serem temas de interesse dos sauditas.
- Na Índia, os consumidores consideram as amêndoas afrodisíacas e boas para o cérebro.

Cada mercado pressupõe uma abordagem e uma estratégia de marketing diferente, porém necessita ser pesquisado antes de qualquer lançamento. Os resultados compensam. Finalizando, Allen escreve que Baccigalupi acredita que as companhias americanas cometem um erro ao contratar agências americanas para cuidarem da propaganda internacional, porque as agências locais conhecem melhor os costumes, podendo fazer um melhor trabalho de comunicação.

Em suma, a Blue Diamond está convicta de que a comunicação global não funciona e precisa ser criada para cada mercado.

- Artigo de Levin, G. "Ads going global"[3].

Neste artigo, pode-se constatar que importantes companhias internacionais estavam aderindo à comunicação global, tais como Merrill Lynch, E. Seagram & Sons, Digital Equipment Corp., Xerox Corp. e Chase Manhatan Bank, entre outras.

Ao ser entrevistado, A. Hawes, VP e Diretor de Marketing Corporativo do Chase Manhatan Bank, declarou: "Os clientes de negócios e do *private-bank* têm sido expostos a uma estratégia de comunicação muito ampla; como viajam pelo mundo, precisam conhecer apenas um Chase. Por que confundi-los?" (p. 42).

A Gillette Co. utilizou uma abordagem global quando introduziu as lâminas Sensor, no início de 1990, e usará a mesma estratégia no futuro lançamento de uma linha masculina de produtos de higiene pessoal utilizando a marca Gillette. No ano 2000, a nova marca Mach III de lâminas de barbear desta companhia também adotou uma campanha global. Observa-se, com certa freqüência, que as marcas globais costumam preferir a propaganda global em lugar de campanhas regionais.

Citando Levitt, que acredita que os produtos de alta tecnologia irão adotar o marketing global porque as pessoas falam a mesma língua quando se trata de *high-tech,* bem como de moda e prestígio pessoal, o articulista escreveu: "Está acontecendo cada vez mais; existe certo tipo implacável de coisas que estão ocorrendo e que são mais visíveis agora do que no passado" (p. 4).

Anthony J. F. O'Relly, *chairman* da H. J. Heinz Co., disse, em um discurso naquela ocasião, que tinha tido muitas dúvidas sobre marcas globais, mas que agora "uma profunda revolução na tecnologia e na cultura tinha começado a transformar as atitudes dos consumidores, levando-os a repensar sobre a sua resistência ao conceito de marcas globais" (p. 4).

Por outro lado, certos fatores estão contribuindo para a adoção de programas mundiais, especialmente para aqueles produtos que são vendidos, sobretudo, com base na imagem. Entre estes fatores está a queda das barreiras européias em dezembro de 1992, a desregulamentação de muitas redes de rádio, a criação de programações pan-regionais via cabo ou satélite e a reorganização de linhas de produtos como marcas globais.

Para a companhia Merrill Lynch, "esta foi a primeira vez que a mesma mensagem foi divulgada pelo mundo, veiculando comerciais na Cable News Network, cobrindo a Europa, Ásia e América Latina. Dois desses comerciais foram criados pela Bozel N.Y. para o mercado americano, mas estavam sendo veiculados em inglês pela CNN fora dos Estados Unidos" (p. 4).

A Seagram criou uma Divisão de Marcas Globais em janeiro de 1991 e reestruturou o sistema de gerência de marcas dentro deste novo conceito. Sua primeira campanha

[3] LEVIN, Garin. Ads going global. **Advertising Age**, p. 4-42, jul., 1991.

mundial tinha sido para o conhaque Martell no ano anterior. Impressionada com os bons resultados, decidiu fazer o mesmo com o *scotch* Chivas Regal. Foram testadas quatro campanhas em sete países e escolhida uma série de 24 anúncios com uma linda fotografia e o tema "*There will always be a Chivas Regal*", para ser veiculada em 34 países e traduzida em 15 idiomas. Os executivos de cada país poderiam escolher o que achassem mais conveniente para o seu mercado. Segundo John Hartrey Jr., sênior VP da Divisão de Marcas Globais, "a idéia de uma campanha global não é ter um anúncio para que todos usem e sim ter a flexibilidade de uma execução global" (p. 42). A companhia também está pensando numa campanha internacional para o *champagne* Mumm.

Em suma, cinco companhias aderiram à comunicação global por considerá-la eficaz, encontrando formas de atenderem a algumas situações locais.

- Artigo de Banerjee, A. "Global campaings don't work: multinationals do"[4].

Banerjee, professor assistente de propaganda da Texas Tech University, em Lubboc, nos Estados Unidos, inicia seu artigo com este parágrafo:

> "Campanhas globais de propaganda têm há muito romanceado a imaginação de marketing com suas sedutoras promessas de'uma elegante execução mundial'. Mas a lógica na qual estão baseadas – que campanhas globais oferecem economias de custo e que os consumidores de todo o mundo continuam a exibir uma homogeneização cada vez maior de necessidades e desejos –, está falida". (p. 23)

Pelo raciocínio do autor, se uma campanha falha, de que vale a economia de custos? Os gostos, necessidades e desejos dos consumidores não são os mesmos em uma ampla gama de marcas, produtos e serviços. A homogeneização é aparente em muitas categorias, existindo fatores que variam em intensidade e natureza, conforme a categoria e as características do país.

Analisa, em seguida, que os problemas da Chanel foram causados por uma abordagem publicitária de cima para baixo, centrada no fabricante, em lugar de utilizar uma abordagem orientada para o consumidor. Chanel vende marcas globais, mas os consumidores vivem, compram e consomem em um ambiente local. A menos que a marca e sua propaganda estejam presentes de forma relevante e significativa neste contexto local, os consumidores estão pouco se importando. As canetas Parker cometeram o mesmo erro anos atrás. No entanto, isto não significa que a propaganda global seja impossível. É a maneira pela qual você a utiliza que pode conduzir ao fracasso.

Snuggle, por exemplo, tem o conceito de que amaciante de roupas não adota uma marca mundial, sendo chamado de Kuschelweich na Alemanha, Coccolino na Itália, Memosin na França etc.

O autor expõe alguns exemplos de campanhas de sucesso mundial, como pode ser visto a seguir:

---

4 BANERJEE, Ashish. Global campaigns don't work: multinationals do. **Advertisisng Age**, p. 23, abr. 1994.

- Impulse Body Spray, desodorante-fragrância da Unilever, utiliza o mesmo conceito publicitário (rapaz encontra garota) em quase todos os países e a marca tem apresentado bons resultados em mais de 40 países, principalmente porque o conceito é universalmente relevante e significativo para a condição humana.
- L'Oreal possui um posicionamento de marca válido mundialmente – "É caro, mas eu mereço", valorizando a consumidora.
- Procter & Gamble emprega a conveniência e facilidade de uso como posicionamento de marca para o xampu e condicionador Pert Plus / Wash & Go, com sucesso em muitos países.
- Clinique emprega a abordagem do produto como herói para evitar ambigüidade e falta de compreensão por parte do consumidor.
- Nescafé é a marca de café mais vendida no mundo porque explora o hábito de tomar café e o ambiente acolhedor do momento de saboreá-lo, explorando a auto-reflexão e o lado agradável da convivência social.

Em suma, foram enumerados dois casos de fracasso (Chanel e Parker), um de adaptação da sua campanha global (Snuggle) e cinco de sucesso global. As agências e anunciantes deveriam compreender que é possível usar o mesmo conceito de marca e a mesma abordagem publicitária, mas existem casos em que poderia haver adaptações às condições locais para cativar os consumidores.

- Artigo de Gruban, B. "Slovenia. Don't overlook cultural differences"[5].

Menciono este artigo que aborda o tema sobre relações públicas para mostrar que, sendo parte do processo de comunicação, essa área vem tendo a mesma preocupação a respeito da viabilidade de ser ou não global.

Diretor da Pristop Communication Group de Ljubljana, na Slovenia, Gruban cita o livro de Andersons, *Inside Public Relations,* publicado em 1989, no qual define que as práticas internacionais muito freqüentemente implementam programas distintos em vários mercados, adaptados às diferenças de cada um. Entretanto, as relações públicas globais adotam uma perspectiva geral para um programa a ser executado em dois ou mais mercados, reconhecendo as similaridades entre as audiências, em lugar de se adaptar às diferenças regionais.

Um problema sofrido pela campanha de propaganda global da Skoda/Volkswagen na Slovenia é relatado como exemplo dos cuidados que devem ser tomados em projetos desta envergadura. No lançamento da campanha "*IQ + love = Skoda*"[6], ninguém prestou atenção que *skoda* (marca de carro de pouca reputação) significa "estrago" no idioma esloveno. As vendas não foram muito afetadas, porém, projetou-se uma identidade de marca totalmente inadequada para o fabricante.

---

5 GRUBAN, Brane. Slovenia. Don't overlook cultural differences. **IABC Communication World**, p.38, jun./jul. 1994.

6 IQ – sigla de *Intelligence Quotient* (quociente de inteligência).

O autor chama ainda a atenção para os sistemas políticos em vigor nos países. Um sistema de economia totalitária, centralizado e autoritário, no qual a propaganda é informativa e não uma comunicação de duas mãos pode se constituir numa difícil barreira a ser transposta.

Em suma, características semânticas de idioma e fatores políticos devem ser levados em consideração para não prejudicar campanhas globais, tanto na propaganda quanto em relações públicas.

- Artigo de Pollack, J. "Global 100 overcomes obstacles"[7].

Criar uma campanha global não é tão fácil como parece e Pollack cita a experiência da Tandem Computers and International Data Group's Computerworld.

A Computerworld decidiu criar uma campanha para um produto global na revista *Global 100*, distribuída em 23 países e em 13 idiomas. O projeto demorou cerca de um ano para ser realizado e teve que enfrentar vários problemas, como a legislação sobre propaganda comparativa em vários países, dificuldades de tradução e dimensão do portfólio de produtos. A tradução do inglês para o alemão exigiu um texto 20% maior do que o original, provocando adaptação dos anúncios.

Em suma, os problemas operacionais de uma campanha global podem ser variados, exigindo muito tempo de planejamento e execução.

- Artigo de Spey, J. S. "What's make global advertising work?"[8].

O Presidente do The Chivas & Glenlivet Group atesta que a campanha global para o *scotch* Chivas Regal funcionou.

Explica que a companhia está estruturada em três divisões regionais que trabalham perfeitamente entrosadas com a matriz, sendo de vital importância encontrar um equilíbrio para as necessidades da organização, a curto e longo prazos. Isso pode ser dificultado em uma companhia com muitas pessoas que se consideram "especialistas em marketing", como é comum encontrar hoje, e acreditam que suas idéias devem predominar por estarem perto do consumidor e trabalhando com agências de propaganda locais.

Conseguir contribuições dos gerentes locais e regionais para as campanhas globais é tão importante quanto conseguir a adesão da alta direção da empresa. Chivas Regal conseguiu esta colaboração porque qualquer dúvida por parte da diretoria era percebida rapidamente pela equipe. A propaganda global pode trabalhar contra as necessidades dos consumidores e, por esta razão, os gerentes locais tendem a enfatizar as diferenças dos mercados com respeito aos hábitos, interesses e idiossincrasias do seu mercado para rejeitá-la.

O conceito do produto construído com base em pesquisas demonstrou que o produto era visto de forma similar em todos os mercados. Tinha uma imagem criada pelas campanhas das décadas de 1960 e 1970 que era percebida como a de um produto *premium price*[9], elegante, com embalagem preciosa e de alta classe, com qualidade muito superior à dos concorrentes.

---

[7] POLLACK, Judann. Global 100 overcomes obstacles. **Business Marketing**, p. 6, jun. 1995.

[8] SPEY, James S. What's make global advertising work? **Chief Executive Magazine**, p. 28-33, jun. 1996.

[9] *Premium price* significa "preço elevado".

O que agregou sucesso à campanha do Chivas Regal foi contemplar as necessidades que se traduzem em desejo de obter êxito, conseguir alívio contra o estresse ou proteger a família. Os consumidores que se identificam com Chivas Regal tendem a ser aqueles que desejam o sucesso, têm estilo, não são ansiosos, são positivos (sem exageros) e refinados (sem afetação).

Por outro lado, apesar desta boa imagem, a marca precisava continuar a crescer e, para isso, era importante motivar os grupos mais jovens que ainda não tinham sua marca de preferência, sem fazer referência ao passado. Foi passado um *briefing*[10] para uma concorrência entre TBWA, Grey e Ogilvy & Mather, três agências suficientemente grandes para gerenciar a comunicação e que tinham boa compreensão do negócio. Spey acredita que uma agência é tão boa quanto o *briefing* e a orientação que ela recebe do cliente. Cada divisão regional do anunciante foi convidada a participar do processo e externar a sua opinião. A TBWA venceu com o tema "*You either have it... or you don't*", uma idéia que capturava o desejo de estilo e inteligência para obter o melhor, demonstrando, desta forma, o *status* do consumidor.

Para ajudar a acalmar o nervosismo dos executivos em outras partes do mundo com respeito à produção centralizada da campanha, as filiais do cliente e suas agências foram convidadas a contribuir com idéias relevantes para serem usadas na mídia impressa e que fossem significativas para os seus mercados. Foi solicitado que os principais países selecionassem as seis melhores de um conjunto aproximado de 60 idéias e, a partir daí, foram desenvolvidos os comerciais para televisão. Deste processo que durou dois anos, saíram 20 anúncios de imprensa e 6 comerciais de TV. Por terem sido evitados símbolos locais, puderam ser exibidos nos Estados Unidos, na Europa e na América Latina.

A exceção foi na Ásia, porque a afirmação de superioridade contida na campanha não fazia sentido para os asiáticos, já que eles, em público, não se sentiam confortáveis com esta demonstração de superioridade; pelo contrário, gostavam de transmitir alguma simpatia para com aqueles que não a possuem. Como solução, foram criadas peças dentro da estratégia global para os asiáticos.

O artigo é concluído desta forma: "O primeiro ingrediente para uma comunicação integrada global está no comprometimento do CEO, seguido da escolha de uma marca campeã, da definição da principal necessidade do consumidor, de uma percepção internacionalmente comum da marca e da sua imagem, bem como de uma poderosa idéia publicitária" (p. 33).

Em suma, a necessidade de conseguir a adesão dos principais executivos da companhia facilitou a motivação das equipes de todos os países; as pesquisas auxiliam no correto posicionamento da marca utilizando os valores comuns a todos, e indicam eventuais ajustes pontuais em determinados mercados.

- Artigo de McCullogugh, W. R. "Global advertising which acts locally: the IBM subtitles campaign"[11].

---

[10] *Briefing* – conjunto de dados para orientar a agência nos trabalhos de comunicação.

[11] McCULLOGUGH, Wayne R. Global advertising which acts locally: the IBM subtitles campaign. **Journal of Advertising Research**, p.11-15, maio/jun. 1996.

Em 1995, a IBM introduziu uma campanha mundial maciça destinada a comunicar mais consistentemente o que até então tinha sido feito. Diferente das campanhas anteriores, esta propaganda ligou diretamente as estratégias de negócios da companhia.

A International Business Machines foi formada há mais de oito décadas como uma organização para vender a mais avançada tecnologia de todos os tempos: escalas, máquinas de tabulação, aparelhos de medição de tempo. Desde o início, os interesses de negócios da companhia estavam centralizados na matriz em Dayton, em Ohio, nos Estados Unidos. Não demorou muito para a organização se tornar internacional, com operações no Canadá e Brasil em 1917. Em 1923, a IBM operava na Europa, América Latina e Ásia.

O crescimento real e as grandes mudanças internacionais começaram com a introdução da máquina de escrever eletromecânica. Este produto e a facilidade de adaptar as máquinas conforme as necessidades de cada mercado, tornou a IBM muito conhecida. A introdução do System 360, em 1964, propiciou um notável crescimento à companhia. Desenhado inicialmente para grandes empresas, permitiu o desenvolvimento de computadores pessoais em 1981. Hoje, a empresa oferece uma ampla linha de computadores, desde *laptops* até supercomputadores, sistemas operativos e aplicativos de *software*, bem como serviços de consultoria.

À medida que a companhia crescia, existia uma considerável autonomia com respeito a posicionamento, marketing e comunicação dentro de uma grande gama de ofertas. A comunicação de marketing era apoiada por agências locais e, conseqüentemente, não existia a articulação da "unidade" IBM. No início de 1993, existiam mais de 50 agências de comunicação de marketing trabalhando em nível mundial para a IBM. A resultante era a inconsistência das mensagens e a diversidade da sua formatação.

Atualmente, a estratégia de comunicação global da IBM foi desenvolvida dentro de uma unidade muito forte. A combinação de marketing e de comunicação utilizada globalmente tem vantagens no desenvolvimento de produtos e para a imagem da marca. Em outras palavras:

- primeiro – empresas globais, como Coca-Cola e Procter & Gamble, aprenderam que o custo de amortização do desenvolvimento de produtos mundialmente resulta em menor investimento por país do que se tivessem sido desenvolvidos em cada um;
- segundo – marketing e comunicação, partindo de uma única perspectiva, permitem posicionar produtos e marcas globalmente;
- terceiro – para apoiar a proposição, é mais fácil isolar os valores humanos universais dos valores da cultura local, em relação aos produtos e à comunicação.

No final de 1991, a IBM adotou uma estratégia que operava com 13 unidades de negócios semi-autônomas. Cada uma podia desenvolver independentemente a sua estratégia de negócios e a respectiva estratégia de comunicação. Naturalmente, ocorriam superposições e conflitos de comunicação. Com o novo presidente da corporação, no início de 1993, houve a reintegração das 13 unidades em um todo mais coeso, melhor do que a soma das partes. Em junho de 1994, a IBM anunciou a indicação de uma agência de propaganda com a responsabilidade principal de executar a estratégia da companhia de uma só forma, em todo o mundo.

O sistema de pesquisa aos consumidores foi aperfeiçoado para detectar e interpretar a "voz do consumidor" para o pessoal de marketing e de comunicação. À medida que o sistema foi sendo aplicado mundialmente de forma mais consistente, descobriu-se que existiam muitos pontos comuns entre os diferentes mercados nos principais aspectos pesquisados, tanto na imagem da marca como nas respostas às campanhas de propaganda executadas[12].

A universalidade da marca IBM antecede o desenvolvimento das campanhas, servindo de base para as atividades de comunicação de marketing em todo o mundo. Esta nova estratégia, introduzida em 1995, tem sido uma das mais duráveis campanhas para a formação da imagem da IBM, na história mais recente.

A imagem global foi obtida por meio do uso do mesmo banco de imagens do material filmado em cada país. A possibilidade de utilizar materiais locais permite traduzir melhor o tom "estrangeiro" dos comerciais, introduzindo aspectos locais que melhoram a comunicação, mas mantendo a orientação internacional. Existem poucas exceções entre os 47 países onde a campanha é veiculada.

Em suma, a experiência demonstrou que é possível fazer propaganda global com sucesso se o produto ou a marca são percebidos de forma semelhante em cada mercado e que estes sejam parecidos no seu nível de maturidade. Sem os dados coletados previamente em nível mundial, o sucesso da campanha poderia não ter sido tão bom.

- Artigo de Bentley, S. "Big agencies profit from global tactics"[13].

A decisão da Shell em reduzir sua rede européia de três para uma agência representa mais uma empresa que vem acelerar a tendência em direção à centralização da propaganda global.

HHCL & Partners, agência de comunicação, juntou-se aos perdedores quando a Campbell mudou sua linha de molhos Homepride, no valor de 6 milhões de libras, para a Young & Rubicam, incorporando-se à sua lista mundial. HHCL perdeu novamente quando a Mazda foi realinhada com a J. Walter Thompson no final daquele ano. Ao mesmo tempo, Marmite, fabricante da CPC International, seguiu o mesmo processo reduzindo sua lista de 23 agências locais que cuidam da marca global de sopas e molhos Knorr, realinhando em apenas 4 redes: BBDO, BMP, Grey e Young & Rubicam.

Não se deve esquecer da Nestlé, que cortou sua lista de mais de 100 agências para 5: McCann-Erickson, Ammirati Puris Lintas, Ogilvy & Mather, J. Walter Thompson e Publicis/FCB, algum tempo atrás.

Apesar de não ser algo novo, é uma tendência com grande propensão a se acelerar, como muitas agências relataram: mais clientes estão estudando o realinhamento.

---

[12] ZALTMAN, Gerald; MOORMAN, Christine. The management and use of advertising research. **Journal of Advertising Research**, p. 11-18, jun. 1988.

[13] BENTLEY, Stephanie. Big agencies profit from global tactics. **Marketing Week**, p. 25-26, jan. 1997.

O ponto de partida para muitos foi a decisão da IBM, em 1994, de dispensar 80 agências espalhadas pelo mundo e transferir sua conta de mais de 300 milhões de libras para a Ogilvy & Mather. Colgate-Palmolive, Bayer e Reckitt & Beckit estão entre aquelas que seguiram a mudança levando milhões de libras em negócios de um grande número de agências para apenas um punhado delas.

Mas o processo está crescendo. Companhias querem "parceiros de comunicação" e isto significa o relacionamento de longo prazo com poucas agências. Isso não significa necessariamente pagar menos pela propaganda, porque alguns clientes entendem que a melhor forma de obter bom serviço é pagar poucas agências, mas pagar bem. Inevitavelmente, os clientes economizarão internamente, por meio de um gerenciamento mais eficiente, tal como reduzir o número de pessoal sênior de marketing ,que tem altos salários.

"Os clientes menos informados estão fazendo isto mais como um exercício de cortar custos", disse uma agência que foi descredenciada. São geralmente os pequenos com pequenas verbas que querem reduzir custos. Mas outros vêm que a maneira de criar uma forte marca é mediante a globalização da marca, sabendo ser um ideal de longo prazo.

Este movimento em direção a uma estratégia global acontecerá na medida que o pessoal da "velha escola" for saindo da direção das empresas ou se aposentar. Então, ficará mais fácil para as pessoas introduzir e gerenciar estratégias globais.

Dan O'Donoghue, executivo chefe da agência de propaganda Publicis, diz que a motivação é o fator principal para os clientes multinacionais: "Em lugar de cortar a comissão de duas agências e deixá-las infelizes, eles percebem que é mais rentável ficar com uma agência mais bem comissionada. O cliente economiza dinheiro e a agência vencedora fica bem motivada". Mas isto também vai ao encontro da movimentação interna dos clientes em ter uma estrutura mais centralizada. Clientes, devido à pressão de custos, estão racionalizando o seu portfólio de marcas e, junto, o número de agências que contratam. As agências que ganham as grandes concorrências são aquelas que podem demonstrar a melhor forma de administrar uma conta, não necessariamente aquela que tem a melhor estratégia ou pensamento criativo.

Martin Smith, diretor da Bartle Bogle Hegarty (BBH), uma agência com um impressionante resultado criativo, mas que não está integrada a uma rede, não concorda que este desenvolvimento beneficiará somente as redes: "A tendência é para a centralização do cliente", admite Smith. E acrescenta: "Isto, necessariamente, não significa uma tendência em favor das agências com rede, mas significa menor número de agências". Haverá menor número de pessoas que decidem do lado dos clientes, no entanto, diferentes clientes requerem diferentes formas de centralização. O ponto de vista da BBH é que boas idéias criativas superam diferenças culturais. Assim, bons anúncios podem vir de um único escritório, tendo uma coordenação internacional por meio de alianças estratégicas com redes internacionais.

Esta abordagem uniforme de estratégias de marketing e de criação obviamente cria grandes oportunidades comerciais para qualquer cliente. A Levi's é um exemplo clássico, com anúncios da BBH sendo veiculados sem modificações em mais de 20 mercados.

Para diretores de marketing locais, a simples realidade é que se a estratégia criativa funciona, quem se importa se foi originada em Londres, Amsterdã ou Nova York?

Profissionais de marketing locais ficam desmotivados quando eles são forçados a usar o trabalho criativo que não tem condições de viajar. A imposição de uma agência e a natural perda de autonomia sobre ela pode criar tensão. De acordo com algumas fontes, a indicação da McCann-Erickson pela Sega para uma conta pan-européia, em 1995, deixou alguns departamentos de marketing aborrecidos. Em poucos meses, quando problemas de produção atingiram a companhia, essas operações locais foram apaziguadas, devolvendo aos locais as decisões sobre propaganda.

Martin Glenn, VP Comercial da Pepsi-Foods Europa, afirma que "é muito frustrante se um mercado é forçado a usar um determinado tratamento criativo e ele não funciona, ao mesmo tempo que as metas de vendas da equipe local de marketing não são reduzidas. Você sente que não controla mais o seu destino. Se existe uma discrepância entre o seu volume de vendas e a maneira de poder atingi-lo, as pessoas culparão umas às outras quando as coisas forem mal. Não é a melhor maneira de administrar um negócio".

Por outro lado, se a centralização da propaganda está crescendo, por que Coca-Cola a deixou? Desde que a companhia tomou a sua espetacular decisão em 1995, ela incluiu mais de 30 agências à sua lista mundial, movimentando-se em direção oposta ao restante do mercado. Algumas fontes sugerem que o pêndulo da Coca-Cola está voltando para o outro lado – a maioria dos contratados está trabalhando em projetos – e que a Coca-Cola seguirá o esquema anterior de usar redes regionais. Talvez a verdade seja simplesmente que a Coca-Cola é uma força tão dominante, e sabe tão claramente o que quer, que pode pesquisar o mundo em busca do melhor talento criativo e contratar quem quiser. Entretanto, o resto do mundo está se preparando para uma seleção das melhores agências, em um nível que nunca foi visto até então.

Em suma, cerca de dez anunciantes reduziram drasticamente o número de agências, concentrando a sua comunicação global nas grandes redes internacionais de agências, em um período relativamente curto de poucos anos. Esta clara tendência não é só para reduzir custos, apesar deste ser o principal objetivo das empresas menores, mas para conseguir uma unidade e coordenação das ações com vistas à construção sólida da imagem da marca global nos diferentes mercados. Essa tendência tem levado as empresas a centralizarem a sua estrutura de comunicação para melhor cumprir os objetivos de unificação da imagem da marca. Foi mencionada a resistência dos profissionais de marketing em aceitar campanhas internacionais, uma vez que, quando não trazem resultados, as metas de vendas não são alteradas e continuam a ser cobradas. Sentem que estão perdendo o controle da situação. O que chama a atenção, pelo fato de estar em um movimento contrário a essa tendência de redução de agências, é a Coca-Cola, que vem procurando o talento criativo onde quer que ele esteja, talvez facilitado pela força da sua marca e estrutura internacional.

- Artigo de Jensen, J. "Reebok's Wardley open to adding agencies for brand"[14].

Reebok focalizou a sua campanha de propaganda para 1998 em aspectos tecnológicos dos seus calçados, com a esperança de definir melhor a imagem da marca, conforme a orientação do Diretor de Propaganda Global, John Wardley.

[14] JENSEN, Jeff. Reebok's Wardley open to adding agencies for brand. **Advertising Age**, p. 6, out. 1997.

Heater Advertising, de Boston, agência líder da Reebok, desenvolveu o novo lançamento, porém Mr. Wardley disse que contratará outras agências conforme seja necessário, trazendo para a Reebok a mesma filosofia com que trabalhou na Coca-Cola: "Nenhuma agência tem o monopólio das boas idéias".

Perguntado se a Reebok tinha uma imagem de marca claramente definida, Wardley disse: "Devo dizer que provavelmente não tem; uma das principais tarefas é retificar isto".

Em suma, a Reebok continua mantendo uma agência principal em nível internacional, mas não descarta a possibilidade de conseguir boas idéias em outras empresas, para que possa atingir o seu objetivo de definir mais claramente a imagem global da marca.

- Artigo de Kanter, R. "Strategies for success in the new global economy. Highlights of the presentation done at International Strategic Leadership Conference"[15].

O pensamento da Dra. Kanter é no sentido de que a nova era irá requerer estratégias que envolvam totalmente a organização e que dependam das capacidades não somente dos líderes, mas de todas as pessoas que nela trabalham. A verdade é que a companhia precisa, inicialmente, construir uma cultura apropriada e capacidades, a fim de estar pronta para capitalizar as sinergias que podem ocorrer quando a companhia trabalhar conjuntamente, consciente de que a total transformação será possível somente se as capacidades da organização estiverem aperfeiçoadas.

Para obter sucesso numa economia globalizada, a Dra. Kanter cita o caso da Gillette. Esta companhia lentamente expandiu suas melhores idéias e tecnologia no país de origem; então, gradualmente expandiu-se para outros mercados adjacentes e, finalmente, para o resto do mundo. Alfred Zeien, presidente da Gillette, chama de "Idade da Pedra" a teoria de marketing que parece ser antiquada e para demonstrar como a teoria evoluiu. Imaginou a metáfora de progressão que inicia na Idade da Pedra, passa para a Idade do Bronze e, depois, para a Idade do Ferro. Era dessa forma que a Gillette pensava sobre os seus mercados, classificando os menos desenvolvidos, os que estavam em estágio intermediário e aqueles em nível mais avançado. Tudo isto foi mudado nos anos 1980.

Quando o barbeador Sensor foi introduzido em 1990, em poucos meses foi lançado em todos os países do mundo, com o mesmo padrão e a mesma mensagem traduzida para o idioma local. Para pensar globalmente, é necessária uma mudança maciça na maneira de pensar, na organização e na liderança.

À medida que as pessoas se movem em direção ao global, para a economia da informação, atendendo ao fenômeno de "ir às compras", verifica-se que o poder mudou sistematicamente para o lado do consumidor.

Para as companhias que querem ser globais, a Dra. Kanter recomenda que os negócios devem acumular três grandes ativos intangíveis de classe internacional titulados como os 3 Cs:

---

[15] KANTER, Rosabeth. Strategies for success in the new global economy. Highlights of the presentation done at International Strategic Leadership Conference. **Strategy & Leadership**, p.20-26, nov./dez. 1997.

1) conceitos – imaginação para inovar;
2) competência – desempenho profissional;
3) contatos – abertura para colaboração.

Por "conceito" entenda-se que a companhia precisa ser mais do que uma seguidora de idéias e tecnologias. Ela precisa criar novos conceitos, a fim de mudar as regras do jogo, entregando alto nível de valor, e inovar constantemente, não só para estabelecer os padrões, mas para ganhar um monopólio temporário mediante essa inovação. A British Airways procurou diferenciar-se repensando cada aspecto do seu negócio: um novo design radical, inovação no serviço de alimentação, inovação em amenidades. A estratégia baseava-se no pressuposto do setor de que os passageiros estavam usando os aviões como um restaurante, mas a maioria dos passageiros os usava como uma cama para dormir. Daí surgiu o *British Airways Sleeper Service.* Nem toda idéia tem que ser algo realmente inovador, mas tem de contribuir para a redefinição do conceito do negócio.

De uma maneira geral, nas companhias européias globais que acabaram de se fundir e que estão criando uma nova cultura corporativa, os chefes de planejamento estratégico estão dirigindo departamentos com poucas pessoas, mas estão ligados *on-line* com todo o pessoal das unidades de planejamento. O objetivo é mobilizar toda a força de trabalho mundial para contribuir com idéias, mudando as estruturas onde atuam para que as pessoas vejam as coisas de modo diferente. O trabalho dos líderes estratégicos no futuro não será o de escrever planos, ou mesmo compilar planos, mas o de mobilizar talentos e a imaginação das pessoas da companhia para, constantemente, desafiarem os conceitos correntes e construir novos. A Dupont tem uma estatística no campo da química que, de uma lista de 3.000 idéias básicas, apenas 1,7 são de produtos comercializáveis. Ela diz que se dobrar este número para 3,4, será um sucesso.

Não é suficiente uma companhia ter as melhores idéias, é preciso ter uma força de trabalho totalmente profissional e altamente disciplinada, ter padrões e vocabulário comuns e poder atuar autonomamente quando necessário. Os profissionais precisam entender as prioridades estratégicas da companhia e poder tomar decisões que agreguem valor para os consumidores cada vez mais exigentes. Quem se importa sobre quanto conhecimento uma pessoa tem? Este conhecimento é valioso somente quando passado para outros rapidamente, difundindo as melhores práticas e utilizando-as em benefício do consumidor.

O terceiro ativo, "contatos", refere-se ao fato de que parcerias e alianças das companhias com fornecedores e clientes são cada vez mais importantes porque oferecem a única maneira de aproveitarem as várias oportunidades da economia global, sem precisar de recursos infinitos.

Em suma, os 3 Cs – conceitos, competência e contatos – ajudam as companhias a serem mundiais, numa economia globalizada, com consumidores que detêm o poder. Dentro desta abordagem, a idéia não precisa ser inovadora, mas tem de contribuir para a redefinição do negócio; os profissionais precisam entender as prioridades estratégicas da companhia e poder tomar decisões que agreguem valor, a fim de melhor atender os consumidores. Não menos importante é a capacidade de fazer parcerias que tragam mais eficiência para a empresa. Portanto, o processo de globalização é algo complexo que exige uma boa integração entre os seus diversos componentes.

- Artigo de Flikkema, L. "Global marketing's myth: differences don't matter"[16].

Um recente estudo conduzido pela Norwalk, em Connecticut, realizado pela Yankelovich Partners, pesquisou consumidores e empresas em cinco países: Estados Unidos, Grã-Bretanha, França, Austrália e Japão. Descobriu que diferenças culturais essencialmente não têm efeito sobre atitudes, motivação e necessidades que envolvem a compra de tecnologias. Uma pessoa que compra um PC pela primeira vez no Japão é mais semelhante a um primeiro comprador francês do que a um comprador experiente japonês. Um comprador "entusiasta" é o mesmo em todo o mundo.

Existem diferenças em sub-regiões, naturalmente, mas não causam nenhuma modificação essencial no processo de compra. Então, por que perder tempo com elas quando deveria estar aplicando os recursos para preencher as necessidades globais e argumentando com as motivações e atitudes globais.

Em suma, o estudo focado sobre a compra de produtos tecnológicos indicou que existe grande semelhança de comportamento entre os consumidores de diferentes países, sendo possível detectar os denominadores comuns conforme os estágios de consumo.

- Artigo de Petrecca. "Bic slates single image via global consolidation"[17].

Esta jornalista escreve sobre a Societé Bic, de Clichy, na França, fabricantes de canetas, isqueiros e aparelhos de barbear. Comenta que a empresa queria consolidar a sua conta de propaganda global em uma só agência para acabar com a sua comunicação fragmentada. O objetivo seria criar uma mensagem com imagem sólida e única em todo o mundo. A agência precisaria ser não só criativa, mas possuir uma rede mundial e gerentes capacitados a administrá-la, com sede em Nova York e Paris.

Em suma, um grande anunciante como a Bic se propôs a consolidar uma única imagem de marca no mundo por acreditar em melhores resultados nos seus negócios e, para isso, procurou a colaboração de uma agência com rede mundial.

- Artigo de Darby, B. "Adidas adds humour to global push"[18].

Adidas ataca novamente seu arqui-rival Nike, introduzindo humor à sua marca por meio de uma campanha de propaganda global para a sua linha Equipment. A empresa, por meio de sua agência de Amsterdã, introduziu um novo tema, "*Adidas – it make you better*", para posicioná-la como uma fornecedora acessível de calçados e roupas de alta *performance*. A campanha utiliza o humor para deixar a marca mais "colorida" para o mercado jovem, na Europa, América Latina e Ásia.

16 FLIKKEMA, Luanne. Global marketing's myth: differences don't matter. **Marketing Views**, p. 4, jul. 1998.
17 PETRECCA, Laura. Bic slates single image via global consolidation. **Advertising Age**, p. 3-6, nov., 1998.
18 DARBY, B. Adidas adds humour to global push. **Marketing**, p. 5, fev. 2000.

Em suma, uma grande marca global utilizou um tema único para a sua campanha de propaganda em três grandes regiões do mundo.

- Artigo de Rosier, B. "Compaq aims global ad work at SMEs"[19].

Compaq usará o tema "*Inspiration technology*" na sua nova propaganda global, na tentativa de posicionar-se como mais do que um fabricante de computadores. "Estamos procurando construir o *brand equity*[20] e explicar que a Compaq é algo maior do que somente vender caixas", disse Hamish Haynes, marketing communications director da Compaq U.K.: "Antes, nós tínhamos a tendência de falar com os consumidores quando, na verdade, nós deveríamos ouvi-los. Em lugar de focar na tecnologia de capacidades e velocidades, a Compaq deveria dizer o que pode fazer atualmente pelo consumidor".

Em suma, outra grande marca global usa uma única estratégia para a sua propaganda internacional, abordando as necessidades do consumidor, em lugar das características técnicas do produto.

- Artigo de Halliday, J. "First global Chrysler ads push crucial PT Cruiser introduction"[21].

FCB Worldwide, Southfield Mich é o escritório que coordena o primeiro grande lançamento global para o novo carro Daimler-Chrysler, o Chrysler PT Cruiser 2001. Bill Morden, gerente associado e diretor criativo da FCB, disse que o planejamento para a estratégia global começou há um ano. Ele e Gary Topolewski, Diretor Executivo e Criador da FCB, apresentaram o trabalho para a Chrysler em todas a partes do mundo e pensam que a chave de uma campanha de propaganda global é "mantê-la simples, sem palavras", disse Morden.

Em suma, este é mais um caso de campanha única mundial para o lançamento de um novo produto. É importante observar o cuidado que a companhia teve em fazer com que os executivos da sua agência de propaganda viajassem pelo mundo para apresentar a nova campanha, possivelmente com a intenção de convencer as suas filiais sobre a sua excelência.

- Artigo de Callahan, S. "Motorola stives for brand unity"[22].

Com a conquista da conta, Ogilvy agora tem o desafio de criar uma marca que unifique a Motorola em todos os inúmeros negócios, que inclui desde celulares até gigantescas empresas de telecomunicação, semicondutores para a indústria automobilística e outras indústrias, além de telefones sem fio para os consumidores. O conceito de "*One Motorola*" capitaliza o potencial da marca, que é muito maior do que a soma das partes, segundo Jocelyn Carter-Miller, Gerente de Marketing.

Motorola usa atualmente um número de submarcas no seu marketing. No setor de soluções para redes, usa a marca Aspira para significar a próxima geração de produtos

---

19 ROSIER, B. Compaq aims global ad work at SMEs. **Marketing**, p. 9, out. 2000.
20 *Brand equity* refere-se à personalidade e aos ativos da marca.
21 HALLIDAY, J. First global Chrysler ads push crucial PT Cruiser introduction. **Advertising Age**, p. 32, fev. 2000.
22 CALLAHAN, Sean. Motorola stives for brand unity. **B to B**, p. 4, set., 2000.

e serviços de infraestrutura de comunicações. No grupo de semicondutores, utiliza a marca Digital DNA: "*The heart of smart*". Os telefones sem fio para consumidores são vendidos com o tema "*Web without wires*". Essas três submarcas continuarão a existir dentro da nova marca global unificada.

Em suma, a estratégia da empresa, altamente diversificada, foi concentrar os esforços em um único conceito para a marca Motorola, transformando-a em avalista para as demais marcas das outras divisões, porém permitindo que cada unidade de negócios tivesse a sua personalidade dentro do conceito global.

- Artigo de Ditlea, S. "Motorola consolidates"[23].

Isto soa familiar: uma firma de classe internacional acha que a identidade da sua marca está sofrendo uma erosão devido a muita agitação e muitas linhas de produtos. Cerca de 67 agências administram suas campanhas de propaganda. Então, o novo CEO, Chris Galvin, nomeou Jocelyn Carter-Miller, com experiência anterior fora do negócio tecnológico, como *Communication Marketing Officer* (CMO). Ela terá um departamento autônomo de marketing e consolidará sua propaganda global em uma só agência, a Ogilvy & Mather Worldwide, preparando uma grande campanha para a marca.

A visão "*One Motorola*" deve ser comunicada como uma marca unificada tanto para consumidores quanto para as empresas. A decisão de que Motorola é a marca principal será usada para alavancar o marketing por meio da corporação. A campanha refletirá que a alta tecnologia da marca Motorola ligará os sonhos das pessoas com a promessa de tecnologia. A IBM e a GE serviram de inspiração. A IBM tem uma história de grande sucesso e o mesmo foi feito com a GE com um número muito maior de visões.

Em suma, além de unificar os esforços em torno da marca Motorola, para criar uma sólida imagem, a empresa instituiu um novo cargo, CMO, respaldado por um departamento para consolidar a propaganda em uma só agência.

Conclusão do levantamento histórico dos artigos

Este levantamento abrangeu o período de 1990 a 2000 e a seleção dos depoimentos dos executivos de várias empresas multinacionais e de analistas entrevistados foi realizada a partir de um critério: trazer resultados práticos da implementação de campanhas globais. Pode-se perceber que as dúvidas e as controvérsias sobre a eficácia da CIMG ainda persistem. Entretanto, parece indicar uma clara tendência de sua maior aceitação por parte de profissionais de marketing e de comunicação de vários países, quando existem marcas com atuação em muitas regiões.

Este movimento em direção ao uso da CIMG passa por uma série de iniciativas que podem ser assim expostas:

---

[23] DITLEA, Steve. Motorola consolidates. **Marketing Computers**, p. 16, dez. 2000.

- Existe a tendência de concentrar as atividades de comunicação em agências que possuam redes de atuação internacional. Em lugar da diversidade de agências independentes em inúmeros países, verifica-se o realinhamento de marcas e seus respectivos produtos/serviços em uma ou poucas agências dotadas desta estrutura mundial. Apesar desse movimento, algumas grandes marcas mantêm uma agência internacional como base para as suas campanhas, mas também procuram a colaboração de outras agências que tenham condições de contribuir com boas idéias.
- Percebe-se a preocupação cada vez maior em concentrar os esforços na principal marca da companhia para criar e construir uma única imagem que possa ser utilizada em qualquer país. Companhias altamente diversificadas em suas linhas de produtos e unidades de negócios têm procurado uma uniformidade de imagem por meio da sua marca principal, que serve como guarda-chuva para as demais. A consolidação da marca em nível mundial parece alavancar os negócios, apesar da diversificação.
- Para que os dois itens anteriores possam ser implementados, as empresas têm alterado sua estrutura, criando cargos e departamentos que venham a ter a responsabilidade de cuidar da universalidade da marca e das campanhas publicitárias, como o de CMO – *Communication Marketing Officer*.
- O desenvolvimento de campanhas globais exige muito tempo de estudo, de planejamento e de execução, geralmente acima de um ano.
- A implementação das campanhas globais costuma enfrentar resistências por parte dos executivos locais, por sentirem que estão perdendo parte do controle das suas ações. Entretanto, as experiências têm demonstrado que estas resistências podem ser vencidas se esses profissionais forem envolvidos no processo de definição das estratégias de comunicação e das campanhas.
- Percebe-se que as atitudes com respeito às campanhas globais não são totalmente polarizantes, ou seja, uma única campanha aplicada integralmente em todas as regiões. Existem casos de adaptação local, como idioma, aspectos políticos, costumes etc., porém respeitando-se a estratégia global. Neste sentido, parece existir um consenso de que a estratégia pode ser global, mas se necessário, podem ser feitas algumas adaptações locais para melhor entendimento do conceito maior, em alguns casos.
- Experiências e estudos de mercado têm demonstrado ser possível encontrar pontos comuns no comportamento de compra entre consumidores de diversos países, independentemente de sua cultura diversa e características locais. A pesquisa aos consumidores para estudar suas atitudes, o comportamento de consumo e de compra, além de outros fatores comportamentais, vem se constituindo em um importante instrumento para fornecer os dados necessários à formulação de estratégias de comunicação global.

Perguntas

1. Cite as duas tendências na comunicação global percebidas na análise dos artigos.
2. Por que a implementação das campanhas globais costuma enfrentar resistências por parte dos executivos locais? Como elas podem ser vencidas?
3. Uma campanha, para ser global, precisa ser única e aplicada integralmente em todas as regiões? Faça as suas considerações sobre esse tema.

3
COMUNICAÇÃO INTEGRADA DE MARKETING (CIM)

Neste capítulo, serão abordados os estudos realizados por vários autores tentando explicar o conceito e a definição da CIM, as suas vantagens e ambigüidades. Mostrará a diferença entre o sistema de avaliação da comunicação tradicional e as discussões sobre como avaliar a comunicação integrada. Apresentará, também, os pensamentos sobre a necessidade de adquirir uma atitude sobre integração e os resultados de uma pesquisa realizada com anunciantes sobre o uso da CIM.

Os primórdios da Comunicação Integrada de Marketing (CIM)

O estudo da CIM, em qualquer sentido teórico, comparado com os estudos feitos por aqueles que o praticavam, teve o seu início na Medill School of Journalism da Northwestern University. Um estudo feito por Caywood et al.[1] analisou como o assunto foi desenvolvido nos Estados Unidos. A partir daí, os trabalhos proliferaram. Kitchen e Schultz[2] ampliaram os parâmetros da CIM ao analisar os dados sobre como os executivos principais das maiores agências de propaganda dos Estados Unidos, do Reino Unido, da Nova Zelândia, Austrália e Índia a percebiam.

Esses autores consideraram que a literatura anterior a Caywood et al.[3] indicava que o pensamento tático *one sight, one sound*[4] da CIM tinha sido mencionado na literatura

---

[1] CAYWOOD, C.; SCHULTZ, D.; WANG, P. **Integrated marketing communications:** a survey of national goods advertisers. Northwestern: Medill School of Journalism, Northwestern University, 1991.

[2] KITCHEN, Philip J.; SCHULTZ, Don E. A multi-country comparison of the drive for IMC. **Journal of Advertising Research**, p. 21-38, jan./fev. 1999.

[3] CAYWOOD; SCHULTZ; WANG, 1991.

[4] *One sight, one sound* – "um sinal, um som", no sentido de unidade de comunicação.

comercial, mas sem a intenção de formalizar este conceito emergente. Sob a perspectiva conceitual e teórica, a história da CIM tem cerca de uma década e ainda está na fase de introdução, se for feita uma analogia com o ciclo de vida do produto. Dado este emergente passado, muito do aprendizado é um pré-paradigma por natureza, ou seja, tem a ver com as explicações sobre a CIM, como ela pode ser usada pelos clientes ou pelas agências, mas sem construir uma teoria *per se*.

No começo do século XXI, o conceito ainda está em desenvolvimento. Um exemplo da natureza do desenvolvimento da CIM pode ser encontrado na edição especial do *Journal of Marketing Communications*, publicada em 1996, na qual quatro dos cinco artigos incluídos sobre a construção da teoria e/ou identificação dos pontos-chave referiam-se à comunicação integrada de marketing. Em outras palavras, Kitchen e Schultz[5] consideram que a CIM é um pré-paradigma em contraposição a um estágio pós-paradigma.

Notadamente, isto seria o esperado para um novo conceito devido às razões teóricas usuais. Mais uma razão adicional: pode ser que a integração não seja a norma nas culturas ocidentais, a despeito dos artigos que dizem o contrário e citados por aqueles autores (Kotler, 1972[6], 1986[7], 1997[8]; Kitchen e Proctor, 1991[9]; Kitchen, 1993[10], 1994[11], 1996[12]; Kitchen e Moss, 1995[13]; Duncan, 1993[14],1995[15]; Duncan e Etrett, 1993[16]; Novelli, 1989-1990[17]; Waterschoot e Van Bulte, 1992[18]). Entretanto, eles observam a velocidade com que a maioria dos textos de marketing e trabalhos mais especializados

---

[5] KITCHEN,; SCHULTZ, 1999.

[6] KOTLER, P. A. Generic concept of marketing. **Journal of Marketing**, v. 36,n. 2, p. 46-50, 1972.

[7] KOTLER, P. A. MegaMarketing. **Havard Business Review**, v. 64, n. 2, p.117-124, 1986.

[8] KOTLER, 1997.

[9] KITCHEN, P. J.; Proctor, R. A. The increasing importance of public relations ins UK FMCG firms. **Journal of Marketing Management** , v. 7, n. 3, p. 357-391, 1991.

[10] KITCHEN, P. J. The marketing communications renaissance. **International Journal of Adversiting**, v. 12,n. 4, p. 367-186, 1993.

[11] KITCHEN, P. J. The marketing communications revolution: a leviathan unveiled? **Marketing Intelligence an Planning**, v. 12, n. 2, p. 19-24, 1994.

[12] KITCHEN, P. J. Quotes from unpushed letters from leading UK Academics and CEO's in UK Public Limited Companies, 1996.

[13] KITCHEN, P. J.; MOSS, D. A. Marketing and public relations: the relationship revisited. **Journal of Marketing Communications**, v. 1, n. 2, p. 105-119, 1995.

[14] DUCAN, T. Integrated marketing? It's synergy. **Advertising Age**, 8 mar. 1993.

[15] DUCAN, T. The concept and process f integrated marketing communications. **Integrated Marketing Communications Research Journal**, v. 1, n. 1, p. 3-10, 1995.

[16] DUCAN, T., ETRETT S. E. Client perceptions of integrated marketing communications. **Journal of Advertising Research**, v. 33, n. 3, p. 30-39, 1993.

[17] NOVELLI, W. D. One-stop shopping: some troughts on integrated marketing communications. **Public Relations Quarterly**, v. 34, p. 7-8, inverno, 1989-1990.

[18] WATERSCHOOT, W.; VAN BULTE, C. The four classification of the marketing mix revisited. **Journal of Marketing**, v. 56, n. 4, p. 83-93, 1992.

tem adotado algum tipo de integração na abordagem da comunicação de marketing e adicionam a citação de outros autores (Kotler, 1997[19]; Zikmund e D'Amico 1996[20]; Shimp, 1997 [21]; Belch e Belch 1995[22]; Krugman et al. 1994[23]) para sustentar as suas observações. Isso pode ser tomado como uma evidência de que as idéias conceituais a respeito da CIM, em paridade com a base primária daqueles que a praticam, têm progredido para a sua aceitabilidade, a despeito da ambigüidade em volta da definição e avaliação do conceito.

Nesse crescente movimento em torno da CIM, é importante notar que parte da ambigüidade foi criada pela natureza individual das contribuições ao assunto. Tanto é assim que não existe até o presente uma definição, descrição ou processo consistente ou mutuamente acordado para identificar o que é ou não é a CIM – Comunicação Integrada de Marketing. Enquanto o tema é geralmente aceito na literatura de marketing, existem ainda muitas áreas que necessitam mais esclarecimentos. Essas ambivalências foram demonstradas por Wolter[24], Phelps; Plumley; Johnson[25] e Nowak; Phelps[26]. Esses acadêmicos acham que a CIM é apenas um modismo. Portanto, a integração, enquanto conceitualmente válida, pode ser vista com ceticismo, como desafio e até ser rejeitada tanto pelos acadêmicos quanto pelos praticantes. Por exemplo, especialistas podem não querer ver o todo, somente uma parte dele. Entretanto, Kitchen e Schultz[27] acham que eles estão se esquecendo de um ponto importante: a ampliação da segmentação, do *target marketing* e do marketing de nicho, o que implica focalizar a subdivisão. Além disso, poucas abordagens oferecem um pensamento holístico significativo sobre a integração. Neste sentido, elaboraram o diagrama da Figura 3.1 para demonstrar as características estruturais da CIM.

---

[19] KOTLER, 1997.

[20] ZIKMUND, W. G.; D'AMICO, M. **Marketing**. 5. ed. New York: West Publishing Company, 1996.

[21] SHIMP, Terence A. **Promotion management and marketing communications**. 3. ed. Harcourt: Jovanovich International Edition, 1993.

[22] BELCH, G. E.; BELCH, M. A. **Introduction to advertising and promotion**: an integrated marketing communication perspective. 3. ed. Chicago: Irwin, 1995.

[23] KRUGMAN, D. M. et al. **Advertising**: its role in modern marketing. 8. ed. New York: Dryden Press, 1994.

[24] WOLTER, L. Superficiality, ambiguity threatens IMC's implementation and futures. **Marketing News**, set. 1993.

[25] PHELPS, J.; PLUMLEY, J.; JOHNSON, E. Integrated marketing communications: who is doing what? op. cit. KING, K. W. (ed.) Conference of the American Academy of Advertising. **Proceedings...** Athens: University of Georgia, 1994.

[26] NOWAK, G.; PHELPS, J. The integrated marketing communications' phenomenon: an examination of its impact on advertising practices and its implications for advertising research. **Journal of Current Issues and Research in Advertising**, p. 49 66, jan. 1994.

[27] KITCHEN; SCHULTZ, p. 22, 1999.

Figura 3.1 – Características estruturais da CIM – Comunicação Integrada de Marketing

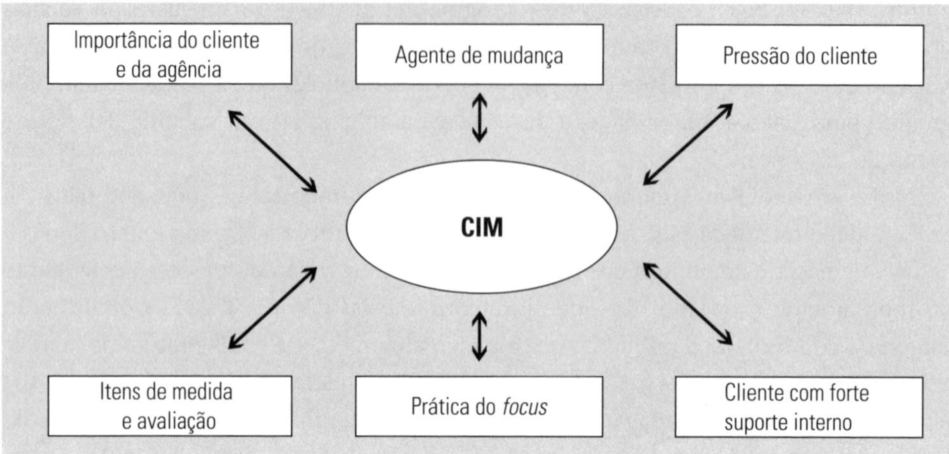

Fonte: KITCHEN; SCHULTZ, 1999[28].

Em vista do exposto, esses autores configuraram dois cenários:

1) o primeiro, a favor da integração, conduz a uma variedade de argumentos que dão suporte a novas formas de comunicação eletrônica, cuja influencia não é somente sobre os sistemas existentes de mídia, distribuição de produtos e serviços, mas envolve novas formas como a *World Wide Web* e a Internet, que estão impactando o mercado e os consumidores. Esse argumento foi também analisado por Rayport e Sviokla[29], que vêem o varejo como *market space*[30] em lugar de *market place*[31];
2) o segundo cenário, criticando a CIM, afirma que as novas abordagens nada mais são do que o marketing e a propaganda tradicionais, com nova roupagem e novo título; que a integração não é nova, gira em torno de argumentos acadêmicos e tem poucas implicações no gerenciamento real[32,33,34,35].

Muitos sabem o que CIM significa, mas poucos têm uma definição clara e concisa para partilhar com os demais. Assim como outras atividades de marketing, a CIM pare-

---

28 Ibid., p. 21-38.

29 RAYPORT, G. F.; SVIOKLA, J. G. Managing and marketspace. **Harvard Business Review**, n. 72, p. 141-150, 1994.

30 *Market space* –"'mercado virtual".

31 *Market place* –"mercado físico".

32 GRONSTEDT, Anders. Internet: IMC on steroids. **Marketing** News, maio 1997.

33 STEWART, D. W. Market-back approach to the design of integrated communications programs. a change in paradigm and a focus on determinants of success. **Journal of Business Research**, n. 37, p. 147-153, 1996.

34 DORNFELD, S. What's wrong with this ad? The disease of'creatisosis'. **South Florida Business Journal**, v. 17, n. 48, p. 3-9,1997.

35 DUNCAN, Tom. Integrated marketing? It's synergy. **Advertising Age**, mar. 1993.

ce ser definida do ponto de vista de cada autor. Uma das coisas que foram aprendidas na busca por uma definição é que ela, geralmente, é influenciada pela pessoa ou pelo grupo que a define. Por exemplo, a faculdade de Medill, nos Estados Unidos, foi contatada pela American Association of Advertising Agencies (4 As) no final de 1989 porque esta entidade queria encorajar as agências a se tornarem mais ativas no desenvolvimento das suas capacidades em outras áreas da comunicação, além da tradicional mensuração da propaganda na mídia. Foi constituído um grupo de trabalho para definir a CIM, que obteve o seguinte resultado:

> "Comunicação Integrada de Marketing é um conceito de planejamento de comunicação de marketing que reconhece o valor adicionado de um plano que avalia as funções estratégicas de uma variedade de disciplinas de comunicação – por exemplo, propaganda em geral, resposta direta, promoção de vendas e relações públicas – e combina essas disciplinas para proporcionar clareza, consistência e o máximo impacto na comunicação"[36].

O grupo de trabalho viu a CIM como uma melhor forma de elaborar planos, desenvolver e implementar programas de comunicação de marketing usando as ferramentas disponíveis. É uma visão "de dentro para fora", isto é, do ponto de vista do cliente e da agência.

Schultz[37], professor da Medill, partiu de uma abordagem diferente, vendo a CIM "de fora para dentro". Em outras palavras, partiu do consumidor ou do cliente potencial e tentou ver a CIM do seu ponto de vista. Procurou compreender o que o consumidor ou cliente potencial estava fazendo, observando o seu comportamento, em lugar de somente analisar atitudes ou nível de conhecimento e percepção, procurando saber porque estavam agindo daquela forma. A idéia foi olhar a comunicação com os olhos dos consumidores, a partir do que se denominou "contato com a marca", ou seja, todas as formas que os consumidores e clientes potenciais utilizam para entrar em contato com a marca, seja por meio da embalagem, da prateleira da loja, do que os amigos dizem, da propaganda na mídia ou de como são tratados pelo pessoal do serviço ao cliente. Isto permitiu à faculdade Medill também elaborar a seguinte definição:

> "Comunicação Integrada de Marketing é o processo de desenvolver e implementar várias formas de programas persuasivos de comunicação com consumidores e clientes potenciais ao longo do tempo. O objetivo da CIM é influenciar ou diretamente afetar o comportamento de uma audiência selecionada. A CIM considera todas as fontes de contato com a marca ou a companhia que o consumidor ou cliente potencial tem como produto/serviço, como um canal potencial de entrega das futuras mensagens. Além disso, a CIM utiliza todas as formas de comunicação que são relevantes para o consumidor ou cliente potencial e para as quais ele poderá estar receptivo. Em suma, o processo da CIM – Comunicação Integrada de Marketing começa com o consumidor ou cliente potencial e, então, volta para determinar e definir as formas e métodos pelos quais os programas persuasivos de comunicação deverão ser desenvolvidos"[38].

---

[36] SCHULTZ, Don E. Integrated marketing communications: maybe definition is in the point of view. **Marketing News**, p. 18, jan. 1993a.

[37] SCHULTZ, 1993a, p. 18.

[38] Ibid., p. 18.

O autor complementa a afirmação declarando que não é uma definição perfeita, mas é um ponto de vista, assim como a definição da 4 As – American Association of Advertising Agencies. Possivelmente, ambos estejam certos, dependendo do ponto de vista a partir do qual se observa o assunto.

Naquele mesmo ano, 1993, Schultz[39] escreveu em outro artigo que as agências envolviam-se com a CIM por duas razões:

1) no final de 1970 e início de 1980, os clientes começaram a transferir o dinheiro que tradicionalmente aplicavam em propaganda e na mídia para promoções ao comércio e ao consumidor. Havia muitas razões para isso, porém a mais importante era que os varejistas estavam se consolidando e o poder sobre o mercado estava mudando do fabricante para eles. As agências procuraram adquirir ou desenvolver a sua capacidade em outras disciplinas, tais como marketing direto e relações públicas, entre outras;
2) houve uma pressão crescente sobre as agências para reduzir a comissão de mídia. Portanto, se os clientes estavam reduzindo a comissão das agências, elas tinham de entrar em outras áreas para manter as suas margens de lucro atrativas.

Com poucas exceções, as agências de propaganda não conseguiram fazer funcionar este conceito, por razões internas e externas:

- internamente:
  a) as agências não conseguiram superar a cultura organizacional imposta pela CIM. Agências fazem propaganda, não fazem promoção de vendas, não fazem relações públicas nem marketing direto. Também, muitos profissionais de agência consideravam promoção de vendas e marketing direto algo sem sofisticação. Mais importante, o pessoal de criação não queria fazer este tipo de trabalho; eles faziam comerciais para a TV e queriam continuar fazendo a mesma coisa;
  b) as agências não conseguiram resolver o sistema de remuneração. O pessoal de agência era pago com base no tamanho da conta e da sua lucratividade. Receitas e lucros em programas de marketing direto eram ainda menores que as contas de tamanho médio, portanto, a intenção era manter o dinheiro em mídia, que dava melhores rendimentos;
- externamente:
  a) a abordagem das agências sobre CIM conduzia tudo para elas e nada para os clientes, uma vez que, por meio de novos serviços, achavam que podiam aumentar os orçamentos e os lucros devido à abordagem integrada. O cliente não tinha nenhum ganho real com as agências *one-stop shopping approach*[40];
  b) os clientes simplesmente não confiavam em uma organização externa para controlar toda a sua comunicação. Eles queriam manter o controle.

---

[39] SCHULTZ, Don E. Why ad agencies are having so much trouble with IMC? **Marketing News**, abr. 1993b.
[40] *One-stop shopping approach* – agências que oferecem quase todas as disciplinas de comunicação.

Em função dessas constatações, o autor relacionou quatro fatores que as agências têm de resolver para serem participantes importantes no desenvolvimento da CIM:

1) precisam adicionar valor àquilo que fazem, além do tradicional desenvolvimento criativo e colocação da mídia. Uma forma é se tornar especialista do consumidor. O cliente ainda continua focado no produto ou serviço e a agência pode ter uma visão externa sobre o consumidor e sobre o canal de distribuição;
2) precisam ser neutras em relação à mídia, deixando de se orientar para a comissão de mídia e encontrar outros meios de compensação;
3) precisam reconhecer que o produto criativo não é o único que têm para vender. Criatividade pode estar na mídia, em idéias de *merchandising*, embalagem, novos sistemas de distribuição e o que mais for preciso para colocar a marca na mente do consumidor;
4) precisam aprender sobre marketing e sobre canais de distribuição. Muitas companhias com produtos de consumo final enfrentam problemas em fazer os varejistas levarem o produto até o consumidor.

Rust e Oliver[41] reforçam as observações de Schultz ao afirmarem que nunca a propaganda pareceu estar tão pálida e sem esperanças. A drástica mudança de uma "economia orientada para o produto" para uma "economia orientada para os serviços" reduziu a efetividade das abordagens da propaganda tradicional. O resultado do crescimento da CIM é o efeito dessa mudança no ambiente de marketing. Anunciantes pedem mais eficiência e coordenação para atingir os seus públicos-alvo por meio de uma variedade de abordagens de comunicação[42] e muitas agências mostraram-se incapazes desse tipo de integração.

A integração das abordagens da comunicação integrada ganha importância com o crescimento da fragmentação da mídia. Quanto maior a fragmentação, maior a integração é necessária. Conforme os dados publicados regularmente pela A. C. Nielsen, em seus relátorios sobre pesquisa de mídia, 40 anos atrás, as três maiores redes de TV dos Estados Unidos tinham 100% da participação da audiência. Em 1980, ainda conquistavam 87% da audiência, mas em 1990 a percentagem foi reduzida para 62%. A causa do declínio foi a penetração da TV a cabo.

Da mesma forma, a leitura de revistas tem-se tornado mais fragmentada ao longo dos anos e a expansão do setor de serviços é igualmente drástica, superando o setor de produção na participação do PIB dos Estados Unidos, do Brasil e de outros países.

O desenvolvimento da manufatura flexível, usando a robótica, transformou o velho paradigma industrial de produção de massa (que também criou a mídia de massa, a audiência de massa, a propaganda de massa) em customização em massa, permitindo aos fabricantes de produtos e serviços produzirem para "segmentos" de mercado de uma só pessoa. Esse tipo de mercado necessita de uma nova forma de comunicação

---

41 RUST, Roland T.; OLIVER, Richard W. The death of advertising. **Journal of Advertising Provo**, dez. 1994.
42 LEVIN, Garin. Tearing down the Fiefdom Walls. **Advertising Age**, n. 46, 1993.

orientada para a informação detalhada, em oposição à orientada para a imagem do comercial de 15-30 segundos.

Essas tendências procuram ilustrar o efeito da tecnologia sobre a propaganda nos dias atuais. Entretanto, historicamente esse processo também já vinha ocorrendo.

O crescimento da propaganda foi possível graças ao advento das tecnologias de impressão, do aumento dos índices de alfabetização e afluência ao consumo, além de outros fatores, que tornaram viável a circulação maciça de jornais e revistas e audiência maciça de programas de rádio. Não coincidentemente, no fim do século XIX foi fundada a J. Walter Thompson. No início, a nova agência servia somente para serviços de compra de mídia, mas a demanda dos consumidores ditou a expansão para uma linha completa de serviços de propaganda.

Nos Estados Unidos, a propaganda atingiu o seu pico nos anos 1950, apoiada pela popularidade de um pequeno número de grandes redes de TV que tornaram fácil a comunicação em massa. Entretanto, na metade dos anos 1980, os primeiros sinais de decadência ficaram evidentes e, novamente, a tecnologia foi a causa. A mídia de massa não mais podia oferecer audiência maciça e, ao mesmo tempo, os consumidores demandavam produtos mais customizados, nos quais os serviços são um componente importante.

Rust e Oliver[43] previram que a supervia da informação seria o supermercado eletrônico dos anos 1990 e seguintes, unindo fabricantes e consumidores direta e instantaneamente, de forma interativa. A propaganda se transformaria de involuntária (e intrusiva) para voluntária, expandindo o acesso do consumidor à informação e apresenta opções de novas informações adicionais.

A mídia interativa oferece ao consumidor uma grande variedade de escolhas e maior individualização. Assim, produtos e serviços ao consumidor precisam ser suficientemente bem definidos para serem aceitos. Os consumidores se tornarão mais bem informados e o domínio do mercado mudará drasticamente a seu favor. Da mesma forma que os consumidores, os canais de distribuição varejistas se tornarão mais importantes e poderosos em comparação aos fabricantes.

O marketing do século XXI se apoiará em duas técnicas:

1) o marketing de relacionamento, termo amplo que se refere às alianças e relacionamentos entre os membros de um canal, mas que pode ser usado num sentido mais restrito para significar o crescimento de relações entre produtores e consumidores, utilizando as vantagens do *database* para definir serviços dirigidos a um público-alvo e oferecer produtos baseado no histórico de compra dos consumidores com a companhia;
2) a customização de massa, que utiliza as vantagens da flexibilidade na manufatura para fazer produtos individualizados.

Os autores fazem referência ao "marketing adaptativo". Significa a revisão contínua da oferta do produto, em base individual, para satisfazer a demanda do consumidor. O

43 RUST; OLIVER, 1994.

marketing adaptativo torna possível, no novo ambiente de multimídia, que agentes inteligentes conhecidos primariamente como *Personal Digital Assistants* (PDA) ou o que se configurou como *knowbots (knowledge robots)*, ajudantes computadorizados que trabalham para os "mestres" humanos, procurem, por meio de um grande número de informações disponíveis, encontrar aquela que mais interessa ao consumidor. Também podem ajudar a desenhar produtos ou serviços para o mesmo público. Isso significa que o marketing do século XXI estará preocupado com duas coisas:

1) prestar serviços para facilitar a customização por parte do consumidor;
2) produzir informações que sirvam para os *knowbots.*

Neste panorama, o sucesso global e a efetividade serão determinados pela amplitude e profundidade da arquitetura do produto e da comunicação. O departamento de propaganda precisaria, então, ampliar-se de modo significativo para abarcar as várias formas de comunicação de marketing não tradicional.

Compreendendo a CIM

O *database* e a informação que contém constituem o cerne da CIM. O objetivo é conhecer o melhor possível o consumidor individual ou potencial, a fim de servir seus desejos e necessidades. Isto significa a acumulação de muitos dados e muita informação que são arquivados, examinados e avaliados por meio de várias formas de análise do *database*. Esse processo diferencia a CIM da propaganda tradicional.

A CIM parte com uma visão de "fora para dentro", analisando o que o consumidor está fazendo ou fez e, então, trabalha ao contrário para explicar o porquê deste comportamento. Assim, o objetivo da CIM é criar programas de comunicação que reforcem o comportamento de compra presente do consumidor ou tente influenciar uma mudança no comportamento do *prospect*[44] no futuro.

O que diferencia a CIM dos programas mais tradicionais de comunicação de marketing orientados funcionalmente é onde começa o processo de mensuração, se no início ou no fim. O modelo representado na Figura 3.2, criado pelos autores citados, demonstra a abordagem linear da comunicação unidirecional, ou seja, a mensagem é enviada com a esperança de ser recebida e, então, tenta medir os seus efeitos. Por essa "hierarquia de efeitos", parte-se do princípio de que a mensagem é responsável por qualquer mudança que ocorra no processo de comunicação e assume que ela moverá o consumidor por meio do processo. Este modelo de comunicação foi desenvolvido nos anos 1930 e 1940 pelos pesquisadores de comunicação que tinham poucos recursos para medir o impacto real das mensagens. Os mercados eram muito difusos, os canais tão complexos, a tecnologia de avaliação tão rudimentar, que só era possível fazer uma genérica avaliação do comportamento.

44 *Prospect* – "cliente potencial".

Figura 3.2 – Funções de comunicação tradicionais abordadas na mensuração da comunicação de marketing

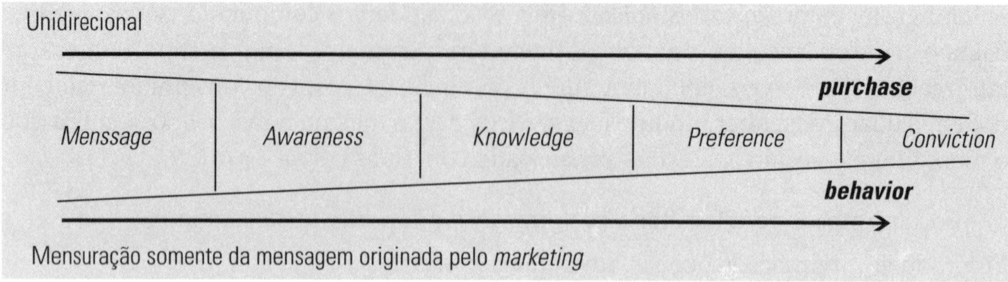

Fonte: SCHULTZ; TANNENBAUN e LAUTERBORN[45].

Desde que a comunidade de pesquisa não podia medir o comportamento com a precisão necessária, fez o que podia, medindo as atitudes, as opiniões e o conhecimento. Então, projetava essas crenças como um esperado comportamento futuro. Algumas vezes acertavam, mas freqüentemente estavam errados.

Hoje é possível medir o comportamento do consumidor no mercado por meio de *scanner panels*[46], *electronic marketing*[47], canais de comunicação de duas mãos e técnicas avançadas de marketing direto. Com essa tecnologia tornou-se necessário repensar os resultados e o impacto dos programas de comunicação.

Na CIM, o objetivo é chegar o mais perto possível do comportamento atual do consumidor. Assim, parte-se do lado contrário da "hierarquia de efeitos". Schultz; Tannenbaun e Lauterborn[48] procuram explicar que o comportamento é como um resultado da exposição à comunicação que acarreta mudanças nas atitudes, na marca ou na categoria do produto. A Figura 3.3 demonstra esse processo.

Figura 3.3 – Ponto de vista da CIM sobre a mensuração da comunicação

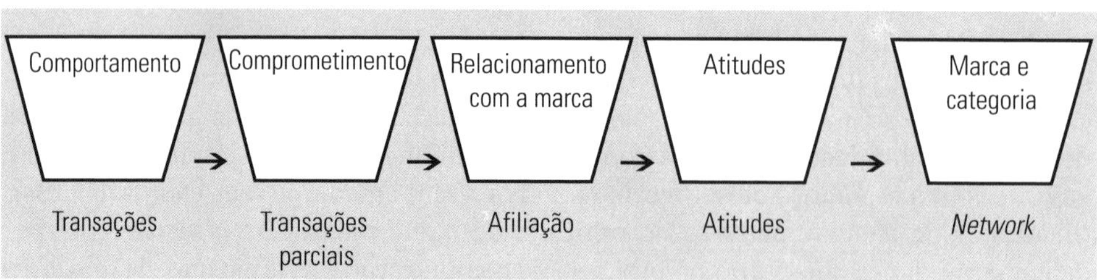

Fonte: SCHULTZ; TANNENBAUN e LAUTERBORN[49].

---

45 SCHULTZ, Don E.; TANNENBAUN, S. I.; LAUTERBORN, R. F. **Integrated marketing communications.** Illinois: NTC Business Book, 1996, cap. 7, p. 111.

46 *Scanner panels* – equipamentos que leêm as informações de código de barras

47 Electronic marketing snao ações de marketing que geralmente utilizam os recursos da Internet

48 SCHULTZ; TANNENBAUN; LAUTERBORN, 1996, p. 111.

49 SCHULTZ; TANNENBAUN; LAUTERBORN, 1996.

Como pode ser visto, a CIM começa com o comportamento de compra atual, chamado de transação. Isto identifica quem é o nosso consumidor e quão importante ele é para a empresa.

Barreiras

Para esses mesmos autores, a maior barreira para a CIM é muito simples, porém, poderosa: a resistência a mudanças dentro da organização. A maioria dos gerentes de comunicação de marketing encontrou formas de desempenhar certas tarefas, tais como o desenvolvimento de campanhas, orçamentos e mesmo avaliações. Um exemplo perfeito é o pré-teste de propaganda. Apesar de muitos especialistas concordarem que os pré-testes de comerciais de TV não são muito preditivos ou esclarecedores, muitos gerentes continuam a usá-los, pois ao menos poderão dizer que pré-testaram o comercial, caso ele venha a ser um desastre. Estas abordagens ganharam legitimidade pelo fato de muitas organizações usarem estruturas funcionais de gerência ou o tradicional modelo de abordagem publicitária de percepção–preferência–convicção.

Enquanto a resistência da organização e do pessoal a mudanças é a maior barreira à CIM, existem outros três pontos básicos a serem resolvidos para a conceituação do trabalho[50]:

1) sistemas de planejamento e pensamento básico de marketing;
2) estruturas organizacionais;
3) capacidades e controle.

Em outro artigo,Schultz (1994)[51] comenta que a mudança para uma abordagem de planejamento integrado de comunicação tem sido uma tarefa difícil para muitos especialistas. A primeira razão é que a maioria das ferramentas de planejamento e mensuração foi criada para identificar, justificar ou medir cada área específica – propaganda, promoção de vendas, marketing direto ou relações públicas – e não a combinação dessas atividades. Uma vez que a maioria das organizações normalmente faz os seus orçamentos para cada disciplina de comunicação, muitos gerentes acreditam que é mais importante saber quanto aplicar e como medir cada atividade funcional em lugar de determinar um valor combinado. Dessa forma, a preocupação é demonstrar que a propaganda é mais valiosa do que as outras áreas. Deve-se considerar que a sinergia que certamente ocorre na combinação das ações constrói o valor de cada elemento da comunicação de marketing quando usados em conjunto. Se forem observados os efeitos de um programa de modo integrado, muitos dos comentários anteriores desapareceriam.

Na realidade, poucas companhias são capazes de implementar a CIM a não ser num passo-a-passo. As organizações têm de desafiar cada um nas idéias propostas anterior-

[50] SCHULTZ; TANNENBAUN; LAUTERBORN, 1996, p. 157.
[51] SCHULTZ, Don E. Objectives drive tactics in IMC approach. **Marketing News**, maio 1994a.

mente e, por isso, o apoio da alta diretoria é vital. Segundo Gonring[52], geralmente as barreiras são:

- Medo da mudança

  É preciso vencer o medo de ceder o controle para um sistema único de planejamento, mas avaliações de desempenho de grupo podem ajudar a mudar as atuais estruturas de poder.

- Hierarquia das organizações

  A integração requer *cross training*[53] em todas as áreas, um processo que fere as estruturas verticais. O primeiro passo é formar equipes na companhia e criar oportunidades de trabalho entre as funções com a aceitação do aumento da responsabilidade. A redução do número de níveis salariais também ajuda a horizontalizar os participantes da organização.

- Batalhas entre níveis e departamentos

  Cada disciplina sente que precisa proteger o seu *status* (no sentido de orçamento) e não quer dividi-lo. Entretanto, um processo único de orçamento e a participação nas medidas de desempenho são necessários se a comunicação pretende atingir as metas da organização. O foco muda para fazer o que é certo para o consumidor. Isso requer que a companhia dê igual consideração para todas as áreas funcionais e garanta que cada uma tenha igual oportunidade de ser selecionada para uma determinada campanha. Este fato demonstra a necessidade de treinamento cruzado entre as funções.

- Planejamento de curto prazo

  CIM é sinônimo de um relacionamento de marketing que trabalha para influenciar o comportamento do consumidor ao longo do tempo. Planejamentos de curto prazo que estejam focados na conquista de novos consumidores enfraquecem a habilidade da companhia de construir uma base leal de consumidores.

- Falta de desenvolvimento em *database*

  Existe a tecnologia de marketing para medir o comportamento do consumidor, mas as companhias têm sido lentas em adotá-la.

- Fragmentação da mídia

  Consumidores são difíceis de serem atingidos e a demanda por maior eficiência torna difícil justificar os custos da mídia de massa. É preciso demonstrar que o *mix* de mídias não tradicionais pode criar mais impacto a um custo menor.

---

[52] GONRING, Mathew P. **Putting integrated marketing communications do work today**. Rhinebeck: Public Relations Quarterly, outono, 1994.

[53] *Cross training* – "treinamento cruzado", agrupado.

Gonring[54] concluiu que a chave para o processo da CIM em qualquer organização é o apoio da alta diretoria e o seu aval. É este suporte que conduzirá a um planejamento centralizado e seu orçamento de comunicação. Esse planejamento único permite melhor avaliação da maximização dos recursos e a interligação das atividades de comunicação para atingir as metas, uma vez que a busca da eficiência e da eficácia na organização é contínua. O alinhamento das funções de comunicação pode adicionar maior valor àqueles que a executam.

Em seu artigo "Problems that practicioners have with IMC", Schultz[55] relacionou cinco problemas enfrentados por Derrith Lambka, *Strategic Planning and Customer Data Manager* da divisão de computadores da Hewlet-Packard, e relatados em sua palestra "An Industry Perspective on Problems and Opportunities in Implementing Integrated Marketing Communications", na conferência da American Marketing Association (AMA), em San Diego, nos Estados Unidos, em agosto de 1996:

- Problema 1 – Definição de marketing integrado

  A definição acadêmica de marketing integrado citada por Lambka é: integração das mensagens e temas visuais por meio de *mix* de comunicação de marketing para maximizar o impacto das mensagens no mercado. O uso consistente do benefício é claramente comunicado em todas as peças de todas as campanhas.

- Problema 2 – O uso da tecnologia pela tecnologia

  O uso da tecnologia, só porque ela existe, torna-se tão complicado para a metodologia que se esquece da tarefa a ser feita. A tecnologia é para ajudar a obter maior rendimento e satisfação ou lealdade do consumidor.

- Problema 3 – Produto e foco

  O modelo acadêmico sempre começa com o *database* ou outra informação sobre o consumidor. O modelo dos profissionais de marketing costuma ser: produto + som da caixa registradora = sucesso. Os executivos estão interessados em ligar os produtos a vendas imediatas, criando grandes problemas no desenvolvimento do processo integrado.

- Problema 4 – Influência no comportamento

  Anunciantes e agências consideram o modelo da hierarquia dos efeitos já citado anteriormente. No entanto, a zona de conforto da comunicação de marketing consiste na percepção do interesse e do desejo, mas não do comportamento. Cabe à equipe de vendas ser responsável pelo comportamento de compra e conseqüentes resultados quantificáveis.

- Problema 5 – Mensuração dos programas

  A grande questão é como medir facilmente o impacto dos programas. O pessoal de comunicação sente que sua gerência os avalia pela quantidade do material produ-

---

54 GONRING, 1994.

55 SCHULTZ, Don E. Problems that practicioners have with IMC. **Marketing News**, nov. 1996a.

zido, cumprimento de prazos e semelhança dos materiais produzidos, mas não sobre a efetividade dos programas.

Schultz[56] comenta ainda que as principais razões para não fazer mensurações com o mercado costumam ser a falta de tempo suficiente, a insuficiência da verba e o fato da gerência não pedir as avaliações. Então, enquanto os acadêmicos focam nas medições, o assunto não se torna criticamente importante para os executivos de marketing e comunicação.

Continuando a citar a palestra de Lambka, o autor relacionou cinco áreas básicas nas quais os acadêmicos poderiam fazer assessoria e pesquisa:

1) estabelecer um argumento financeiro a favor da CIM de curto e longo prazos: muito do foco da CIM tem sido em conceitos como *lifetime customer value*[57] ou *ROI*[58]. Como a CIM poderia ajudar nesta área?;
2) ser específico em como implementar esta abordagem: concentrar nos 80% de retorno. A CIM tem focado no gerenciamento da base total do *one-to-one*. Isto não é prático. Os programas ajudam a organização a gerenciar a maioria dos seus negócios, mas a atenção deveria estar voltada para os 20%-30% dos seus consumidores que tipicamente geram 70%-90% da receita;
3) as melhores práticas vêm de companhias que não têm problemas financeiros: é preciso ir além das quatro ou cinco maiores organizações continuamente citadas e descobrir casos de sucesso de outras que tiveram bons resultados com a CIM e que sejam mais facilmente aceitáveis pela alta diretoria;
4) equilíbrio de treinamento entre comunicação e marketing: de forma crescente, o pessoal de comunicação precisa ter competência em marketing e não somente em comunicação;
5) orientar os executivos, informando-os a respeito dos melhores consultores em implementação para uma eventual contratação.

Reforçando os relacionamentos

Cook[59] pensa que o aperfeiçoamento do trabalho em equipe é a primeira fonte para ganhar produtividade. Uma parte importante dos excelentes resultados da Microsoft foi conseqüência do foco na integração. Para uma equipe continuar sendo vencedora, os seus membros precisam ter confiança nos seus colegas e na habilidade do grupo em agir conjuntamente.

---

56 SCHULTZ, 1996a.

57 *Lifetime customer value* significa "valor do tempo de vida como consumidor".

58 ROI – sigla para o termo *return on investment* (retorno sobre o investimento).

59 COOK, William A. Integrated marketing communications – Performing together. [Editorial]. **Journal of Advertising Research**, set./out. 1997.

Para Wood[60], usar a CIM para coordenar todas as mensagens da companhia articuladas por meio de propaganda, marketing direto, relações públicas e promoção de vendas ajudará a criar uma imagem unificada e a suportar a construção de um relacionamento com os clientes e outros públicos. A chave, no entanto, é determinar exatamente o que a estratégia de CIM quer atingir. Neste sentido, o primeiro passo é identificar os membros específicos do centro de compra que devem ser selecionados (por exemplo, iniciadores, usuários, decisores, influenciadores, compradores e vigilantes) e compreender o que cada um necessita da sua campanha de CIM.

Depois de identificar a audiência, devem-se estabelecer os objetivos. Objetivos amplos de Comunicação Integrada de Marketing recaem sobre cinco categorias, que estão inter-relacionadas na sua função de criar ou melhorar o relacionamento com os clientes. É importante não perder o foco para evitar a ampliação da estratégia de CIM e fazer o orçamento para cobrir os objetivos. As categorias incluem:

1) construir o *equity* da marca: para construir o *equity*[61] da marca, usar a CIM para reforçar a sua identidade e o valor único, para fazer crescer a sua percepção e encorajar uma forte preferência entre os consumidores e clientes potenciais, reforçando as relações com os distribuidores e outros parceiros;
2) passar informação: no processo de decisão de compra, os consumidores necessitam de muita informação. Deve-se investigar o que os membros de um *target*[62] necessitam para providenciar o que eles querem da forma mais conveniente;
3) gerenciar a demanda e as vendas: quando não se pode atender à demanda ou existir um problema temporário, é preciso que a CIM diminua o ritmo das vendas ou mude a demanda. Geralmente, as companhias procuram estimular a demanda primária ou seletiva;
4) comunicar a diferenciação e consolidar o posicionamento: a CIM ajuda a demonstrar os pontos mais significativos da diferenciação e contribui para o posicionamento perante o mercado;
5) influenciar atitudes e comportamentos: a CIM pode ser usada para criar a preferência para a companhia e seus produtos enquanto encoraja o público-alvo a realizar algumas ações, tais como, recomendar seus serviços, contatar os representantes ou listar prioritariamente os produtos numa ordem de compra.

A autora expressa ainda o seu pensamento no que denominou de "lições de marketing", que pode ser apreciado no Quadro 3.1.

---

60 WOOD, Marian B. Clear IMC goals build strong relationships. **Marketing News**, jun. 1997.

61 *Equity* da marca – personalidade e os ativos de imagem da marca

62 *Target* – "público-alvo".

Quadro 3.1 – Lições de marketing

Uma vez que escolheu entre os cinco objetivos para a sua estratégia de CIM – Comunicação Integrada de Marketing –, é necessário definir metas específicas mensuráveis, e o período das ações para ligar com os objetivos gerais de marketing e da corporação. Somente medindo os resultados da CIM será possível avaliar os investimentos e verificar o progresso com respeito ao relacionamento com novos consumidores, reforçá-lo com os clientes atuais e reatá-lo com os antigos consumidores.

Fonte: Wood[63].

Como colocar a CIM para funcionar

Gonring[64] explica que a reestruturação e a reengenharia que ocorreram nas organizações não é um simples acontecimento, mas fazem parte de um processo de evolução que requer contínuo realinhamento das prioridades e recursos para atingir as metas da organização. No final da seqüência estão o processo e as funções da comunicação.

O valor adicionado das comunicações baseia-se em dois ideais: eficiência e eficácia. A maneira de consegui-los é integrando as funções das disciplinas de comunicação onde puderem agregar valor, em um único sistema de planejamento. Chama-se Comunicação Integrada de Marketing este processo que maximiza e interliga as atividades de comunicações diretamente com as metas da organização. A favor da integração está a impossibilidade da tradicional comunicação de massa para atingir públicos fragmentados e desestimulados.

Nesse conjunto, as relações públicas são um importante elemento para a integração do *mix*. Pelo fato de manter o controle interno e externo sobre os *stakeholders*, são capazes de equilibrar a opinião pública com a estratégia de negócios e precisam, então, estar integradas com a organização, recebendo do conselho diretor e do gerente de comunicação as informações para moldar as opiniões e o comportamento da audiência. Esse processo, conforme Gonring[65], inclui as seguintes recomendações:

- auditar os orçamentos de comunicação de toda a organização, relacionando-os com as tarefas e consolidando em um único processo orçamentário. Reexaminar todas as despesas de comunicação por produto, disciplina de comunicação, estágio do ciclo de vida e efeitos observados, usando essa base para melhorar o uso futuro das disciplinas;
- criar medidas participativas de desempenho, desenvolvendo sistemas para avaliar as atividades de comunicação. Como a CIM tenta mudar o comportamento de compra, ele deve ser medido para demonstrar o impacto da comunicação;
- usar o desenvolvimento do *database* e o relatório de gerenciamento para compreender os *stakeholders*, que inclui os consumidores, empregados, investidores, vendedores e

63 WOOD, 1997.
64 GONRING, 1994.
65 Ibid.

todos os outros que mantêm relacionamento com a companhia, em cada estágio do plano de comunicação;

- identificar todos os "pontos de contato" para a companhia e seus produtos, usando a auditoria para determinar como a comunicação pode ser melhorada para reforçar as mensagens da companhia. Medir a habilidade da comunicação em cada ponto de contato, seja na embalagem, nos *displays* de varejo, nas reuniões de acionistas etc. Trabalhar para assegurar que os esforços de comunicação estejam ocorrendo no momento, no local e da forma que os consumidores querem;
- analisar tendências internas e externas que possam afetar o desempenho da companhia, verificando as áreas onde a comunicação pode ajudar mais. Determinar as fraquezas e os pontos fortes de cada disciplina de comunicação para elaborar uma combinação de táticas promocionais, construindo um *mix* para atingir as metas;
- criar planos de negócios e comunicação para cada mercado local, integrando-os a uma estratégia de comunicação global;
- indicar um diretor responsável pela comunicação da companhia. Isso melhora a eficiência devido à centralização do planejamento e à criação de medidas de desempenho participativo;
- criar temas compatíveis, qualidade e tom da comunicação em todos os meios. Essa consistência consegue maior impacto e evita a duplicação de esforços entre as diversas funções. Ao criar os materiais, considerar como eles poderão ser usados com diferentes públicos, certificando-se de que tenham a mesma mensagem e os mesmos argumentos de vendas;
- contratar somente pessoas que saibam trabalhar em equipe. Empregados, treinados nessa nova e integrada maneira de pensar, não ficarão presos nas suas funções. Ao contrário, estarão abertos para as novas responsabilidades que os habilitarão a atender melhor as necessidades dos consumidores;
- relacionar a CIM com os processos de gerenciamento. Isso propicia total integração dos esforços gerenciais para atingir as metas da companhia. Uma estratégia integrada permite eficiência em cada função da comunicação contribuindo para o sucesso da missão da companhia.

Por sua vez, Yarbrough[66] indica alguns pontos-chaves para implementar o marketing integrado, por aqueles que o fizeram, a saber:

- Visão e comprometimento

  Qualquer plano de marketing integrado precisa começar com um forte comprometimento da gerência sênior aliado a uma visão básica e com os recursos de marketing em ordem. Sem isso, possivelmente falhará.

[66] YARBROUGH, John f. Implementing IMC — with ease. **Sales and marketing management**, set. 1996.

- Uso do *database*[67]

  Se não estiver usando o *database* com vistas ao seu público-alvo, não estará fazendo marketing integrado. É consenso geral entre os profissionais de marketing de hoje é que a habilidade para coletar informações sobre os consumidores e seus hábitos de compra está cada vez mais sofisticada. Em lugar de gastar dinheiro fazendo grandes campanhas de mala direta ou *telemarketing*[68], mais e mais companhias estão usando o *database* para focar nos seus melhores consumidores e, então, abordá-los com programas específicos de marketing que tragam melhores índices de respostas.

  O relacionamento entre marketing e vendas tem sido discutido e debatido pelas companhias há décadas. Essa relação é vital para o sucesso de qualquer plano de marketing integrado, o que significa trazer os representantes de vendas para as reuniões estratégicas logo no começo porque eles são os olhos perante o mercado.

- Trazer um consultor, se preciso

  Particularmente, para as pequenas companhias ou para as que têm apoio de marketing externo, é preciso conseguir um comprometimento para estabelecer a estratégia. Pode ajudar, pelo menos no início da integração, contratar os serviços de um profissional de comunicação integrada de marketing para estabelecer a visão inicial, ajudar na execução do plano e na avaliação do resultado.

- Avaliar os resultados

  Uma vez que o plano integrado de marketing está sendo executado, é necessário dar o tempo suficiente para que ele funcione, pelo menos por um período de 18 meses e, provavelmente, mais. Certificar-se de que a companhia montou um sistema interno com critérios de avaliação do plano e incorporar esta informação no plano do ano seguinte.

Estruturas organizacionais

Yarbrough[69] tem poucas dúvidas de que a estrutura organizacional é a maior barreira a CIM na maioria das organizações americanas. As razões são as seguintes:

- a comunicação de marketing não é considerada uma ação importante na maioria das companhias. Em termos gerais, o desenvolvimento e a implementação são feitos nos níveis mais baixos, por funcionários com pouca experiência. Apesar da aprovação final estar em nível de diretoria, são os gerentes de marca e seus assistentes que geralmente desenvolvem a estratégia dos programas de comunicação. Antes, as estratégias de comunicação eram discutidas pela agência com o CEO, mas, atualmente, elas lidam com os gerentes de grupo, de divisão ou com os especialistas, como os gerentes de promoção ou de propaganda. Também, este sentimento é

---

67 *Database* – base de dados que permite o fornecimento de relatórios gerenciais.
68 *Telemarketing* – ações de comunicação ativas ou passivas realizadas pelo telefone.
69 YARBROUGH, 1996.

reforçado quando o orçamento de comunicação de marketing é reduzido ou suspenso como reserva no último trimestre do ano fiscal;

- atualmente, os consumidores estão focados mais horizontalmente no mercado, isto é, eles podem encontrar muitos produtos ou serviços substitutos. Por exemplo, os pratos-prontos congelados competem com os restaurantes que têm serviço de *delivery*[70] porque são fáceis de adquirir e de consumir. No supermercado, eles competem com toda a categoria de comida congelada. Parece que os gerentes estreitam o foco em uma ou poucas marcas, com análises micro-econômicas, deixando de ter uma visão mais abrangente do consumidor.

Capacidades e controle

À medida em que as empresas americanas tornam-se mais complexas, passam a confiar mais nos especialistas, como gerentes de propaganda, de marketing direto, promoção e eventos, entre outros. O problema é que o especialista só conhece a sua área de atuação, o que torna mais difícil trabalhar de forma interativa. Apesar de necessários, normalmente eles costumam manter os programas em separado, protegendo seus orçamentos. É outro caso de visão "de dentro para fora" porque a maioria das companhias aloca os seus orçamentos funcionalmente, como para propaganda, marketing direto etc. Freqüentemente, este processo é feito com pouca atenção quanto às necessidades de comunicação do produto, da companhia ou em relação aos consumidores e clientes potenciais, para os quais a comunicação deverá influenciar.

Historicamente, tem-se tentado medir o retorno das atividades de marketing e de comunicação. Elas não dão retorno. Schultz[71] raciocina que não se consegue nada veiculando campanhas de propaganda, de marketing direto ou de relações públicas porque são ferramentas que não podem retornar nenhum valor e nunca o farão. Somente os consumidores contribuem para o ROI comprando mais e com maior freqüência, a custos menores, aceitando melhores margens ou algum benefício que aumente as receitas. Uma simples mudança no que normalmente vem sendo medido como "retorno de marketing", "retorno das despesas de comunicação" ou "retorno dos investimentos de propaganda" para "retorno sobre os investimentos no consumidor" faz toda a diferença.

Investir nos consumidores também muda a maneira de pensar sobre como avaliar os investimentos. Não será mais preocupação o que a campanha de propaganda dará de retorno nas primeiras cinco semanas ou se o dinheiro deveria ser gasto em maiores incentivos na distribuição. São os dólares de retorno que os consumidores darão durante um período de tempo. Marketing e comunicação são táticas de curto prazo, mas os melhores clientes são a longo prazo. Isso muda a maneira de avaliar o que se faz.

A mudança básica em uma organização é escolher os consumidores sobre os quais se quer investir e isso precisa ser decidido muito antes da tática. Quais são, quais devem ser ignorados, os que devem ser mantidos e com quem se vai crescer são as questões

---

70 *Delivery* –"entrega em domicílio".

71 SCHULTZ, Don E. Rethinking marketing and communicatios' ROI. **Marketing News**, dez. 1996b.

básicas para o investimento de uma organização de nossos dias. Se ela não sabe quais os consumidores ou *prospects* são importantes, como poderá saber qual será a melhor tática? Começando pela identificação, avaliação e seleção dos *prospects*, será possível encontrar a forma certa para a avaliação, complementa o autor.

Em outro artigo, ele afirma que a comunicação de marketing, como qualquer outro investimento feito pela organização, precisa ser medida da mesma forma que um investimento em fábricas, equipamentos e pessoas[72].

O que a comunicação de marketing faz? Como deve ser avaliada? E, mais importante, como os programas de comunicação podem ser avaliados usando as mesmas abordagens financeiras dos outros investimentos da organização? Em poucas palavras, o que se consegue pelos dólares em comunicação de marketing e como compará-la com os outros investimentos que poderão ser feitos?

Para responder a essas questões, o autor enumera quatro tipos de informações necessárias para medir o retorno dos investimentos em comunicação:

1) identificação dos consumidores específicos: a identificação do consumidor ou *prospect* é o primeiro elemento crítico;
2) avaliação do consumidor: pode ser feita com base no período de vida de compra, valor da margem de contribuição ou conversão do valor, usando algum tipo de estimativa de retorno imediato. Ele tem utilizado compras anuais ou o valor do período de vida como consumidor (*lifetime customer value*) para avaliar o retorno;
3) acompanhar a entrega da mensagem: significa que é preciso ter muitas informações sobre como cada consumidor ou *prospect* recebe ou acessa a informação ao longo do tempo, isto é, qual a mídia que ele usa, que informação ou comunicação ele utiliza para fazer a sua decisão de compra ou para confirmar a decisão que já tinha feito. O acompanhamento da entrega da mensagem é sempre feito sob o ponto de vista do consumidor para saber qual a impressão que ele teve da marca, não importando de onde a tenha conseguido. Esta abordagem envolve o uso do conceito chamado "contato com a marca", medindo-se a entrega e o impacto dos pontos de contato com a marca e com a companhia ao longo do tempo e em qualquer lugar;
4) resposta do consumidor: que resposta o programa de comunicação de marketing consegue obter? Para descobrir, precisa-se saber o que os consumidores ou *prospects* fizeram. O que se procura é alguma forma de mensurar o comportamento de resposta, não o que os consumidores sentem, não o que se lembram ou que atitudes tiveram. Interessa saber como eles responderam ao estímulo da mensagem. Eles compraram? Retornaram o cupom? Fizeram alguma pergunta?

Schultz conclui que o processo não é perfeito. É um trabalho em andamento, mas demonstra uma abordagem que parece ser possível com a tecnologia atual.

72 SCHULTZ, Don E. Trying to determine ROI for IMC. **Marketing News**, jan. 1994b.

Pressão para integrar as comunicações de marketing

A pressão para integrar as comunicações de marketing é resultado de inúmeros fatores. Os principais são as aquisições e fusões das agências, a crescente sofisticação dos clientes e varejistas, o custo crescente da propaganda na mídia tradicional, o aumento da competição global, as crescentes pressões dentro das organizações, a perda de efetividade das mídias tradicionais, os custos decrescentes do uso do *database* e outras tendências como o *zapping*[73], a fragmentação da mídia e a credibilidade das mensagens, conforme Dilenschneider[74], citado por Duncan e Everett[75]. Esses dois autores encontraram dados interessantes em um estudo nacional realizado em 1986 com gerentes de marketing e comunicação. Um dos resultados indicava que 95% afirmava que marketing, propaganda e relações públicas deveriam trabalhar juntas, porém somente 32% achava que isso estava acontecendo. O mesmo estudo revelou que 69% do uso conjunto das três áreas deveria crescer nos próximos cinco anos. Em seu artigo, eles também mencionam que livro de Michael Ray, *Advertising & Communication Management*, publicado em 1982, é tido como o primeiro a abordar o assunto.

Nos vários artigos consultados, percebe-se que a CIM não é algo novo e que pequenas agências de comunicação têm coordenado o planejamento dos seus clientes há vários anos. Além disso, do lado do cliente, pequenos departamentos de marketing têm, também, uma abordagem quase integrada pelo simples fato de todos no departamento saberem o que estava acontecendo, pois estavam envolvidos nos programas de comunicação.

Apesar de a comunicação de marketing ter sido usada por muitos anos como um termo guarda-chuva para se referir às várias funções de comunicação usadas pelo marketing, a integração estratégica dessas áreas funcionais é o que faz da CIM uma nova abordagem para atingir os consumidores e clientes. É importante que a CIM tenha uma estratégia de comunicação básica para cada público-alvo, para ser usada na execução de cada uma das funções de comunicação: propaganda, relações públicas, promoção etc., por meio dos vários canais de comunicação.

Independentemente de muitas coisas boas terem sido escritas sobre a CIM, tem sido difícil conseguir que as estratégias das áreas funcionais trabalhem juntas. Apesar de as maiores agências de propaganda terem comprado outras agências de comunicação, ainda são poucos os clientes que entregam a sua comunicação para uma só agência. Um outro aspecto é mencionado por Duncan e Everett[76] quando citam Al Rosenshine, CEO da WPP: "Até que você supere os egos e os conceitos arraigados, você nunca terá verdadeiramente a comunicação integrada de marketing".

É necessário que alguém ou algum departamento esteja encarregado de coordenar a estratégia de comunicação de marketing de uma corporação e da sua política interna.

---

73 *Zapping* – fenômeno relativo à mudança de canais na televisão, facilitada pelo controle remoto.

74 DILENSCHNEIDER, Robert L. Marketing communications in the post-advertising era. **Public Relations Journal**, v. 17, n. 3, p. 228, 1991.

75 DUNCAN, Tom; EVERETT, Stephen E. Client perceptions of integrated marketing communications. **Journal of Advertising Research**, v. 33, n. 3, p. 30-39, 1993.

76 DUNCAN; EVERETT, 1993.

Entretanto, a maioria dos profissionais de comunicação é treinada em suas áreas funcionais específicas, que podem não ter a amplitude suficiente para relacionar ou dirigir todas as outras áreas de comunicação, prejudicando a tão almejada integração dos clientes com contas globais. Apesar desta tendência de selecionar agências internacionais, as companhias, que são organizadas geocentricamente, têm o costume de adaptar os requisitos dos mercados globais e selecionar uma combinação composta por agências internacionais e nacionais.

Percebe-se, portanto, a repetição das observações de outros autores já citados sobre a conveniência de uma nova estrutura para a CIM – Comunicação Integrada de Marketing nos clientes, realinhamento das agências, necessidade da integração dos programas de comunicação, entre outras.

Ambigüidades da CIM

Wolter[77] escreve que as agências de propaganda pensam que fazem CIM, as firmas de relações públicas acham que não e os clientes pensam que podem fazer melhor. Uma coisa é certa: ainda existem dificuldades em definir a CIM. Recentemente, esse autor dedicou várias horas para escrever uma carta e um questionário para uma pesquisa entre gerentes e administradores dos setores público e privado, a respeito das suas percepções, necessidades e experiências com a Comunicação Integrada de Marketing e sua relação com TQM[78]. A sua dificuldade foi definir, em simples termos operacionais, o que seria CIM e o que era necessário saber para desenvolver um programa que atendesse às suas necessidades. Essa grande dificuldade existe porque não há uma boa e sólida teoria como ponto de partida.

Comentando a prática das relações públicas, ele diz que existem pelo menos três deficiências quanto ao uso da CIM:

1) superficialidade: muitos gerentes de marketing e de comunicação não concebem a CIM preenchendo nenhuma necessidade básica real, mas sim como justificativa de centro de lucro para a agência ou para explicar o que se está fazendo;
2) ambigüidade: todos que lidam com CIM têm seu ponto de vista. Nascida da prática da comunicação de marketing, o pensamento sobre CIM contém muito da doutrina básica, técnicas e linguagem, bem como as aspirações, valores e regras da sua origem;
3) superficialidade e ambigüidade: a superficialidade e a ambigüidade continuam a obscurecer o que a CIM poderá se tornar e contribuir para mudar a rigidez que existe na prática e na educação, o que a impede de se tornar adaptável às mudanças.

O que os proponentes e detratores precisam reconhecer é que a necessidade da Comunicação Integrada de Marketing não é a de superar a fragmentação da mensagem

[77] WOLTER, 1993.
[78] TQM – sigla de *total quality management* e significa erenciamento da qualidade total.

ou de ganhar um novo centro de lucro. Também, não é focar a necessidade do consumidor para melhorar a informação e a persuasão. Em vez disso, a importância da CIM é que todos precisam gerenciar a interdependência de uma forma mais efetiva, sendo necessário encontrar uma maneira de enviar a mesma comunicação dirigida a todos aqueles que ajudam a organização a completar a sua missão. A teoria da CIM deve ser focada no praticante em vez de ser nela própria. O futuro não está no que ela é, mas no que pode ser conseguido. Para atingir esse objetivo, o autor citado propõe três princípios teóricos:

1) a CIM é um valor comportamental responsável por verificar qual a interdependência existente entre a organização e seus públicos interno e externo, para conseguir menor desgaste, equilíbrio e justiça, assim como, mutuamente satisfatório e lucrativo quanto possível. Esse princípio de interdependência dá a toda teoria os fundamentos do seu caráter;
2) a CIM é a gerência da interdependência no mercado. Percebê-la como uma ferramenta de marketing simplesmente aumenta a sua ambigüidade;
3) em busca da excelência, aprende-se que as companhias excelentes definem os termos da qualidade da comunicação nos seus relacionamentos com as pessoas a que servem. Não é uma ferramenta, é uma filosofia de fazer negócios, dentro e fora da organização. Se isso estiver claro, a ambigüidade se esvai e o "gerenciamento da interdependência" significará escolher entre muitas técnicas para produzir um resultado favorável.

Em lugar de tentar definir a CIM em palavras, é preciso definir o que se pode conseguir com ela. É conhecer o comportamento humano por meio do *database* para tomar decisões, analisar o contexto em que o consumidor faz a escolha da compra, é procurar administrar esse contexto a favor do consumidor e da organização e tomar decisões de comunicação e marketing, após compreender as realidades interdependentes para ganhar ou manter o relacionamento com o cliente ao longo do tempo. Já se faz isso há muitos anos, entretanto, com base na experiência do consultor e palestrante Wolter, não é prática muito comum.

No conteúdo da *Total Relationship Management* (TRM) (gerenciamento do relacionamento total) é preciso unir um novo conjunto de capacidades para integrar e coordenar a construção do relacionamento com todos os públicos, envolvendo vendas, políticas públicas e a organização. A TRM prevê que se a qualidade e a comunicação forem ligadas, será possível conseguir um novo significado para propaganda, relações públicas, marketing direto, marketing e gerenciamento de recursos.

Outros aspectos são abordados por Miller e Rose[79]. Elas são a favor de um crescente apoio para fundir todas as funções de comunicações em uma única unidade

[79] MILLER, Debra A.; ROSE, Patrícia B. **Integrated communications**: a look at reality instead of the. Rhinebeck: Public Relations Quarterly, primavera, 1994.

organizacional, apesar de ainda sofrer de alguns anacronismos dos anos 1990: CIM e *Integrated Communications: Adversting and Public Relations* (ICAP).

As autoras escrevem que tanto os executivos de propaganda quanto os de relações públicas vêm suas funções relacionadas às outras áreas da comunicação e não somente à propaganda ou relações públicas. Esses dois tipos de profissionais concordam que precisam ampliar seus conhecimentos como generalistas de comunicação, apesar de ambos admitirem que propaganda e relações públicas requerem diferentes capacidades para realizar os trabalhos.

Os executivos de relações públicas podem trabalhar em conjunto com os de propaganda, promoção de vendas e venda pessoal para manter ou introduzir novos produtos, promover modificações de produtos e resolver problemas em tempos de crise.

No dia-a-dia, os executivos de relações públicas são chamados para desenvolver programas que suportem as estratégias de marketing e de propaganda de forma mais precisa e com custo efetivo. Relações Públicas podem ter um papel estratégico na tarefa de atingir os objetivos de marketing, porém o mais importante desses objetivos é aumentar a percepção da marca. Adicionalmente, é esperado que as relações públicas informem e influenciem o comportamento, desenvolvam comunicação efetiva, ganhem compreensão, construam confiança e criem um clima de aceitação pelo consumidor. Isso tudo pode ser obtido com mais sucesso trabalhando junto com as funções de marketing e propaganda da organização. Nos dias de hoje, de uma economia instável, não são todas as organizações que podem arcar com o custo da propaganda e espera-se que as relações públicas contribuam para os resultados com um orçamento significativamente menor.

Praticamente, todos estão se voltando para a CIM. A questão é: as agências estão aptas a fazê-la?

Miller[80] comenta, em seu artigo, que Richard Johnson, presidente da Paralax Technology Group, acha que existem dúvidas sobre a capacidade das agências de fazerem tudo porque não é mais como no passado: agora existem especialistas nas diversas disciplinas. Ele argumenta que as agências menores são mais adeptas da CIM porque não existe competição entre os vários departamentos. O que nem é sempre o caso das agências grandes, que possuem divisões separadas.

A autora comenta, também, que Peter Krivkovich, presidente da Cramer-Krasselt, acha que as agências oferecem uma espécie de quase-CIM. Muitas agências possuem todas as disciplinas, mas não estão integradas. Na realidade, são unidades separadas que lutam entre si por uma participação maior do orçamento, sem considerar qual disciplina resolverá o problema do cliente. As agências não atendem às necessidades dos seus clientes porque os gerentes só conhecem uma disciplina, tornando difícil fazer recomendações fora da sua área.

Miller[81] cita Tom Duncan, titular de um programa de CIM na Universidade do Colorado, em Boulder, ao argumentar que "uma agência pode não fornecer o melhor em todos os aspectos da CIM, mas pode ter um papel vital oferecendo a coordenação".

---

80 MILLER, Cyndee. Every one loves IMC, but... **Marketing News**, ago. 1993.

81 MILLER, 1993.

Para McLaughlin[82], o objetivo da CIM é diferenciar e elevar a marca acima dos concorrentes para conseguir o *equity*. Não existe desacordo, tanto da parte da agência quanto do cliente, sobre as vantagens da CIM. No entanto, por que não se desenvolve?

A maioria dos esforços sobre CIM teve início com as grandes agências de propaganda há 25 anos. Elas investiram e se organizaram para oferecer todo tipo de comunicação em adição aos tradicionais serviços de propaganda, tais como promoção, relações públicas, materiais colaterais e mala direta. Essa mudança foi motivada por razões econômicas: os orçamentos estavam sendo transferidos da propaganda para outros recursos e as agências queriam manter a receita e continuar coordenando as campanhas dos seus clientes.

Por outro lado, os clientes não viam claramente o custo-benefício de combinar todos os serviços em uma só agência. Eles analisavam que seria mais barato distribuir o trabalho entre diferentes fornecedores. Em segundo lugar, muitos clientes não tinham confiança na habilidade das agências de propaganda em prover serviços especializados, como relatórios anuais, mala direta e relações públicas. Eles se sentiam mais seguros indo aos especialistas. Finalmente, tinham alguma preocupação administrativa em "colocar todos os ovos em uma só cesta". Se o cliente decidisse substituir a agência ou se a agência abrisse mão da conta, o processo de transição seria mais complicado.

Aquele autor constata que no nome da CIM tem "marketing", que é um processo para identificar e gerenciar todos os fatores que impactem a venda do produto ou serviço, sendo a propaganda um dos componentes. Outras partes do marketing – embalagem, preço e distribuição – também precisam ser trabalhadas se a companhia estiver operando em um ambiente competitivo. O processo demanda uma introspecção disciplinada, revisões construtivas e solução de problemas. Em um ambiente de negócios politicamente inseguro, a média gerência não está inclinada a ser agressiva no acompanhamento desse processo. Para ser justo, muitos gerentes estão tão ocupados em "apagar incêndios" que, simplesmente, não têm tempo para analisar e responder a nada que diga respeito ao longo prazo.

Sem uma compreensão profunda de todas essas variáveis, que geralmente são levantadas pela pesquisa, não será possível ter uma direção estratégica dos componentes da comunicação. Sem essa direção, a CIM usaria mais veículos com ação limitada na tentativa de mantê-los na direção certa. No entanto, a gerência corporativa começa a reconhecer que milhões de dólares são gastos de forma não coordenada e sem um foco preciso.

O que é preciso para se conseguir a CIM? Primeiro, os clientes terão de contratar ou promover executivos de marketing de alto nível que compreendam o processo de planejamento estratégico e com habilidade de orientar os recursos de comunicação internos e externos, recebendo o suporte político para coordená-los.

Em vista desse panorama, Schultz[83] analisa as agências que inicialmente acreditavam na CIM como um meio de se diferenciarem no desenvolvimento de novas e

[82] McLAUGHLIN, John P. Why is IMC taking so long? Blame it on the clients. **Marketing News**, set. 1997.
[83] SCHULTZ, Don E. Some agencies find dip in IMC pool too cold. **Marketing News**, abr. 1997.

melhores comunicações de marketing para os seus clientes, porém recuaram por quatro motivos:

1) clientes não queriam ou achavam que as agências poderiam realmente integrar. Eles queriam comunicações integradas, mas suas agências tinham dificuldade de se afastar da mentalidade de "primeiro fazer propaganda";
2) agências não ganhavam dinheiro com a integração. Elas simplesmente ofereciam novos serviços, com maiores custos, pelo mesmo orçamento;
3) agências eram orientadas pelos departamentos de criação. Querem grandes orçamentos de TV para veicular os comerciais que ganhassem prêmios, não se importando em criar para mala direta ou folhetos. Esse serviço ficava para os novos redatores ou diretores de arte;
4) clientes acreditavam que podiam desenvolver melhores programas integrados do que as suas agências. Naturalmente, há exceções, mas o desenvolvimento da CIM nas agências tem sido lento.

Atitude para a integração

Para Lindell[84], a CIM, no seu nível mais básico, significa que os produtos-chave da companhia e as mensagens corporativas – posicionamento, imagem e identidade – são coordenados por meio da comunicação de marketing. Isso significa que o material de relações públicas diz a mesma coisa que a campanha de mala direta e que a propaganda tem a mesma aparência e ambientação do *Web site.* A CIM constrói uma forte identidade de marca no mercado, relacionando e reforçando todas as mensagens. Também economiza dinheiro, melhorando os custos de desenvolvimento de anúncios ou livretos com a repetição das imagens e ícones nas peças de comunicação, assegurando, assim, a continuidade da campanha.

Uma atitude integrada completa o caminho para a CIM. Como atitude, a integração envolve mais do que os departamentos de marketing, de comunicação e a agência. A CIM começa no nível de gerência de produto e se estende para o pessoal de vendas, de marketing e comunicação. Procura conhecer os dilemas dos consumidores e o arsenal de recursos que podem ser utilizados para resolvê-los. Da reunião com esses parceiros, deve sair a definição de um posicionamento que identifique o público-alvo, os problemas atuais, a categoria de produtos que preencha as necessidades do mercado, os benefícios e as características que diferenciam o produto. Pela compreensão dos problemas do consumidor é possível integrar todos os elementos à comunicação de marketing, desenvolvendo um tema abrangente que acomode as táticas de comunicação.

Essa abordagem foi usada pela divisão de engenharia de sistemas da Hewlett-Packard. O processo da CIM começou com um *workshop*[85] com o objetivo de desenvol-

[84] LINDELL, Griffith P. You need integrated attitude to develop IMC. **Marketing News**, maio 1997.
[85] *Workshops* – seminários que enfatizam a troca de idéias e demonstrações técnicas, talentos etc.

ver na equipe uma melhor compreensão dos problemas dos clientes. À medida em que o *workshop* avançava, descobriu-se que cada grupo – vendas, produto, marketing, engenharia, suporte ao cliente – compreendia um diferente aspecto das necessidades dos consumidores. Integrando essas perspectivas, conseguiu-se um real pensamento construtivo sobre como os produtos poderiam ser adaptados a esses problemas. Além disso, foi possível "desenvolver uma estratégia criativa com foco nas necessidades dos consumidores", como disse Martha Conant, gerente da divisão, citada por aquele autor.

A verdadeira integração vai além da simples coordenação dos elementos gráficos e das mensagens. Toda companhia deve adotar uma atitude integrada para implementar um efetivo programa de marketing. Bergen[86] analisa que, para construir participação de mercado em públicos cada vez mais segmentados, os profissionais de marketing têm combinado propaganda, promoção, eventos, patrocínios, marketing direto e relações públicas. O importante é a integração da comunicação de empregados e acionistas com a dos consumidores para alavancar a identidade corporativa e a marca dos produtos (Figura 3.4).

A imagem da companhia contribui para a aceitação do produto. Pesquisas recentes apontam que os consumidores estão mais propensos a comprar produtos de companhias de sucesso e com responsabilidade social.

Figura 3.4 – Atitude para a integração

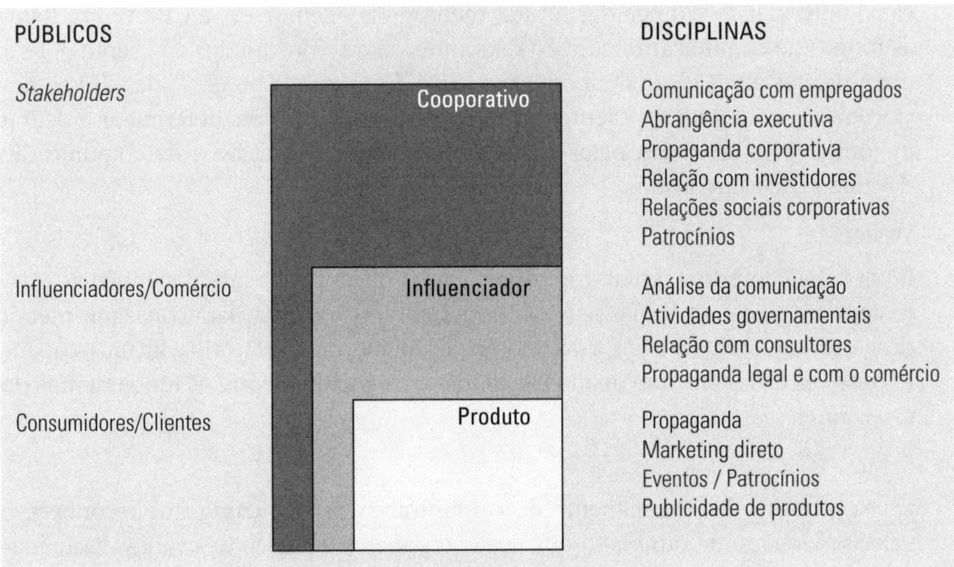

Fonte: Bergen, 1996[87].

Aqueles que influenciam a percepção a respeito de uma companhia e seus produtos também precisam estar incluídos na comunicação. Podem ser analistas de ações,

[86] BERGEN, John D. Beyond integrated marketing. **Management Review**, maio 1996.
[87] BERGEN, 1996.

pessoas do governo e agências reguladoras, consultores etc. Terceiros reforçam as mensagens corporativas e de marketing por meio da credibilidade.

Melhorar a reputação da companhia e suportar marcas fortes, nos tempos bons e nos difíceis, é o maior benefício da comunicação integrada. Significa que cada membro da empresa contribui para as vendas da companhia. Esta é a nova variável na fórmula da integração de marketing.

Comparação das definições e dos conceitos de CIM

Dada a variedade de definições e conceitos expressos pelos diferentes autores já mencionados, é oportuno relacioná-los em busca de maior compreensão sobre a CIM. Foram os seguintes:

- Medill, Estados Unidos[88]:

  É o processo de desenvolver e implementar várias formas de programas persuasivos de comunicação com consumidores e clientes potenciais ao longo do tempo. O objetivo da CIM é influenciar ou diretamente afetar o comportamento de uma audiência selecionada. Considera todas as fontes de contato com a marca ou companhia que o consumidor ou cliente potencial tem como produto/serviço, como um canal potencial de entrega das futuras mensagens. Além disso, a CIM utiliza todas as formas de comunicação que são relevantes para o consumidor ou cliente potencial e para as quais ele poderá estar receptivo. Em suma, o processo da CIM começa com o consumidor ou cliente potencial e, então, volta para determinar e definir as formas e os métodos pelos quais os programas persuasivos de comunicação deverão ser desenvolvidos.

- Wolter[89]

  É um valor comportamental responsável por verificar qual a interdependência existente entre a organização e seus públicos interno e externo, para conseguir menor desgaste, equilíbrio e justiça, assim como, mutuamente satisfatório e lucrativo quanto possível. Esse princípio de interdependência dá a toda teoria os fundamentos do seu caráter.

- Schultz[90]

  É um conceito de planejamento de comunicação de marketing que reconhece o valor adicionado de um plano que avalia o papel estratégico das várias disciplinas de comunicação (por exemplo, propaganda, resposta direta, promoção de vendas e relações públicas) e combina essas disciplinas para proporcionar clareza, consistência e o máximo impacto nas comunicações.

---

88 CAYWOOD et al., 1991.
89 WOLTER, 1993.
90 SCHULTZ, 1993.

- Gonring[91]

  É o processo que maximiza e interliga as atividades de comunicações diretamente com as metas da organização.

- Derril Lambka, citado por Schultz[92]

  É a integração das mensagens e dos temas visuais por meio do *mix* de comunicação para maximizar o impacto das mensagens no mercado. O uso consistente do benefício é claramente comunicado em todas as peças das campanhas.

- McLaughlin[93]

  O objetivo da CIM é diferenciar e elevar a marca ou o serviço acima dos concorrentes para conseguir o *equity* da marca.

- American Association of Advertising Agencies (4 As)

  É um conceito de planejamento de comunicação de marketing que reconhece o valor adicionado de um programa que integre a variedade de disciplinas estratégicas[94].

Pode-se observar que as definições relacionadas estão focando somente o aspecto da comunicação em si, interna e externa da empresa, mas não abordam a área do marketing e da empresa em si mesma. Identificando as idéias básicas e considerações dos autores pesquisados, gostaria de propor uma nova definição que abarca tanto o lado da comunicação como o do marketing, a seguir:

> CIM – Comunicação Integrada de Marketing é o processo que começa com a análise do consumidor (ou cliente potencial) para detectar os seus valores de comportamento, com o propósito de definir o conceito da marca, agregando-lhe valor e distinguindo-a da concorrência. Esse posicionamento permitirá a criação de mensagens claras e consistentes que visam influenciar o comportamento do público interno ou externo ao maximizar a sua satisfação. Para isso, utiliza as disciplinas de comunicação de forma integrada e devidamente interligada às ações de marketing e aos objetivos da empresa, que considera a filosofia e estrutura operacional da organização e permite a aplicação única do conceito da marca em todos os programas de comunicação.

É oportuno destacar que parece ser mais adequado considerar a CIM como um processo e não como planejamento, como propõem alguns autores. Processo indica algo dinâmico e organizado, como um sistema a ser seguido e no qual se enquadram o planejamento, os objetivos, os conceitos, as estratégias e tudo o mais que precisa ser integrado para que a implementação da CIM seja eficiente e eficaz.

---

91 GONRING, 1994.

92 SCHULTZ, 1996.

93 McLAUGHLIN, 1997.

94 GOULD, Stephen J.; LEMAN, Dawn B.; GREIN, Andreas F. Agency perceptions and practices on Global IMC. **Journal of Advertising Research**, p. 7-20, jan./fev. 1999.

Percepção da CIM pelos clientes e seu uso nas organizações

As inconsistências continuam existindo. Enquanto a CIM tem sido vista pelos praticantes como um conceito válido[95,96], alguns acreditam que fatores organizacionais têm colocado dificuldades à sua instituição. Em alguns clientes, por causa da preocupação com foco no seu funcionamento, pessoas capazes estão sendo "rotuladas em boxes funcionais, limitadas e treinadas não para solucionar problemas, mas para fazer propaganda, relações públicas ou marketing direto"[97]. Ambas as condições são consideradas barreiras à implementação.

Têm sido apresentados argumentos para que as agências de propaganda coordenem e controlem as funções da CIM. Entretanto, outras evidências indicam que os clientes não dão alta prioridade às agências *full service*[98,99]. Se as companhias não estão pedindo que as suas agências de propaganda forneçam serviços múltiplos de comunicação, onde vão buscá-los? Outra questão diz respeito ao uso das atividades de comunicação de marketing pelos clientes e à variância no uso pelos diferentes tipos de negócios, uma vez que uma só ferramenta ou técnica não é apropriada para todas as situações.

Pesquisa com anunciantes sobre CIM – 1994

Com base em observações semelhantes, McArthur e Griffin[100] realizaram um estudo com o objetivo de compreender a percepção dos gerentes de CIM dos clientes e o seu uso nas organizações. Para atingir o objetivo, foram investigadas as seguintes áreas:

- o tempo e a atenção dedicados aos diferentes aspectos da comunicação de marketing, incluindo a CIM;
- em que medida as várias alternativas de comunicação eram consideradas como parte do esforço total de comunicação quando a campanha estava sendo planejada;
- o título da pessoa responsável em estabelecer o objetivo e a formulação das várias funções da comunicação de marketing, a quem se reportava e suas funções;
- as fontes das atividades ou funções da comunicação de marketing.

Foi utilizada uma amostra dos mil maiores anunciantes dos Estados Unidos para compensar a desproporção em relação aos grandes anunciantes, retirados da Standard Directory of Advertisers de 1994. Esta lista inicial foi seguida de mais outras duas, pro-

---

95 DUNCAN, Tom. To fathom integrated marketing, dive! **Advertising Age**, out. 1993.

96 DUNCAN; EVERETT, 1993.

97 SCHULTZ; TANNENBAUN; LAUTERBORN, 1996.

98 *Full service* – a agência oferece todos os serviços de comunicação.

99 FAWCETT, Adrienne W. Integrated marketing-marketers convinced: its time has arrived. **Advertising Age**, nov. 1993.

100 McARTHUR, David N.; GRIFFIN, Tom. A marketing management view of integrated marketing communications. **Journal of Advertising Research**, set./out. 1997.

duzindo 121 questionários válidos de uma amostra final de 539 clientes, equivalendo a um índice de resposta de 22%. Os respondentes foram divididos em quatro grupos:

1) produtos de consumo;
2) negócios/indústria;
3) serviços;
4) varejo.

Para detectar a importância da CIM, foram dadas as notas de 1 a 5 (1 = pouca atenção e 5 = muita atenção) a uma lista com vários itens de propaganda e marketing.

- Resultados

Nas atividades incluídas no esforço de comunicação, os entrevistados tiveram a oportunidade de relacionar em que extensão os itens eram usados quando uma campanha era planejada. O Quadro 3.2 resume o emprego das atividades de comunicação mais usuais e revela que, no grupo Varejo, "mídia de massa" e "material de ponto de venda" destacam-se como os itens mais importantes.

A situação é muito diferente para o grupo Negócios/Indústria. Os itens mais considerados e mais freqüentemente usados em planejamento de campanha foram "relações públicas", "publicações de negócios", "feiras/shows", "publicidade do produto".

Os resultados indicaram que, para o grupo Produtos de Consumo, "mídia de massa", "material de ponto de venda", "relações públicas" e "promoções ao consumidor final" foram as alternativas mais importantes.

Com respeito ao grupo Serviços, as três alternativas mais importantes foram "mídia de massa", "material de ponto de venda" e "resposta direta".

Quadro 3.2 – Resumo do emprego das atividades de comunicação mais usuais

Atividades de Comunicação	Varejo	Negócios/ Ind.	Prod. Consumo	Serviços
Mídia de massa	•		•	•
Material de ponto-de-venda	•		•	•
Relações públicas		•	•	
Promoção ao consumidor final			•	
Publicações de negócios		•		
Feiras/shows		•		
Publicidade de produtos		•		
Resposta direta				•

Fonte: Elaborado pelo autor

Quanto à coordenação das atividades de comunicação de marketing, as sete atividades mais citadas, de um modo geral, foram "criação", "mídia", "promoção de vendas", "eventos especiais", "resposta direta", "publicidade" e "relações públicas".

Com respeito ao levantamento e à procura de atividades de comunicação de marketing, basicamente a decisão é fazer internamente ou comprar externamente. Se as opções de comunicação são procuradas externamente, uma alternativa é contratar uma agência de propaganda *full service*. Outra inclui o uso de fornecedores especializados em "criação", "planejamento e negociação de mídia", "programas de resposta direta", "relações públicas" e outros serviços.

Perguntas

1. A faculdade de Medill foi contatada pela American Association of Advertising Agencies, em 1989, para constituir um grupo de trabalho para definir a CIM. O resultado foi um conceito voltado "de dentro para fora". Por qual motivo?
2. Mais tarde, por volta de 1993, Schultz adotou uma abordagem diferente, vendo a CIM "de fora para dentro". Explique esta abordagem.
3. Quais foram as duas razões para as agências se envolverem com a CIM?
4. Devido a razões internas e externas, explique por que as agências de propaganda não conseguiram fazer funcionar o conceito da CIM.
5. Quais são os quatro fatores que as agências têm de resolver para serem agentes importantes no desenvolvimento da CIM?
6. Por que a segmentação da mídia e o desenvolvimento da manufatura flexível aumentam a importância do processo de integração?
7. O marketing do século XXI se apoiará em duas técnicas. Quais são?
8. Explique o modelo e o princípio em que se baseia a "hierarquia de efeitos" conforme a abordagem linear da comunicação unidirecional.
9. Faça o esquema que explica a visão da CIM para medir a comunicação.
10. Quais são as barreiras para a adoção da CIM pelas empresas, segundo Gonring?
11. Para Wood, é importante determinar exatamente o que a estratégia de CIM quer atingir. Quais são os passos para a sua implementação?
12. Objetivos amplos de CIM recaem sobre cinco categorias, que estão inter-relacionadas para melhorar o relacionamento com os clientes. Quais são?
13. Qual a visão de Yarbrough para implementar o marketing integrado?
14. Por que à medida em que as empresas americanas tornam-se mais complexas, passam a confiar mais nos especialistas? Isto é um problema ou não?
15. O que significa "retorno sobre os investimentos no consumidor"?
16. Dentro da nova abordagem para avaliar o retorno dos investimentos em comunicação, quais são as informações necessárias para tal medição?
17. Considera-se que a CIM não é uma ferramenta e sim uma filosofia de fazer negócios, dentro e fora da organização. Por qual motivo?
18. Qual é a contribuição que as relações públicas pode trazer à CIM?
19. O que significa "uma atitude integrada completa o caminho para a CIM"?
20. Por que a CIM pode ser considerada um processo e não um planejamento?

4 COMUNICAÇÃO INTEGRADA DE MARKETING GLOBAL (CIMG)

Neste capítulo, o conceito de CIM é estendido para uma visão global. São comparadas as definições pesquisadas e são abordados os aspectos que podem influenciar a comunicação global. Poder-se-á perceber que existem muitos pontos comuns no comportamento de mesmos segmentos de consumidores, independentemente do país onde habitam. E pesquisas realizadas com agências americanas e de outros países revelam resultados interessantes sobre a CIMG.

Definição de propaganda global

Segundo Keegan[1], "propaganda global é a transferência de apelos publicitários, mensagens, arte, texto, fotografias, histórias, vídeo e filmes de um país para outro".

No entanto, essa transferência não é simples e implica considerar um complexo conjunto de variáveis. Por isso, muitas campanhas de propaganda global falham. Não é por causa das diferenças culturais ou das experiências de consumidores entre os povos do mundo; ao contrário, elas geralmente falham por causa das pessoas encarregadas de executar as campanhas globais localmente. Essas pessoas costumam assumir uma postura de grande resistência à campanha global, antes mesmo de considerar a sua qualidade ou efetividade mercadológica.

Este autor considera que o potencial das campanhas globais que trazem bons resultados está crescendo, da mesma forma que novos conceitos, tais como os "produtos culturais". Estes estão baseados na demografia global – cultura jovem – em lugar de cultura étnica ou nacional. Como exemplo, roupas podem ser direcionadas a um público-alvo masculino de 18 a 25 anos em qualquer país como um segmento mundial. Willian Roedy, diretor da *MTV Europe*, vê claramente as implicações de tais produtos culturais em propaganda: "Jovens de 18 anos em Paris têm mais em comum com os de 18 anos

1 KEEGAN, Warren J. **Global marketing management**. 5. ed. New Jersey: Prentice Hall, 1995, p. 554-555.

em New York do que com os seus pais. Eles compram os mesmos produtos, assistem aos mesmos filmes, ouvem as mesmas músicas, bebem as mesmas colas. A propaganda global simplesmente trabalha com essas premissas"[2].

Partindo desse raciocínio, necessidades e desejos humanos são muito similares se apresentados em situações identificadas com as experiências. Em qualquer lugar as pessoas querem valor, qualidade, a última tecnologia disponível e, dentro da sua capacidade de compra, todos querem ser amados e respeitados.

Numa análise final, Keegan[3] considera que a decisão de usar ou não uma campanha global ou local depende dos gerentes reconhecerem os processos de troca envolvidos. De um lado, a campanha global resultará em um benefício substancial de redução de custos e aumento do controle, bem como a melhoria do potencial criativo no argumento global. De outro lado, campanhas locais têm a vantagem de apelar para o atributo mais importante do produto em cada cultura.

Estão aumentando os produtos globais, antes confinados a poucos itens de consumo e de luxo. Vendas de fraldas descartáveis e de relógios, xampu e *scotch* finos estão aderindo à propaganda global.

Da mesma forma que já foram reunidas as definições de Comunicação Integrada de Marketing, é oportuno também relacionar as definições de Comunicação Integrada de Marketing Global, a saber:

- Keegan[4]

  Propaganda global é a transferência de apelos publicitários, mensagens, arte, texto, fotografias, histórias, vídeo e filmes de um país para outro.

- American Association of Advertising Agencies

  Comunicação Integrada de Marketing Global (CIMG) é um conceito de planejamento de comunicação de marketing que reconhece o valor adicionado de um programa que integre a variedade de disciplinas estratégicas.

- Grein e Gold[5]

  CIMG é um sistema ativo de gerenciamento promocional que coordena estrategicamente as comunicações globais em todas as suas partes, tanto horizontalmente, em termos de países e corporações, como verticalmente, em termos de disciplinas de comunicação.

Tomando como referência as definições acima e a partir da nova proposta de definição da CIM desta tese, seria possível estendê-la para a CIMG, acrescentando o aspecto da internacionalização, ou seja:

---

2 PEEBLES, Dean M. Executives insights: don't write off global advertising. **International Marketing Review**, v. 6, n. 1, p.73-78, 1989.

3 KEEGAN, 1995.

4 Ibid., 1995.

5 GREIN, Andreas F.; GOULD, Stephen J. Globally integrated marketing communications. **Journal of Marketing Communications**, v. 2, n. 3, p. 141-158, 1996.

CIMG é o processo de comunicação integrada de marketing em nível global, que começa com a análise do consumidor (ou cliente potencial) para detectar os valores de comportamento universais, com o propósito de definir o conceito da marca, agregando-lhe valor e distinguindo-a da concorrência. Este posicionamento permitirá a criação de mensagens claras e consistentes que visam influenciar o comportamento do público interno ou externo ao maximizar a sua satisfação. Para isso, utiliza as disciplinas de comunicação de forma integrada e devidamente interligada às ações de marketing e aos objetivos da empresa, que considera a filosofia e estrutura operacional da organização. Permite a aplicação única do conceito da marca nos programas de comunicação, em todos os países, mas tendo a flexibilidade para adaptar estratégias e peças publicitárias em casos específicos, com a finalidade de melhorar a efetividade da comunicação.

É possível considerar, também, um estágio intermediário entre a CIM e a CIMG. Proponho a criação da Comunicação Integrada de Marketing Regional (CIMR). O seu conceito seria idêntico ao anteriormente citado, porém para ser utilizado quando a abrangência dos programas de comunicação não tivesse a dimensão global, mas sim a cobertura de uma determinada região.

Aspectos que podem influenciar a comunicação global

Existem outros aspectos além dos culturais, do idioma e comportamentos que podem influenciar a eficácia da comunicação pelo planeta.

Um desses aspectos é a importância em distinguir entre "proposição de venda" e "apresentação criativa", entre "o que dizer" e "como dizer". De acordo com uma pesquisa citada por Keegan[6], experientes executivos de propaganda indicaram que uma "proposição de compra" forte pode ser transferida em mais de 50% das vezes. Assim, alta qualidade, baixo preço e maior valor pelo dinheiro pago ultrapassam as barreiras nacionais. Na mesma pesquisa, a maioria dos executivos indicou não acreditar que as apresentações criativas viajassem bem. Os obstáculos eram as barreiras culturais, as de comunicação, problemas legais, a posição da concorrência (a estratégia de propaganda para uma marca líder é diferente da elaborada para uma marca menor) e problemas de execução.

Essas são barreiras reais, mas existem fortes razões para criar uma efetiva campanha global. Para isso, a companhia é forçada a descobrir o mercado global para o seu produto, contando com a colaboração de todas as pessoas envolvidas com o produto, a fim de que possam trocar informações e experiências.

Neste sentido, a criação de um *database* pode ser o fundamento para o desenvolvimento de campanhas realmente globais, permitindo reunir os argumentos para uma verdadeira estratégia global, por ser conceitualmente válida.

Outra questão intrigante para o marketing global que ainda não foi empiricamente estudada é a eficiência marginal das despesas em países com diferentes estágios de desenvolvimento econômico. Na Argentina, o potencial de mercado é menor do que nos Estados Unidos, mas a receptividade das mensagens adicionais de propaganda é

6 KEEGAN, 1995, p. 556-557.

presumivelmente maior na Argentina do que nos Estados Unidos. Teoricamente, dentro de uma ótima alocação de recursos, o *payoff*[7] marginal (vendas/impacto do *awareness*[8]) dos investimentos em propaganda no país deveria ser igual, na opinião de Keegan[9].

O autor continua o seu raciocínio explicando que os requisitos gerais para uma efetiva comunicação e persuasão são fixos e não variam de país para país. Isto também é verdade para os componentes do processo de comunicação: a mensagem enviada precisa estar codificada, transmitida por canais apropriados e decodificada pelo cliente/receptor. A comunicação acontece somente quando o significado é transferido. Essas condições conduzem ao debate extensão *versus* adaptação da propaganda global e à pergunta-chave para os profissionais de marketing global: a mensagem específica da propaganda e a estratégia de mídia precisam ser mudadas de região para região, ou de país para país, por causa das condições ambientais?

Os proponentes da estandardização acreditam que a era da vila global está se aproximando e que gostos e preferências estão se convergindo. De acordo com a estandardização, uma vez que as pessoas de qualquer lugar querem os mesmos produtos pelas mesmas razões, as companhias podem obter grandes economias de escala por meio da propaganda unificada em todo o globo.

Anunciantes que seguem a abordagem local não compram o argumento da vila global; em vez disso, afirmam que os consumidores ainda são diferentes de um país a outro e precisam ser atingidos pela propaganda feita sob medida para cada um. Os proponentes da globalização destacam que a maioria dos erros ocorre porque a propaganda falha ao compreender culturas estrangeiras e adaptar-se a elas.

Evolução de conceitos

Keegan[10] faz um relato histórico. Durante os anos 1950, a opinião dos profissionais de propaganda era de que a propaganda internacional eficaz deveria ser feita pelas agências locais. No início da década de 1960, a idéia de realização local foi desafiada repetidas vezes. Na década de 1980, o debate "padrão *versus* local" ganhou importância depois da publicação do artigo de Theodore Levitt, em 1983, na *Harvard Business Review*, sob o título "The globalization of markets" e reproduzido em *Marketing Classics*[11]. A sua tese é bastante sintética: o mundo está se tornando cada vez mais homogêneo. E cita que Pierre Liotard-Vogt[12], CEO da Nestlé, não acreditava nos "paladares nacionais", dizendo: "Eles têm hábitos e não são os mesmos; se você oferece ao público uma comida diferente, mesmo que não lhe seja familiar inicialmente, quando se acostuma a ela,

7 *Payoff* – cobertura de custos ou equivalência entre esforços e resultados obtidos.

8 *Awareness* – percepção da marca ou da campanha por parte do público.

9 KEEGAN, 1995, p. 558-561.

10 Ibid., 1995.

11 LEVITT, Theodore. The globalization of markets. **Harvard Business Review**, maio/jun., 1983, op. cit. ENIS, Bem; COX, Keith; MOKOWA, Michael. **Marketing classics**. 8. ed. New Jersey: Prentice Hall, 1991, cap. 5.

12 LIOTARD-VOGT, Pierre. A conversation with Nestle's Pierre Liotard-Vogt. **Advertising Age**, jun. 1980, op cit. KEEGAN, Warren J. **Global marketing management**. 5. ed. New Jersey: Prentice Hall, 1995, p. 31.

irão apreciá-la". Exemplificava com o gosto pelo café forte ou fraco em diferentes regiões, reconhecendo que existiam diferenças nos paladares, mas acreditava que podiam ser modificadas.

Em contraposição, o ponto de vista defendido por Levitt[13], Liotard-Vogt[14] e Kanso[15], também citado por Keegan, em uma pesquisa feita com dois grupos de gerentes de propaganda, chegou à conclusão de que um grupo defendia a abordagem local para a propaganda internacional e o outro era partidário da padronização. Kanso encontrou uma tendência ao uso crescente da propaganda internacional localizada. Também notou que a controvérsia entre as duas diferentes abordagens estava relacionada à cultura dos gerentes. Aqueles orientados culturalmente tendem a preferir a abordagem local e os que não são culturalmente orientados preferem a abordagem padronizada. Este autor concluiu que para o sucesso de campanhas internacionais é necessário um compromisso com a visão local.

Apelos publicitários e características do produto

A propaganda precisa comunicar apelos que sejam relevantes e efetivos ao público-alvo. Neste particular, Keegan[16] comenta que os produtos estão freqüentemente em diferentes estágios no seu ciclo de vida nos vários mercados nacionais onde são comercializados e que existem diferenças culturais, sociais e econômicas nesses mesmos mercados, por isso, o apelo mais efetivo para um produto pode variar de um mercado para o outro. Por essas razões, os profissionais de marketing devem identificar situações nas quais:

- "exista potencial para a redução de custos por causa da presença de economias de escala;
- as barreiras para a estandardização, como a cultural, não são significativas;
- os produtos satisfazem funções similares e necessidades emocionais nas diferentes culturas"[17].

Green; Cunningham e Cunningham[18] conduziram um estudo cultural em vários países para determinar até que ponto os consumidores de diferentes nacionalidades usam o mesmo critério para avaliar dois produtos de uso comum: refrigerantes e cremes dentais. Entrevistaram estudantes universitários dos Estados Unidos, da França, da Índia e do Brasil. Em relação à França e Índia, os Estados Unidos deram mais ênfase aos aspectos subjetivos e menos aos atributos funcionais dos produtos. Os brasileiros aparentavam preocupação ainda maior com os atributos subjetivos do que os americanos.

---

13 LEVITT, 1983, op. cit. ENIS; COX; MOKOWA, 1991.
14 LIOTARD-VOGT, 1980, op cit. KEEGAN, 1995.
15 KANSO, Ali. International advertising strategies: global commitment to local vision. **Journal of Advertising Research**, p. 10-14, jan./fev. 1992.
16 KEEGAN, 1995, p. 561-563.
17 Ibid., p. 561.
18 GREEN, Robert T.; CUNNINGHAM, William H.; CUNNINGHAM, Isabella C. M. The effectiveness of standardized global advertising. **Journal of Advertising**, verão, p. 25-30, 1975.

Os autores concluíram que as mensagens publicitárias não deveriam usar o mesmo apelo para esses países se a propaganda pretendesse comunicar o mais importante atributo do produto em cada mercado. Essa conclusão conduz à idéia de que a propaganda eficaz talvez requeira uma diferenciação entre o apelo básico do produto e a execução criativa do apelo. Se o produto apela para a mesma necessidade em todo o mundo, existe a possibilidade de estendê-lo para atender aquela necessidade. A questão básica está no fato de existir ou não um mercado global para o produto, porque se o mercado é global, os apelos podem ser estandardizados e expandidos.

Freqüência de compra de produto

Um outro aspecto considerado por aqueles autores é quanto à freqüência de compra. De uma maneira geral, quanto menor a freqüência de compra de um produto, menor é a importância da propaganda como um elemento do *mix* de comunicação. Assim, produtos industriais que não são comprados freqüentemente, por serem caros e tecnicamente complexos, podem ser vendidos somente por uma bem treinada força de vendas. Para esses produtos, no entanto, a propaganda pode estabelecer um estágio preparatório para a força de vendas, facilitando a entrada do vendedor no cliente e ajudando a realizar a venda.

Seleção de agências de propaganda

O estudo realizado por Terpstra e Sarathy[19] apontou que existe uma tendência crescente de os clientes designarem agências globais para os seus produtos a fim de dar suporte à integração do marketing e das funções da propaganda. Em 1991, dos 40 maiores anunciantes dos Estados Unidos e da Inglaterra, 39 possuíam redes internacionais; poucos anos antes, em 1986, apenas um terço trabalhava com agências estruturadas em redes. As agências perceberam esta tendência e se colocaram em um programa de aquisições e fusões para aumentar a sua cobertura e passar a servir os anunciantes mundiais.

Conforme o estudo "Agency perceptions and practices on global IMC", de Gould; Leman e Grein[20], existe uma certa importância dos aspectos relativos à coordenação e freqüência das comunicações entre os escritórios, entre as disciplinas de comunicação, centralização e o uso da tecnologia da informação.

Eles citam Grein e Gold[21] ao comentar que o crescimento do gerenciamento internacional, a dispersão da comunicação e outras decisões de marketing sugerem que o impacto da globalização na CIM precisa ser examinado, e propuseram o conceito de CIMG, como foi mencionado no capítulo 2 deste livro. Este conceito global aplica-se tanto às agências internacionais de propaganda como aos profissionais de marketing de empresas multinacionais.

---

19 TERPSTRA, Vern; SARATHY, Ravi. **International marketing**. Orlando: The Dryden Press, 1991, p. 456-461.
20 GOULD, Stephen J.; LEMAN, Dawn B.; GREIN, Andreas F. Agency perceptions and practices on Global IMC. **Journal of Advertising Research**, p. 7-20, jan./fev. 1999.
21 GREIN; GOULD, 1996, p. 141-158.

Alguns parâmetros importantes precisam ser considerados:

- a sinergia e a integração entre os diversos aspectos do marketing e da propaganda são importantes, independentemente do uso da padronização ou da adaptação usada em cada caso, isto é, "pense globalmente, aja localmente"[22];
- o papel da propaganda global é adicionar valor aos produtos globais[23], portanto, a estratégia de comunicação global requer a identificação com os valores globais, a percepção dos benefícios das marcas e ser capaz de utilizar importantes diferenças culturais de forma significativa;

Barlitt e Ghosal[24] propõem a formulação de um quadro transnacional para a operacionalização das firmas multinacionais.

Pesquisa com agências americanas sobre CIM – 1997

Kitchen e Schultz[25] realizaram uma pesquisa entre os executivos das agências americanas para explorar três objetivos:

1) compreender profundamente como e em que áreas estava desenvolvido o conceito de CIM nos Estados Unidos;
2) examinar em que medida um grupo de executivos das maiores agências americanas estava desenvolvendo, praticando ou utilizando a CIM em benefício dos seus clientes;
3) compreender a importância e o valor das agências tradicionais de propaganda em um mercado no qual a CIM está aparentemente se tornando mais importante.

Um questionário de auto-preenchimento foi enviado a uma lista selecionada de membros da 4 As – American Association of Advertising Agencies –, acompanhado de uma carta, no final de 1996. Continha 89 quesitos e cobria três importantes áreas, cada uma relativa aos três objetivos propostos na pesquisa.

Houve um retorno de 28%, correspondente a 126 respondentes. Dessa forma conseguiu-se a percepção sobre CIM de acordo com o julgamento dos executivos das agências de propaganda, membros da 4 As. As respostas vieram dos executivos com título de presidente, CEO/*chairman*, *chief integration officer*, diretor de marketing integrado, Supervisor de conta, diretor de pesquisa e diretor de criação, que trabalhavam na firma há 13,4 anos, em média. Todos possuíam nível superior, à exceção de três.

A decisão de realizar essa pesquisa partiu de uma revisão da literatura. Esses dois autores verificaram que antes do estudo de Caywood; Schultz e Wang[26] parecia existir

22 WIND, Yoran. The myth of globalization. **Journal of Consumer Marketing**, v. 3, n. 2, p. 23-26, 1986.

23 MOOJI, Marieke de. **Global marketing and advertising**: understanding cultural paradoxes. Thousand Oaks: Sage, 1998.

24 BARTLITT, C. A.; GHOSAL, S. **Managing across borders**: the transnational solution. Boston: Harvard Business School Press, 1989.

25 KITCHEN, Philip J.; SCHULTZ, Don E. Integrated marketing communications in US advertsing agencies: an exploratory study. **Journal of Advertising Research**, set./out., 1997.

26 CAYWOOD, C.; SCHULTZ, D.; WANG, P. Integrated marketing communications: a survey of national goods advertisers. **Medill School of Journalism**, Northwestern University, 1991.

pouca ou nenhuma discussão formal, nem a descrição do que é agora chamado de Comunicação Integrada de Marketing. Apesar de já existirem discussões entre os praticantes e artigos de imprensa, esse estudo da Northwestern, patrocinado pela 4 As e pela Association of National Advertisers (ANA), citado anteriormente, parece ter sido formalmente a primeira tentativa bem definida para trazer alguma compreensão do conceito para a literatura. Portanto, a maioria dos pensamentos e discussões sobre a CIM era muito recente.

Além disso, a edição especial do *Journal of Marketing Communications*, publicada em 1996, dedicada à CIM descobriu virtualmente que todos os *papers*[27] lidavam com a construção da teoria e/ou a identificação dos pontos-chave. Entretanto, os principais textos de marketing e livros especializados em comunicação de marketing têm praticamente adotado alguma perspectiva de abordagem da comunicação integrada[28,29,30,31,32], um sinal significativo de que a CIM estava progredindo na sua aceitabilidade e se tornando uma abordagem acadêmica no marketing em geral.

Apesar de vários autores terem desenvolvido seus conceitos de forma independente, parecia ainda não existir uma definição, descrição ou processo que identificasse consistentemente o que é CIM e o que não é. Enquanto o assunto era geralmente aceito na literatura de marketing, ainda existiam muitas áreas cinzas que necessitavam de esclarecimentos.

A prática da CIM era ainda indeterminada nas estratégias de comunicação global[33]. Outras evidências tendiam a supor que ela era dependente do uso extensivo do *database*, de preferência individualizado[34,35], o qual vinha a fortalecer o processo organizado de aprendizado com o fim de desenvolver técnicas e atividades sofisticadas de comunicação integrada de marketing.

Uma vez que o *database* é freqüentemente considerado crítico para o desenvolvimento e prática da CIM, valia a pena verificar como ele estava se desenvolvendo em escala global. O conceito do *database* inclui toda a informação que uma organização pode obter dos seus consumidores e clientes[36]. Enquanto é comum a falta de dados

---

27 *Papers* – trabalhos acadêmicos.

28 KOTLER, P. **Marketing management**. 9. ed. New Jersey: Englewood Cliffs, Prentice Hall International, 1997.

29 ZIGMUND, W. G.; D'AMICO, M. **Marketing**. 5. ed. New York: West Publishing Company, 1996.

30 SHIMP, Terence A. **Promotion management and marketing communications**. 3. ed. Harcourt: Jovanovich International Edition, 1993.

31 BELCH, G. E.; BELCH, M. A. **Introduction to advertising and promotion**: an integrated marketing communication perspective. 3. ed. Chicago: Irwin, 1995.

32 KRUGMAN, D. M. et al. **Advertising**: its role in modern marketing. 8. ed. New York: Dryden Press, 1994.

33 GREIN; GOULD, 1996, p. 141-158.

34 JACKSON, R.; WANG, P. **Strategic database marketing**. Lincolnwood: NTC Publishing, 1994.

35 JUNU, B. K. Databases open doors for retailers. **Advertising Age**, fev. 1993.

36 SCHULTZ, Don E. Is IMC finally becoming mainsteam? **Marketing News**, jul. 1996.

sobre o consumidor final em um canal de distribuição, *business to business*[37] e serviços, as organizações têm consideráveis dados internos. Isto as capacita a desenvolver o requerido *database* comportamental. Na verdade, existem informações substanciais sobre consumidores que podem fornecer a base para o seu desenvolvimento. Infelizmente, é a falta de comunicação e cooperação entre marketing, vendas e pesquisa que retarda o uso mais amplo da informação.

Principais resultados

- Tempo dedicado aos programas de CIM

  A maioria das agências gasta uma porção substancial do seu tempo assistindo aos clientes nos programas de CIM. Os dados, representados na Figura 4.1, revelaram que 75% das agências dedicavam 25% do seu tempo a programas de CIM e 25% disseram que 75% ou mais do seu tempo era dedicado a esses programas. Foi interessante notar que 60% das agências pequenas devotavam mais de 50% do seu tempo à CIM dos seus clientes; esse índice cai para 46% nas agências médias e 36% nas grandes, indicando que as agências menores dedicavam mais tempo do que as grandes aos programas de comunicação integrada de marketing.

Figura 4.1 – Tempo dedicado aos programas de CIM

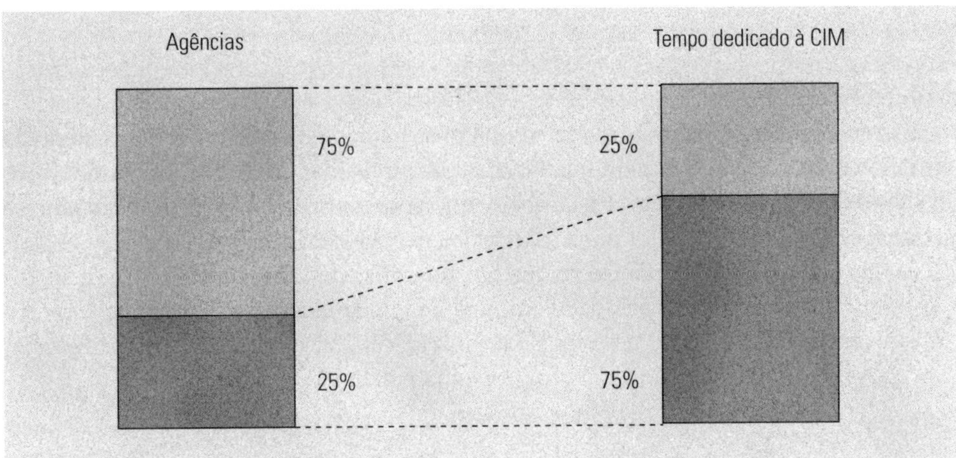

Fonte: Elaborada pelo autor.

- Impacto da CIM nos orçamentos

  Os executivos das agências acreditavam que os orçamentos seriam positivamente afetados pelas atividades de Comunicação Integrada de Marketing e não o contrário. Por outro lado, aproximadamente 60% dos orçamentos de comunicação dos clientes iam para a propaganda e não foram considerados integrados.

37 *Business to business* – sistema de comunicação e negócios virtuais de empresa para empresa.

- Como as agências são remuneradas pela CIM

  Cerca de 65% das agências recebiam parte da sua compensação como "*fee*"[38]; em segundo lugar, vem um misto de "comissão e *fee*", sendo a "comissão" a menos freqüente. Ao serem perguntados se receberiam algum tipo de compensação pelo desenvolvimento de programas de integração, houve opiniões contraditórias, indicando que, aparentemente, as agências acreditavam que não recebiam mais por desenvolverem programas de comunicação integrada.

- O que é CIM?

  Foi usada a seguinte definição:

  "CIM – Comunicação Integrada de Marketing é um conceito de planejamento de comunicação de marketing que reconhece o valor adicionado de um plano que avalia o papel estratégico das várias disciplinas de comunicação (por exemplo, propaganda, resposta direta, promoção de vendas e relações públicas) e combina essas disciplinas para proporcionar clareza, consistência e o máximo impacto nas comunicações"[39].

  A média de 6,31 nas respostas indicou que existe alguma concordância, mas não uma convicção real. Portanto, a conceituação do autor necessitava de uma definição mais aceitável e relevante. Os respondentes pareciam estar procurando algo adicional sobre mensuração e execução: necessidade de encontrar meios de operacionalizar o conceito. Alguns comentaram que a forma da CIM está em focar mercados específicos e na sua execução, e não somente no planejamento.

- Existem barreiras à implementação da CIM?

  É visível que as agências acreditavam na possibilidade de a CIM ser implementada nas empresas e que estariam qualificadas para trabalhar com as unidades de negócios dos clientes. Acreditavam, também, que poderiam fazer um melhor trabalho se uma agência tivesse maior participação nos negócios dos clientes.

  Surgiu uma forte discordância de que os programas de CIM aumentariam os custos ou que seria necessário pessoal extra para gerenciar esses programas, mesmo com os esforços adicionais necessários para a integração, mas os executivos das agências disseram que o custo não seria um problema para a CIM.

- Crenças

  A forte concordância de que a CIM "aumenta o impacto", "torna as idéias criativas mais efetivas" e proporciona "maior consistência na comunicação" suporta o ponto de vista da agência de que a CIM poderia melhorar o retorno dos investimentos em comunicação de marketing dos clientes. Entretanto, não está claro se os executivos das agências sentem que os clientes conseguiriam um maior controle sobre os orçamentos ou suas responsabilidades, bem como não poderiam oferecer soluções rápidas ou medidas mais efetivas de mensuração da comunicação integrada de marketing, indi-

38 *Fee* – valor negociado para a remuneração dos serviços da agência.

39 SCHULTZ, Don E. Integrated marketing communications: maybe definition is in the point of view. **Marketing News**, jan. 1993.

cando, talvez, que, enquanto as agências reconheciam o potencial valor da CIM, ainda não estavam certas sobre a eficiência no uso do tempo e dos custos.

Em uma escala de 10 pontos os respondentes informaram que a pressão para o uso da CIM vinha mais do marketing (média 7,44), depois do pessoal da propaganda (média 7,02), seguida pelas outras funções da corporação (média 6,63), sendo a menor pressão vindo de vendas (média 5,57), como pode ser visualizado na Figura 4.2. Esses resultados propiciam prever que um dos desafios para a futura adoção da CIM seja o grau com que os vários grupos, mediante a organização, venham a compreender os conceitos e os processos para a sua implementação.

Figura 4.2 – Pressão dos clientes para usar a CIM – Comunicação Integrada de Marketing

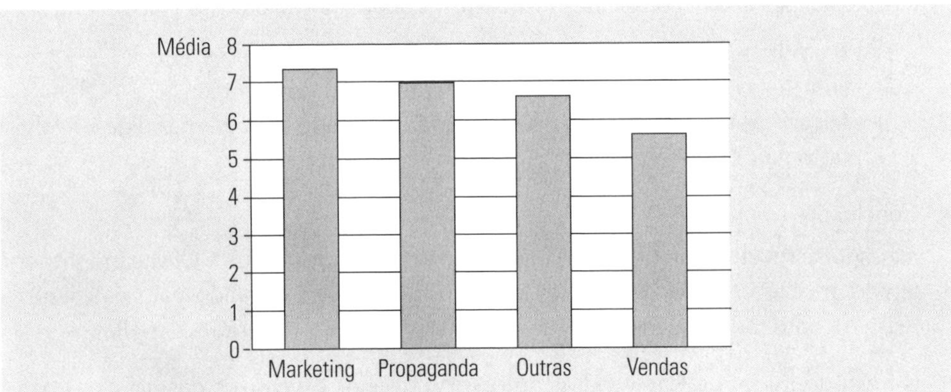

Fonte: Elaborada pelo autor.

- Uma só agência pode fazer CIM?

  Os executivos das agências não esperavam que os clientes trabalhassem com um grande número de agências não afiliadas para prover soluções de comunicação de marketing. A grande variedade de serviços poderia estar relacionada à mentalidade de *one stop agency*[40] para todas as necessidades táticas de comunicação de marketing, mas também pode ser mais do que isso. Os clientes talvez estivessem esperando maior envolvimento no desenvolvimento estratégico, coleta de informações sobre os consumidores ou todo um *spectrum*[41] de serviços ao longo da cadeia de valor.

  Os executivos das agências também pareciam concordar que os clientes continuariam a utilizar pessoas e facilidades externas de comunicação de marketing. Eles não concordaram que as agências de propaganda trabalhariam mais intimamente com relações públicas, marketing direto ou agências de promoção de vendas. Isso deixa a responsabilidade da integração nos ombros dos profissionais de marketing e não da agência.

---

40 *One-stop agency* – agências que oferecem quase todas as disciplinas de comunicação.

41 *Spectrum* – série continua ou seqüência.

- CIM e mensuração

  Não existe concordância se os sistemas de mensuração atualmente usados são efetivos para medir os programas de CIM. Esse é um assunto que a maioria dos executivos não foi capaz de responder claramente, apesar de ser algo muito importante. Algumas sugestões para a avaliação foram:

  - cada elemento tem de ser avaliado individualmente;
  - o programa total deve ser avaliado em relação a seus objetivos;
  - os objetivos e resultados devem ser mensuráveis.

- CIM é um modismo?

  Não parece que seja um modismo. Foi introduzida na organização dos clientes devido a necessidades dos negócios. Três razões justificam a adoção da CIM pelos clientes:

  1) o conceito – sinergia entre as ferramentas de comunicação;
  2) a crença – o sucesso no futuro depende de ajudar os clientes;
  3) a ferramenta – o *database* marketing está em rápido crescimento e desenvolvimento na CIM.

- Conclusões

  A pesquisa revelou que os líderes das agências acreditavam que a CIM é um importante conceito e abordagem de trabalho, o mesmo sendo válido para os clientes. Existem, entretanto, questões sobre como os programas deverão ser avaliados.

No estudo inicial de Caywood; Schultz e Wang[42], os executivos das agências concordaram que a integração deveria vir do cliente, uma vez que as agências, não importando o seu nível de capacidade, simplesmente não poderiam integrar os programas de CIM, a menos que o cliente assumisse a liderança. Nesta pesquisa, os executivos das agências pareciam acreditar que, dado o suporte do cliente, elas poderiam criar um efetivo programa de comunicação de marketing por meio das unidades de negócios e das divisões, mas foram reticentes quanto ao compromisso do cliente neste processo.

Portanto, no espaço de tempo percorrido entre as duas pesquisas, a de 1991 e a de 1997, houve alguma evolução na capacidade de as agências coordenarem programas de CIM, mas ainda indicava a dependência do cliente. Também nessa pesquisa, parece que a CIM passou do estágio "o que é isto" para o de "como poderemos fazê-la", em seu processo de desenvolvimento nos Estados Unidos. Algumas preocupações ficaram evidentes:

- a forma de compensação;
- o sistema de mensuração de resultados;
- como a agência pode se tornar capaz em todas as áreas da comunicação.

---

42 CAYWOOD; SCHULTZ; WANG, 1991.

Pesquisas nas agências americanas sobre CIMG – 1999

Gould et al.[43] desenvolveram uma pesquisa com agências de propaganda para determinar o impacto da sua estrutura organizacional, cultura e processos na formação das estratégias de comunicação de marketing. Para isso, enviaram questionários a 71 CEO's e diretores de alto nível, com funções internacionais, das 65 maiores agências dos Estados Unidos, escolhidas com base no Directory of Advertising Agencies. As agências eram responsáveis por um faturamento anual que variava de US$ 400 milhões a US$ 8 bilhões, em 1996, e que, por essa razão, provavelmente deveriam ter contas[44] internacionais. Obtiveram 19,1% de respostas, equivalente a 14 questionários de um total de 71 enviados.

A seguir, podem ser observadas algumas conclusões e sugestões deste estudo.

Os entrevistados viam duas formas básicas de estratégias: global (muito centralizada) e multilocal (muito descentralizada). Como resultado dessas estratégias, ocorreria a combinação da eficiência global com a sensibilidade local, relacionando as referências, controlando os talentos, as experiências e os recursos diversos, em uma rede de alta colaboração. Isso sugere que somente as grandes agências seriam capazes de empreender totalmente esta integração, pois a prática da CIMG é muito complexa e um reflexo dos temas que emergem.

Marcas, mercados, diferenças sociais e culturais têm grande influência na organização da coordenação. A relação desses fatores pelas agências e sua organização indicam que estão associados e que a sua coordenação espelha esses requisitos. Pode-se dizer que a estrutura segue a estratégia. Complementando, a cultura do cliente é espelhada pela agência. A sua compreensão, bem como a do público-alvo consumidor, é importante para criar uma eficiente propaganda global, refletindo uma interdependência entre ambas as organizações. Por outro lado, apesar de a coordenação ser importante, não se deve esquecer que a principal proposta da agência é criar uma comunicação eficaz.

Pesquisa internacional com agências sobre CIM – 1999

A pesquisa realizada por Kitchen e Schultz[45] utilizou a abordagem da "explicação construída"[46] e usou a mesma definição de CIM da pesquisa anterior nos Estados Unidos, em cinco países (Estados Unidos, Reino Unido, Nova Zelândia, Austrália e Índia). A definição pesquisada foi a seguinte:

> "CIM é um conceito de planejamento de comunicação de marketing que reconhece o valor adicionado de um plano que avalia o papel estratégico de variadas disciplinas de comunicação

---

43 GOULD, LEMAN; GREIN, 1999.

44 "Contas" – termo normalmente utilizado pelas agências para designar os clientes, produtos e/ou serviços pelos quais são responsáveis.

45 KITCHEN, Philip J.; SCHULTZ, Don E. A multi-country comparison of the drive for IMC. **Journal of Advertising Research**, p. 21-38, jan./fev. 1999.

46 "Explicação construída" – abordagem que vai agregando as opiniões e informações dos entrevistados à medida que a pesquisa vai avançando.

(por exemplo, propaganda de um modo geral, resposta direta, promoção de vendas e relações públicas) e combina estas disciplinas para conseguir clareza, consistência e o máximo impacto da comunicação".

Por ser um estudo exploratório, foi usada uma amostra de conveniência, com 243 respondentes ocupando cargos de alta direção. A intenção era conseguir uma idéia sobre a CIM, a partir das agências *full-service* nos cinco países mencionados. Foram excluídas aquelas que não eram *full-service* e os especialistas de mídia.

Principais resultados

- Utilização do tempo com CIM.

  Entre os países, existe uma disparidade quanto ao tempo dedicado à comunicação integrada. Nos Estados Unidos, no Reino Unido e na Nova Zelândia, um terço dos respondentes declararam que dedicavam mais de 25% do seu tempo a programas de CIM para os seus clientes e 31% utilizavam metade do seu tempo nesses programas, indicando que os executivos mais experientes dessas agências devotavam um tempo substancial para integrar as ações em benefício dos seus clientes. Na Austrália e na Índia, 25% dos executivos dedicavam um quarto do seu tempo a programas de CIM para os seus clientes. Esse índice inferior aos demais poderia ser por causa da menor noção sobre integração nestes dois países e pela perspectiva de que a maioria do tempo dedicado às atividades de CIM e/ou a alocação de recursos estava relacionada com o tamanho da agência. Grandes empresas como Nestlé, Kellog's, Coca-Cola etc. são mais conscientes da construção da marca utilizando a propaganda tradicional.

- Ações *below the line*

  Uma significativa proporção da verba dos clientes está sendo direcionada para ações *below the line*[47]: Estados Unidos 30%, Reino Unido 50%, Nova Zelândia 40%, Austrália 36%, Índia 36%, sugerindo que as agências de propaganda estão ampliando o seu escopo de comunicação e investindo em ações integradas. Notadamente, nos cinco países, existe uma tendência em direção à diversidade das ações de comunicação de marketing, provavelmente motivadas pelas considerações de custos e pelo desejo de uma maior resposta sinérgica *vis-à-vis* a diminuição dos recursos.

- Integração da comunicação

  Nos cinco países, os respondentes concordaram que as companhias deveriam estar integradas na suas comunicações. A CIM, pelo fato de propiciar consistência nos métodos e nas abordagens, maximiza o impacto da comunicação e, portanto, resulta em um custo mais efetivo e eficiente nas comunicações de marketing. A maioria dos respondentes apoiou a definição de CIM utilizada na pesquisa, mas

47 *Bellow the line* – material de ponto-de-venda e de não mídia, assim como algumas outras disciplinas como marketing direto, relações públicas, assessoria de imprensa, entre outras.

não completamente, sugerindo algumas modificações. Os comentários indicaram que a maioria dos respondentes estava buscando algo sobre a mensuração e implementação, ou seja, buscando uma maneira de operacionalizar o conceito. Pode-se destacar que a força da CIM está em focar o *target market*[48] na sua execução e não apenas na estrutura do planejamento.

- Sistemas de avaliação

  Uma das dificuldades é que a CIM depende dos sistemas de avaliação atualmente em uso, mas existe alguma crença de que ela pode fazer avaliações mais efetivas da comunicação de marketing. Esses sistemas de avaliação certamente passarão a ser um tópico muito importante. De um modo geral, cada elemento precisa ser avaliado individualmente; os objetivos de cada campanha, sua comunicação e o resultado da integração deverão ser medidos. Portanto, enquanto a CIM é reconhecida como de valor significativo e importante para clientes e agências, fica enfraquecida a aplicação do conceito no sentido global pelo fato de não ter uma proposta clara, metodologia, mensurações e avaliações aceitáveis pela maioria.

- A face do futuro

  A despeito de alguns aspectos negativos sobre a mensuração, muitos respondentes dos cinco países concordaram que a CIM é a "face do futuro" e a sua importância tem crescido rapidamente. Eles inferiram que está ocorrendo uma revolução no sentido de mudar as regras do marketing e que o papel das agências tradicionais de propaganda vem sendo alterado significativamente.

- Capacitação profissional

  Com relação aos profissionais, dada a perspectiva de integração, existe um reconhecimento geral de que as equipes deverão ter especialistas e profissionais com uma ampla experiência, ou seja, com o conhecimento das outras ferramentas da comunicação. Os respondentes acreditavam que deviam expandir o número de serviços além da propaganda e que é preciso uma interação entre as diferentes agências de propaganda. Em cada país, apesar dos clientes ainda trabalharem indiferentemente com agências que não são filiadas entre si, eles já estão exercendo alguma pressão para que haja uma abordagem mais integradora das ações de comunicação.

- Quem pressiona o uso da CIM

  A grande pressão para a CIM vem do marketing e da gerência corporativa, seguida pela gerência de propaganda e vendas. Portanto, não é surpresa que os respondentes das agências estejam a favor dos programas de comunicação de marketing e da eliminação da falta de comunicação quando são usados vários fornecedores. Se os clientes têm essas crenças e eles dirigem o processo de investimento, então, naturalmente, os executivos das agências de propaganda darão seu suporte. Os responden-

48 *Target market* – mercado ou público selecionado para ser trabalhado pelo marketing e pela comunicação.

tes acreditavam que os programas de CIM permitiam aos clientes um maior controle sobre as ações. Os comentários dão grande suporte para os seguintes pontos:

- cada elemento precisa ser avaliado individualmente;
- o programa total deve ser avaliado em relação a seus objetivos e metas;
- os objetivos devem ser quantificados e os resultados devem ser avaliados.

- Validade do conceito de CIM – Comunicação Integrada de Marketing

  A maioria dos executivos dos cinco países demonstrou que a CIM é um conceito válido que oferece grandes benefícios sob a perspectiva do cliente. Potencialmente, parece causar um grande impacto na comunicação, especialmente quando as idéias criativas podem atravessar as fronteiras dos mecanismos de comunicação. Integração significa consistência mediante uma gama de atividades promocionais, as quais oferecem simultaneamente "uma voz, uma personalidade" da perspectiva da decodificação. Assim, a falta de comunicação entre diferentes agências pode ser minimizada, se não totalmente eliminada. Presumivelmente, se não reduzir os custos, pelo menos ajudará os clientes a conseguir maior controle sobre os orçamentos de comunicação. Isso implica que, por enquanto, os clientes estão dispostos a ir adiante na implementação das ações de marketing integrado. A maioria dos respondentes opinou que as barreiras que impedem a integração das ações não farão os clientes desistirem de integrá-las e que a maioria das barreiras não é considerada muito importante. Foi reconhecido que os programas de CIM poderiam ajudar a construir uma relação sinérgica entre as unidades estratégicas de negócios e que os profissionais de comunicação integrada do cliente precisarão adotar uma visão mais generalista. Também houve o reconhecimento de que as redes de agências integradas ainda não adquiriram a necessária habilidade na implementação das ações de comunicação de marketing, uma vez que as agências independentes têm conseguido tirar negócios dessas redes.

- Barreiras à CIM – Comunicação Integrada de Marketing

  Foram relacionadas as seguintes barreiras para a implementação da CIM:

  - falta de programas de CIM em várias agências;
  - as equipes precisam ser mais generalistas;
  - as agências integradas não têm talentos em todas as áreas da comunicação de marketing (*marcom*)[49];
  - CIM significa que a equipe tem de desenvolver novos conhecimentos;
  - a CIM dá muito controle a poucos indivíduos;
  - os clientes decidem "o que" e "como" nos programas de CIM;
  - os clientes não têm conhecimento para realizar programas de CIM;
  - dificuldades de centralização dos clientes;
  - a organização do cliente constrange a CIM;

[49] *Marcom* – nova terminologia que significa *marketing communication* (comunicação de marketing).

- contraria a cultura corporativa do cliente;
- excessiva dependência de um único fornecedor;
- CIM demanda equipe adicional para gerenciar os programas;
- a CIM cria dificuldades na modificação dos programas;
- dá excessivo controle às agências de propaganda;
- aumenta os custos.

Entretanto, os respondentes das agências reconheceram que os clientes têm adotado essa tendência e que o seu futuro dependerá de ajudá-los a desenvolver programas de CIM. Surpreendentemente, os respondentes das agências parecem acreditar que as principais forças por trás dessas mudanças estão na fragmentação da mídia e nas modificações no seu uso, acompanhada pela expansão do *database* marketing.

- Níveis de evolução da CIM

Fazendo a analogia com o ciclo de vida do produto, os autores consideram que a Austrália e a Índia estariam na fase de introdução, o Reino Unido e a Nova Zelândia um pouco mais à frente, na fase do crescimento e os Estados Unidos, possivelmente, no início da fase da maturidade.

- Conclusões

Apesar dos problemas apontados, existe grande similaridade nas respostas dos entrevistados para o estudo, especialmente quanto aos aspectos estruturais. Entretanto, dada a limitação do estudo a cinco países de língua inglesa, não é possível dizer que representa a situação atual da CIM no mundo. Neste sentido:

- a quantidade de tempo e de recursos direcionados à CIM é de grande importância para o papel das agências de propaganda e para os seus clientes;
- os clientes estão caminhando para as ações de comunicação integrada com uma tendência cada vez maior;
- as características da CIM são fortemente apoiadas pelo pessoal da área de comunicação dos clientes, talvez, devido à proliferação das mudanças como *database* marketing, fragmentação da mídia, mudanças nos hábitos de compra de mídia e negociação, fazendo-os buscar uma coordenação e melhor sinergia, a menores custos;
- existem evidências, nos cinco países, de que as agências estão preocupando-se mais com assuntos práticos do que com a compreensão e explicação do que significa a integração;
- para os autores, o conceito genérico de CIM é aceito, mas os métodos de operacionalização talvez tenham de ser diferentes porque as empresas não somente enfrentam uma multiplicidade de produtos e opções de mensagens (mais as circunstâncias ambientais e da mídia), mas também enfrentam a dimensão seqüencial e temporal;
- a potencialidade da CIM, tanto para clientes quanto para as agências, depende das circunstâncias que podem variar de firma para firma, de um mercado para outro e de marca para marca;

- existe um paradoxo. De um lado, a comunicação integrada de marketing é o maior desenvolvimento da comunicação na última década do século XX, de outro, o seu desenvolvimento teórico e conceitual ainda está na sua infância;
- desde que muitas firmas deste estudo estão apoiadas na abordagem de *one sight, one sound* ("uma imagem, um som"), que, na visão dos autores, é o primeiro estágio da CIM, elas precisam mudar para uma abordagem "de fora para dentro" em contraposição à "de dentro para fora". Elas precisam começar a considerar o potencial de contatos que poderão ter com os consumidores/clientes e a se mover para integrar, aplicando a tecnologia da informação para suportar toda a forma de contato com o consumidor.

A partir dessas constatações, os autores idealizaram quatro estágios de desenvolvimento da CIM, que podem ser assim interpretados (Figura 4.3):

Figura 4.3 – Estágios de desenvolvimento da CIM

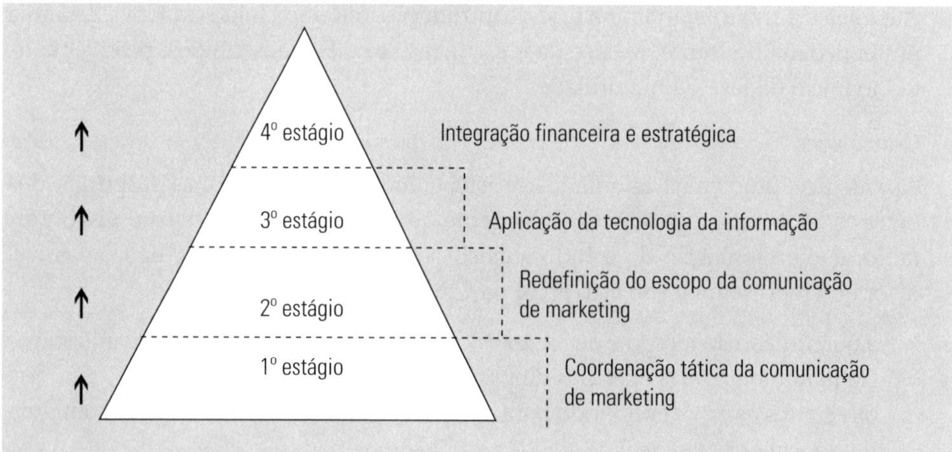

Fonte: KITCHEN e SCHULTZ, 1999[50].

- 1º estágio – coordenação tática da comunicação de marketing: requer um alto grau de comunicação interpessoal e multifuncional dentro e fora do negócio, gerado pela empresa e não pelas agências externas.
- 2º estágio – redefinição do escopo da comunicação de marketing: as organizações ganham mais informações a respeito de seus clientes e as aplicam para o desenvolvimento de *marcom (marketing communucation)*, avaliando o retorno. Precisam, também, alinhar-se com agências externas;
- 3º estágio – aplicação da tecnologia da informação: mantém as fontes de dados acessíveis dos bancos de dados segmentados globalmente;

[50] KITCHEN, Philip J.; SCHULTZ, Don E. A multi-country comparison of the drive for IMC. **Journal of Advertising Research**, New York, p. 24, jan./fev. 1999.

- 4º estágio – integração financeira e estratégica: a empresa monitora constantemente a *performance*[51] dos programas de comunicação de marketing (*marcom*) do ponto de vista do ROI. Informação e conhecimento estão ligados a uma avaliação constante em base global de cada segmento selecionado;

Finalizando, há, pelo menos, seis áreas de concordância detectadas na pesquisa:

1) a CIM chegou para ficar. Não é um modismo gerencial. Ela reflete importantes mudanças conceituais e práticas na forma como clientes e agências abordam o trabalho da comunicação de marketing;
2) forças globais estão modelando as abordagens de integração;
3) o nó górdio, ainda a ser desatado, para acelerar a CIM é a efetividade na avaliação e na mensuração. A CIM não se encaixa nos modelos de hierarquia de efeitos. Ela requer um novo critério;
4) é fácil atestar que o valor das agências derivado da CIM está relacionado em proporcionar benefícios aos clientes em termos de consistência, impacto e continuidade. Entretanto, o que é CIM ainda não está solidamente definido;
5) fica evidente no estudo que promoção de vendas, relações públicas e marketing direto estão menos integrados do que a propaganda. Uma razão seria devido ao fato de a CIM ser algo relativamente novo. Também porque essas disciplinas são utilizadas na base de projetos em vez de fazerem parte do *mix* de comunicação. Assim, os elementos *below the line* podem estar sendo vistos como de curto prazo em vez da continuidade inerente às campanhas de propaganda. A CIM é, ainda, outra possibilidade de continuidade para a interatividade e sinergia do *below the line*;
6) o novo século parece necessitar de uma nova estirpe de comunicadores, formada por aqueles que podem ter uma visão generalista da comunicação de marketing sob a perspectiva do "contato da marca". Isso será muito mais orientado para a perspectiva do consumidor ("de fora para dentro") em vez da uma perspectiva orientada para a companhia ("de dentro para fora").

Fechando as conclusões, os autores perceberam que os consumidores não representam mais a família ideal educada pelas novelas e pela propaganda. Em vez disso, estão mais atentos ao dia-a-dia, têm maior conhecimento, são sofisticados e críticos decodificadores das mensagens de comunicação de marketing. Marketing e comunicação de marketing estão em transição de uma antiga e histórica orientação para o produto que saia dos sistemas de marketing, para uma nova orientação da informação interativa focada no consumidor do século XXI. O *market place* está globalmente se transformando em *market space* indicando que o *mind space*[52] juntamente com as atividades integradas poderão ser duplamente focados no comportamento do consumidor e na comunicação de marketing, logo no início do século XXI.

---

[51] *Performance* – desempenho
[52] *Mind space* – "mercado mental".

Os autores Schultz; Tammenbaun e Laterborn[53] explicam que a diferença crítica entre a nova forma de comunicação integrada de marketing e a tradicional, orientada para as atividades usadas pela maioria das organizações ao longo dos anos, particularmente a propaganda em mídia de massa, é que a CIM precisa impactar o comportamento do público-alvo. Isso não significa que a propaganda, a promoção, o marketing direto e relações públicas não influenciem o comportamento, mas a grande diferença da CIM é ser planejada, desenvolvida, executada e avaliada em relação a um específico comportamento do consumidor em mente: o processo de fazer compras atual e futuro.

O *Phase Model*

Um outro aspecto que parece ser interessante para a melhor compreensão da aplicação da CIMG refere-se às etapas de desenvolvimento das empresas. Utilizando o *Phase Model* para grandes indústrias manufatureiras, de Bolwijn e Kumpe[54], percebe-se que as empresas evoluem conforme as exigências do mercado, estabelecendo-se critérios de *performance*. As mudanças nas demandas dos consumidores têm forçado as indústrias a encontrar formas de atendê-las, o que é demonstrado no Quadro 4.1, que inicia com a necessidade de menor preço e a conseqüente exigência da busca pela eficiência, evolui para a oferta de qualidade, seguindo para uma nova etapa visando maior flexibilidade para conseguir a diversificação de linha de produtos para, então, atingir o estágio da inovação em busca da diferenciação dos seus produtos ou serviços (*uniqueness*).

Quadro 4.1 – Phase Model

Necessidades de mercado	60	70	80	90	Critérios de *performance*
Preço					Eficiência
Qualidade					Qualidade
Linha de produtos					Flexibilidade
Uniqueness					Inovação

Fonte: Adaptado de BOLWIJN e KUMPE, 1989[55].

Entretanto, como as companhias não reagem da mesma maneira às mudanças de uma nova demanda de mercado, o seu tempo de adaptação pode variar. As novas necessidades de mercado não surgem, também, para todos os setores industriais ao mesmo tempo; desta forma, nem todas as companhias (ou mesmo os seus departamentos) estarão na mesma fase do modelo. Assim, as características ideais das companhias em cada fase, abrangendo o período de 40 anos (1960-2000), objeto do estudo, podem ser representadas hipoteticamente pelo Quadro 4.2 e pela Figura 4.4. Em

53 SCHULTZ, Don E.; TANNENBAUN, S. I.; LAUTERBORN, R. F. **Integrated Marketing Communications**. Illinois: NTC Business Book, 1996, p. 107.

54 BOLWIJN, P. T.; KUMPE, T. **Manufacturing in the 1990s** — Productivity, flexibility and innovation. Artigo baseado na apresentação à 2nd International Production Management Conference on Management and New Production Systems, Fontainebleau, mar. 1989, p. 44-57.

55 BOLWIJN.; KUMPE, 1989, p. 47.

verdade, as companhias ou seus departamentos nunca possuem um estágio "puro" de uma das fases, elas são multiformes.

Como se pode perceber, este ambiente propõe que os estilos tradicionais das empresas e dos gerentes não podem ser adaptados com facilidade porque o panorama atual dos negócios vem exigindo ciclos mais curtos de desenvolvimento de novos produtos, assim como ciclos mais curtos de produção (*lead time*[56]), a fim de poder acompanhar mercados cada vez mais fragmentados e com clientes sofisticados, de grande capacidade de competição, tanto local como globalizada.

Quadro 4.2 – Necessidades de mercado, critérios de performance e tipos ideais de empresas no período 1960-2000

Ano	Necessidades de mercado	Critérios de *performance*	Tipo ideal de empresa
1960	Preço	Eficiência	Empresa eficiente
1970	Preço, qualidade	Eficiência, qualidade	Empresa voltada para a qualidade
1980	Preço, qualidade, linhas de produtos	Empresa flexível	Eficiência, qualidade, flexibilidade
1990	Preço, qualidade, linhas de produtos, *uniqueness*	Eficiência, qualidade, flexibilidade, habilidade de inovação	Empresa inovadora

Fonte: BOLWIJN e KUMPE, 1989.[57]

Figura 4.4 – Evolução de alto volume de manufatura

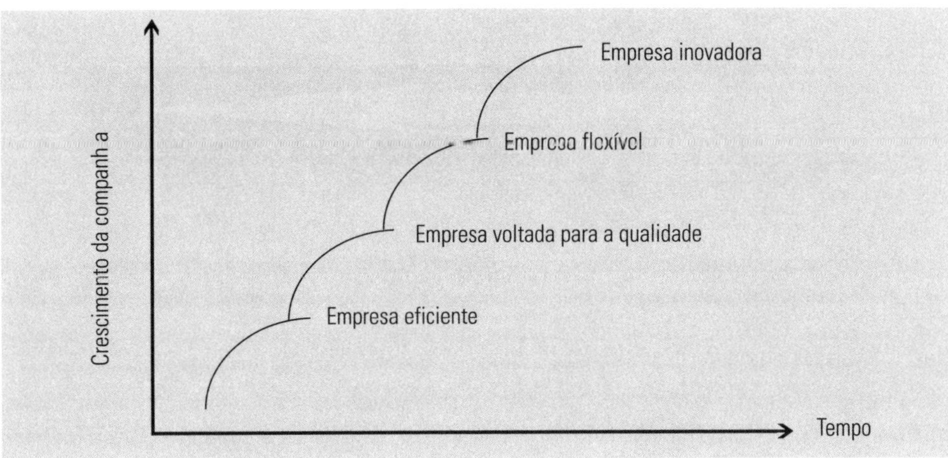

Fonte: BOLWIJN e KUMPE, 1989[58].

[56] *Lead time* – ciclos mais curtos de produção
[57] Ibid., 1989, p. 48.
[58] Ibid.

Relacionando este estudo com a proposta de compreender o uso e a importância da CIMG, é possível imaginar que existe também alguma correlação entre estrutura, cultura e sistemas de trabalho das agências e clientes que influenciaria o seu relacionamento. Portanto, esse aspecto merece ser examinado e consta deste trabalho.

Globalization continuum

Corroborando esta observação, Gordon Link[59], McCann-Erickson's Wordwide Director of Media Service, fez algumas constatações. Observa que a globalização era um fato irreversível devido ao desenvolvimento tecnológico dos transportes e das comunicações, bem como do crescimento das empresas e dos mercados. Por este motivo, "as agências de propaganda, como prestadoras de serviços, tinham de ganhar capacidade global para servir a clientes globais (...) com uma estrutura de serviços mundial". No entanto, essa mudança não poderia ser feita de uma só vez, mas progressivamente, no que denominou de *globalization continuum* e explica que as companhias podem começar o processo em diferentes pontos de um amplo *spectrum* (Figura 4.5), em um movimento da esquerda para a direita.

No lado esquerdo, estão as companhias com alto grau de descentralização, operações multidomésticas e muitos produtos. No meio, as que aumentaram o grau de centralização de produtos e posicionamento de marcas, adaptados às diferenças locais. E na direita, encontram-se as companhias ou marcas totalmente integradas, com marketing e propaganda globalizados. Deve-se, portanto, analisar onde a companhia se encaixa nesta grande gama de possibilidades.

Figura 4.5 – *Spectrum Globalization Continuum*

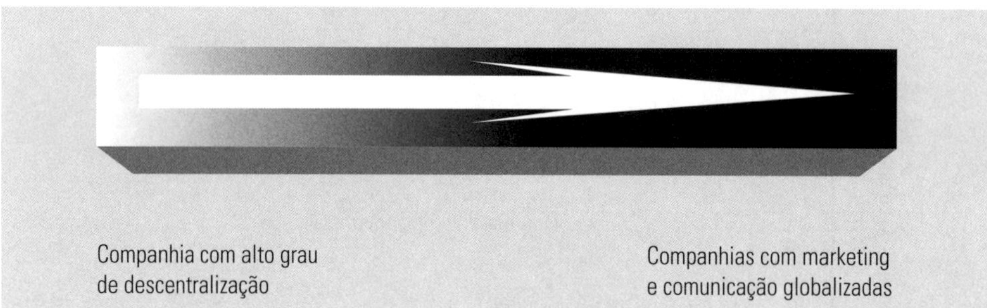

Fonte: Elaborada pelo autor.

Tipos de marketing

Parece interessante considerar outro estudo. Keegan[60] estabelece as diferenças entre o marketing doméstico, internacional, multinacional e transnacional, como explicado a seguir:

---

[59] LINK, Gordon L. Global advertising: an update. **The Journal of Consumer Marketing**, v. 5, n. 2, 1988, p. 69-74.

[60] KEEGAN, 1995, p. 9-20.

- Marketing doméstico

  O "marketing doméstico" está voltado exclusivamente para o país de origem. Há mais de 50 anos, a maioria das companhias dos Estados Unidos podia ter sucesso praticando esse tipo de marketing. Hoje, é cada vez menor o número de empresas que poderá sobreviver com esta estratégia.

- Marketing de exportação

  O "marketing de exportação" é o primeiro estágio de evolução, no qual a companhia vende apenas para os países que quiserem comprar.

- Marketing internacional

  O "*marketing* internacional" seria o segundo estágio no sentido expansionista, para aproveitar as oportunidades de mercado fora do país de origem, mas baseando-se na produção da matriz e na seleção dos produtos mais adequados para suprir esses outros mercados.

- Marketing multinacional

  O "marketing multinacional" procura alavancar a sua linha de produtos e experiência, consciente das diferenças existentes nos diversos mercados e adaptando-se às necessidades dos consumidores de cada um deles. Entre outras coisas, pode utilizar uma comunicação única para todos os mercados.

- Marketing transnacional ou global

  O "marketing transnacional ou global" procura aproveitar o conhecimento, a experiência e linha de produtos que possui globalmente, adaptando o que é verdadeiramente universal e o que é diferente em cada país. Ele reconhece a cultura universal e as características de cada país. Em vez de uma abordagem internacional da companhia, utilizando a campanha de comunicação do país de origem, ou uma abordagem multinacional criando uma campanha para cada país, a companhia global/transnacional fará distinção entre o que é universal e o que é específico a cada mercado.

Um estudo de agências de São Paulo

Na dissertação de mestrado de Hidalgo[61], focado na função criativa das agências de propaganda e a sua limitação quanto às estratégias de propaganda global, a autora dividiu o que denominou de "elementos criativos de uma campanha publicitária" em três fases:

1) conceito criativo;
2) execução criativa;
3) guias para a produção das peças publicitárias.

61 HIDALGO, Milexa V. **Propaganda global e a função criativa das agências de propaganda**. 1991. Dissertação (Mestrado) ? Fundação Getulio Vargas, EAESP, São Paulo, 1991, p. 92-96.

Considerou como variável independente a propaganda global expressa pela transferência e padronização – total ou parcial – daqueles elementos criativos de uma campanha publicitária. A função criativa da agência seria a variável dependente, por ser afetada pela prática da propaganda global, por ter participação limitada na criação, adaptação ou reprodução de campanhas ou dos seus elementos criativos.

Os dados primários foram obtidos nas entrevistas, de uma amostra não probabilística com 12 diretores de criação de agências de propaganda nacionais e multinacionais de São Paulo, profissionais experientes na área criativa.

A maneira como se punha em prática a estratégia de propaganda global variava conforme o anunciante e o produto. Dependendo do produto, do mercado, das características da concorrência e do grau de autonomia das filiais, o anunciante poderia utilizar para um dos seus produtos uma padronização total, para outro parcial e apenas local para um terceiro. Basicamente, foram encontradas duas origens para a formatação do padrão:

1) encontros mundiais de criação;
2) transferência de uma experiência de sucesso de um país para outro.

A abordagem participativa dos profissionais de diversas regiões na elaboração de campanhas mundiais é coerente com o espírito da globalização em propaganda, e em várias oportunidades o conceito da filial brasileira foi o escolhido. A outra forma de gerar campanhas globais é utilizar o êxito obtido por uma campanha local e transplantá-la para uso em outros mercados, apesar de não ter sido criada originalmente para ser utilizada em diversos mercados mundiais.

A pesquisa revelou uma grande heterogeneidade de situações quanto aos graus de total ou parcial padronização, a saber:

- campanhas totalmente padronizadas em seus elementos criativos;
- campanhas em que unicamente o conceito é totalmente estandardizado;
- campanhas em que o conceito e a execução criativa são padronizados, porém a padronização da execução pode ser parcial, preestabelecendo-se:
  - uma estrutura para as peças publicitárias, ou;
  - elementos que deveriam estar sempre presentes nas peças, o que supõe diretrizes para a produção das peças.

Os entrevistados indicaram que, na maioria dos casos, tanto o conceito criativo quanto a execução criativa (sua estrutura e/ou seus elementos) eram padronizados e rigidamente respaldados pelo anunciante. Quando a agência elaborava peças publicitárias, estas eram tidas como alternativas e o cliente local tinha de submetê-la à aprovação da matriz. Foram escassas as referências com relação ao êxito na tentativa de modificar o padrão proposto.

Como pode ser percebido, o foco da referida dissertação de mestrado foi o processo criativo das campanhas globais pelas agências. Apesar de não considerar os aspectos estruturais das empresas, clientes e mercados, indicou a viabilidade de campanhas globais e como construí-las.

Modelos de agências de propaganda americanas

Uma pesquisa realizada pela Promotion Marketing Association of Americas, em 1993, com 100 executivos de marketing de nível sênior, indicou que a CIM foi apontada como o fator mais importante que irá influenciar as estratégias de marketing. Entre os maiores anunciantes dos Estados Unidos, 83% dos entrevistados consideraram que as suas funções de comunicação eram integradas ou que seriam integradas dentro dos próximos cinco anos[62]. Estudos feitos por Caywood e Erwing[63] abordaram as implicações das mudanças na indústria da propaganda nos currículos de educação superior.

Outro trabalho desenvolvido por Gronstedt e Thorson[64] focalizou um aspecto muito difícil da CIM: como criar uma organização cuja estrutura permita às pessoas das mais variadas especialidades (relações públicas, propaganda, desenho de embalagem, promoção de vendas, comunicação *on-line, marketing* direto etc.) trabalharem juntas com sucesso. Centrados na agência de propaganda, os autores assumiram que existem inúmeras estruturas gerenciais de sucesso para trabalhar com a CIM. A mais apropriada para uma agência dependerá da estrutura que já existe, do ambiente de negócios, seu tamanho e de outras variáveis. Foram realizadas 27 entrevistas de profundidade com CEO's, vice-presidentes e diretores de CIM de pequenas, médias e grandes agências de propaganda que sabidamente adotavam a CIM. Cada uma dessas agências tinha produzido uma ou mais campanhas integradas que foram consideradas de sucesso tanto pelo cliente quanto pela agência.

Os 5 modelos

A análise das entrevistas permitiu definir cinco estruturas básicas de agências de propaganda integrada. Os cinco modelos representam um *continuum*[65], desde uma fraca coordenação entre várias agências especializadas até a total integração em uma só agência. Apesar de terem sido encontrados vários tipos de estrutura nas agências estudadas, cada uma se aproximava de um dos modelos.

- Modelo 1 – O Consórcio

  É um consórcio de agências independentes de promoção de vendas, marketing direto e relações públicas, que trabalham para uma agência principal, tipicamente uma agência de propaganda. A agência principal ajuda o seu cliente a desenvolver a estratégia e, então, decide quais ferramentas precisará usar.

  Este modelo entrou em moda nos últimos anos devido à diminuição do tamanho das agências (*downsizing*)[66]. Essas "corporações virtuais" emergentes, segundo

---

62 CAYWOOD; SHULTZ; WANG, 1991, op. cit. GRONSTEDT, Anders; THORSON, Esther. Five approaches to organize an integrated marketing communications agency. **Journal of Advertising Research**, v. 36, 1996.

63 CAYWOOD, Clarke; ERWING, Raymond. Integrated marketing communications: a new master's degree concept. **Public Relations Review**, v. 17, n. 3, p. 237-244, 1991.

64 GRONSTEDT, Anders; THORSON, Esther. Five approaches to organize an integrated marketing communications agency. **Journal of Advertising Research**, v. 36, 1996.

65 *Continuum* – continuidade

66 *Downsizing* – diminuição das estruturas das empresas.

Davidow e Malone[67], são mais flexíveis e responsivas aos novos desenvolvimentos da comunicação. Cada companhia independente da rede pode desenvolver uma massa crítica de especialização para fornecer uma *performance* de classe mundial no seu respectivo campo, enquanto colabora com outras firmas especializadas para conseguir uma integração cruzada. Por outro lado, a corporação virtual não tem processos estabelecidos para lidar com os conflitos e coordenar as atividades necessárias para um grande projeto, notando-se a falta de uma comunicação "horizontal" entre as agências independentes consorciadas. O fluxo da comunicação é "vertical", indo do planejamento e execução do cliente para a agência principal e, desta, para as agências especialistas contratadas. Também é mais difícil transferir conceitos sobre a marca, tais como *look*[68], *feel*[69], *tone*[70], *theme*[71], *personality*[72], *positioning*[73], *style*[74], *gestalt*[75], ou da "essência da marca", ocasionando interpretações diferentes sobre esta. Outra crítica é a sua temporalidade, sendo difícil manter o consórcio por muitos anos para permitir a continuidade das atividades de comunicação.

- Modelo 2 – O Consórcio com uma agência dominante

  É um consórcio no qual a agência principal executa mais de uma atividade, por exemplo, propaganda e relações públicas, subcontratando outras disciplinas. Uma preocupação, que também é válida para os modelos 3, 4 e 5, é a percepção de que uma agência que trabalha internamente com mais de uma ferramenta é menos eficiente em cada uma delas. A sua competência estaria centrada em uma só disciplina, mas não em todas.

- Modelo 3 – Corporação com unidades autônomas

  A maioria das disciplinas está dentro da agência, mas são unidades especializadas separadas e funcionam como unidades autônomas. Como nos modelos anteriores, a integração é de responsabilidade do diretor da conta.

- Modelo 4 – Organização matricial

  Os departamentos especializados trabalham em estreita colaboração. As agências não só contratam os especialistas como os integram na estrutura matricial.
  Descrita como "organização do projeto", a matriz combina as divisões funcionais com equipes funcionais, fazendo com que os profissionais ultrapassem os seus limites e, ainda assim, mantenham-se dentro das funções da sua divisão. O planeja-

67 DAVIDOW, William H.; MALONE, Michael S. **The virtual corporation**. New York: Edward Burlingame Books/Harber Business, 1992.
68 *Look* – visual, a aparência da marca ou da campanha.
69 *Feel* – sentimento, sensibilidade da campanha.
70 *Tone* – tom da campanha.
71 *Theme* – tema da campanha.
72 *Personality* – personalidade da marca.
73 *Positioning* – posicionamento da marca.
74 *Style* – estilo da marca ou da campanha.
75 *Gestalt* – identificação do todo pelo reconhecimento de uma ou algumas das suas partes.

mento e a execução da CIM são um esforço colaborativo de uma equipe interdepartamental. O processo de chegar a um consenso cria um senso de paternidade das idéias, que se sobrepõe à destrutiva competição entre os especialistas. Os defensores do modelo matricial alegam que a coexistência de uma estrutura hierárquica e vertical permite à organização se beneficiar do conhecimento especializado dos departamentos e da colaboração entre as disciplinas de uma estrutura horizontal.

- Modelo 5 – A organização integrada

  Os limites entre as disciplinas estão completamente dissolvidos e especialistas como promoção de vendas e marketing direto são integrados na estrutura da agência, em lugar de unidades separadas. A agência é estruturada por clientes (contas) e não por departamentos. Cada grupo de contas é composto pelo pessoal de mídia, criativos e pesquisadores que lidam com todas as disciplinas. Essa estrutura é muito comum em pequenas agências que não têm os recursos para contratar especialistas. Entretanto, uma grande agência, com mais de 2 mil funcionários, adotava este modelo. Quando a mesma pessoa lida com todas as disciplinas consegue um conhecimento mais íntimo com o produto e a marca, percebendo a essência da marca. Essa troca entre integração e funções especialistas é a chave para a decisão estratégica que os gerentes de agências e clientes têm de fazer. A pesquisa indicou que os modelos 4 ou 5 eram adotados por um número de agências médias e grandes.

- Conclusão

  Atualmente, as agências de propaganda terão de supervisionar a integração de todas as disciplinas, podendo fazê-la por meio de diferentes modelos de organização. A estrutura mais apropriada da agência dependerá do equilíbrio desejado de integração *versus* a necessidade de especialização nas diferentes disciplinas. A escolha dependerá de fatores ambientais como a cultura da agência, a sua localização geográfica, tamanho, história e tipo de clientes.

Branding e a CIM

Lamons[76] questiona por que os gerentes de propaganda e marketing do *business to business*[77] têm dificuldade com o conceito da imagem da marca. E desenvolve o raciocínio de que os profissionais de marketing dos produtos de consumo reconhecem que a imagem da marca é um capital dos mais valiosos, algo a ser cuidado e observado atentamente. Eles fazem o que for preciso para proteger o *equity*[78] da marca. Muitos desenvolveram uma "personalidade" para as suas marcas de forma consistente com os argumentos de venda estratégicos que os consumidores reputam como importantes, como, por exemplo, Clairol – "cabelos com aparência natural". O autor enfatiza a importância de construir a

---

76 LAMONS, R. Branding still mystery to most business advertisers. **Marketing News**, out. 1998.

77 *Business to business* – sistema de comunicação e negócios virtuais de empresa para empresa.

78 *Equity* da marca – personalidade e os ativos de imagem da marca.

imagem da companhia por trás dos seus produtos e serviços, criando uma personalidade a que o consumidor tenha facilidade de associar-se. E pergunta: por que existe confusão entre os praticantes do *business to business*?

Uma razão possível refere-se ao fato de que muitas companhias industriais e negócios não vêm a propaganda com uma função estratégica. Elas a colocam em um baixo nível na companhia, como o de fazer folhetos, e a entregam aos cuidados dos gerentes para exercerem a fiscalização, mas não dão a devida atenção por terem outras responsabilidades que consideram mais importantes.

Outro problema encontrado reside no sistema de avaliação que, em lugar de focar nos valores da marca, freqüentemente procura medir a *performance* do dia-a-dia, mais fácil de avaliar. Isso inclui quotas trimestrais de vendas, dados de participação de mercado e preços das ações, por exemplo. Como é de conhecimento geral, toma tempo construir a imagem da marca. Se os gerentes estão preocupados em mostrar resultados trimestrais ou anuais, dificilmente colocarão esforços na construção da marca.

Apesar do grande número de pesquisas mostrando a correlação entre a qualidade da imagem e participação no mercado, prática de preços mais elevados, ROI e rentabilidade, entre outros, muitos gerentes continuam ambivalentes quanto à necessidade de investir no desenvolvimento da marca.

O autor comenta a prática de "levantar da cadeira, colocar o chapéu e sair à rua para descobrir o que o cliente em potencial quer". O elo perdido dos anunciantes *business to business* está no fato de nunca terem falado com o consumidor real.

Schultz[79] analisa que durante os últimos anos, as organizações têm tentado desenvolver o marketing integrado e programas de comunicação. Umas abordaram o aspecto da organização na forma de ordenar a integração com uma nova estrutura ou com uma pessoa responsável pelo processo e atividades. Algumas observaram o aspecto financeiro, centralizando todos os orçamentos de comunicação de marketing e, por este meio, procuram integrar as atividades dos grupos de comunicação. Outras, ainda, desenvolveram equipes com funções cruzadas reunindo os representantes de várias áreas da organização, desenvolvendo programas integrados por meio do consenso e consentimento. E, ainda, outro grupo de empresas tem usado o gerenciamento por decreto: integrar ou morrer, sendo esta uma abordagem familiar a muitos gerentes. Nem todas as abordagens têm funcionado. No estudo sobre as melhores práticas da CIM realizado em 1997, mencionado pelo autor, foram observadas todas essas formas de ação e ainda mais. Na reorganização da Dow Chemical, a integração foi construída dentro do sistema. A Hewlett-Packard centralizou a marca e, com isso, muitas das atividades de comunicação de marketing. A FedEx tomou a abordagem das equipes funcionais. E várias organizações utilizaram o gerenciamento por decreto. Algumas companhias tiveram sucesso na sua integração e outras não. Os aspectos culturais, do poder, das estruturas verticais das organizações e a batalha pelas verbas têm feito muitas organizações questionarem se a integração vale o esforço.

---

79 SHULTZ, Don. Branding the basis for marketing integration **Marketing News**, nov. 1998.

Um conceito realmente responde aos quesitos "o que, porque, como, quando e onde" sobre a integração, porém o fator de integração em uma organização é a sua marca. Se isto for feito, todos ganham. A marca é o único elemento na organização que gera valor a todos os grupos de *stakeholders*. O consumidor ou o cliente se beneficia por causa dos valores inerentes da marca, tais como facilidade na decisão de compra, confiança, qualidade e disponibilidade. Os empregados ganham porque a marca permite o reconhecimento da organização e a segurança no trabalho. Os acionistas porque o crescimento do *brand equity* aumenta o valor de mercado e o retorno dos dividendos. E a gerência ganha porque a marca propicia renda contínua para a organização, reduz os custos de marketing, assim como a habilidade de expandir a marca em novos mercados e categorias, os fornecedores e distribuidores têm o maior interesse em trabalhar com empresas que pagam as contas e oferecem produtos de melhor rotatividade. Em resumo, a marca é a força unificadora do mercado.

O mais importante, quando se pensa em comunicação da marca em lugar de propaganda, promoção de vendas, marketing direto ou qualquer outra área funcional, é que se começa a compreender porque e como todas as formas de marketing e de comunicação de marketing precisam estar integradas para construir a marca e agregar-lhe valor. Isso significa valores crescentes para os clientes e *prospects*, empregados, acionistas e gerência.

Em verdade, a integração poderia ser bem simples se observada do ponto de vista da marca. Ao planejar programas e atividades de comunicação em termos de como, onde e em que circunstâncias irão contribuir para o valor da marca, a integração se tornaria uma atividade natural na organização e não um conjunto de funções mal agrupadas. Considerando que os vários elementos de comunicação podem, individualmente ou em combinação, aumentar o valor da marca, então a integração se tornará normal. Ela afastará problemas sobre a liderança do processo e sobre qual a disciplina ou atividade mais importante para receber maior investimento. Com essa abordagem, existiria um processo de avaliação e medição para verificar o que dará maior contribuição para manter ou construir o valor da marca.

Resumo

A decisão de usar ou não uma campanha global ou local depende dos gerentes reconhecerem os processos de troca envolvidos. De um lado, a campanha global resultará em um benefício substancial de redução de custos, aumento do controle e a melhoria do potencial criativo no argumento global. De outro lado, campanhas localizadas têm a vantagem de apelarem diretamente para o atributo mais importante do produto em cada cultura.

É importante distinguir entre "proposição de venda" e "apresentação criativa", entre "o que dizer" e "como dizer". Uma "proposição de compra" forte pode ser transferida em mais de 50% das vezes, ultrapassando as barreiras nacionais. No entanto, as apresentações enfrentam barreiras culturais, as de comunicação, problemas legais, a posição da concorrência e problemas de execução. A companhia, portanto, é forçada a descobrir o mercado global para o seu produto, devendo contar com a colaboração de todas as pessoas envolvidas para trocar informações e experiências. Neste sentido, a criação de um *database* pode ser o fundamento para o desenvolvimento de campanhas realmente globais.

Os proponentes da estandardização acreditam que a localização de pessoas de qualquer lugar querendo os mesmos produtos pelas mesmas razões cria as condições para a propaganda unificada em todo o globo, e que a maioria dos erros ocorre devido à falta de compreensão e adaptação a culturas estrangeiras. Anunciantes que seguem a abordagem localizada afirmam que os consumidores ainda são diferentes de um país a outro e precisam ser atingidos pela propaganda feita sob medida para os respectivos países.

A propaganda precisa comunicar apelos que sejam relevantes e efetivos ao público-alvo. Como os produtos estão freqüentemente em diferentes estágios no seu ciclo de vida nos vários mercados nacionais onde são comercializados e existem diferenças culturais, sociais e econômicas, o apelo mais efetivo para um produto pode variar de um mercado para o outro. Por essas razões, é importante identificar se existe potencial para a redução de custos (economias de escala), se as barreiras para a estandardização não são significativas, se os produtos satisfazem funções e necessidades emocionais similares nas diferentes culturas.

Existe uma tendência crescente de os clientes designarem agências globais para os seus produtos a fim de dar suporte à integração do marketing e das funções da propaganda. As agências perceberam essa tendência e se colocaram em um programa de aquisições e fusões para aumentar a sua cobertura mundial e passar a servir os anunciantes mundiais. No entanto, precisa ser considerado que a sinergia e a integração entre o marketing e a propaganda são importantes, independentemente do grau de padronização ou de adaptação, isto é, "pense globalmente, aja localmente". Além disso, o papel da propaganda global é adicionar valor aos produtos globais, portanto, a estratégia de comunicação global requer a identificação com os valores globais, a percepção dos benefícios das marcas e utilizar importantes diferenças culturais de forma significativa.

Líderes de agências e clientes acreditam que a CIM é um importante conceito e abordagem de trabalho, mas existem questões sobre a forma de avaliar os programas, o critério de compensação da agência e como ela pode se tornar capaz em todas as áreas da comunicação.

Agências, clientes, marcas, mercados, diferenças sociais e culturais, estão associados e têm grande influência, espelhando-se na organização da coordenação. Pode-se dizer que a estrutura segue a estratégia. A compreensão da cultura do cliente e a do público-alvo são importantes para criar uma eficiente propaganda global, refletindo uma interdependência entre ambas as organizações.

Grandes empresas costumam ser mais conscientes da construção da marca utilizando a propaganda tradicional, mas uma significativa proporção da verba está sendo direcionada para outras ações de comunicação, sugerindo que as agências de propaganda estão ampliando o seu escopo de atuação e investindo em ações integradas. Existe uma tendência em direção à diversidade das ações de comunicação, provavelmente motivadas pelas considerações de custos e pelo desejo de uma maior resposta sinérgica *vis-à-vis* a diminuição dos recursos.

A CIM está sendo considerada a 'face do futuro' e a sua importância vem crescendo rapidamente, provocando uma revolução no sentido de mudar as regras do marketing e o papel das agências tradicionais de propaganda. As equipes deverão ter especialistas e profissionais com o conhecimento das outras ferramentas da comunicação, sendo preciso uma interação entre as diferentes agências de propaganda.

Integração significa consistência mediante uma gama de atividades que oferecem simultaneamente "uma voz, uma personalidade". Assim, a falta de comunicação entre diferentes agências pode ser minimizada. Presumivelmente, se não reduzir os custos, pelo menos ajudará os clientes a obter maior controle sobre os orçamentos de comunicação.

A maioria das barreiras para a integração não é considerada muito importante, porém os programas de CIM poderiam ajudar a construir uma relação sinérgica entre as unidades estratégicas de negócios, e os profissionais de comunicação integrada do cliente precisarão adotar uma visão mais generalista. Há o reconhecimento dessa nova tendência, cujas principais forças por trás dessas mudanças estão na fragmentação da mídia e nas modificações no seu uso, acompanhada pela expansão do *database* marketing.

A potencialidade da CIM depende das circunstâncias que podem variar de firma para firma, de um mercado para outro e conforme a marca. Existe um paradoxo: de um lado, a CIM é o maior desenvolvimento da comunicação na última década do século XX; de outro, o seu desenvolvimento teórico ainda é incipiente.

Considerando que a abordagem de "uma imagem, um som" seria o primeiro estágio da CIM, é importante que seja construída com uma visão "de fora para dentro" em contraposição à "de dentro para fora", considerando o potencial de contatos que poderão ter com os consumidores/clientes e integrando as ações com o apoio da tecnologia da informação.

Como a CIM não se encaixa no modelo de hierarquia de efeitos, requer um novo critério de avaliação e mensuração.

As atividades de promoção de vendas, relações públicas e marketing direto estão menos integradas do que a propaganda, mas devem ser vistas como parte inerente às campanhas de propaganda.

O novo século parece necessitar de uma nova estirpe de comunicadores, com a visão generalista da comunicação de marketing sob o ângulo do "contato da marca" e orientado para a perspectiva do consumidor.

A grande diferença da CIM em relação à comunicação tradicional é ser planejada, desenvolvida, executada e avaliada em relação a um específico comportamento do consumidor: o processo de fazer compras agora e no futuro.

As companhias não reagem da mesma maneira às mudanças de uma nova demanda de mercado e passam por estágios de desenvolvimento que podem ser classificados como "preço", "qualidade", "linha de produtos" e *uniqueness*[80]. Nem todas as companhias e seus departamentos estarão na mesma fase nem possuem um estágio "puro" de uma delas; na realidade elas são multiformes.

80 *Uniqueness* – incomparável, único, singular.

Foram estabelecidas diferenças entre o marketing doméstico, internacional, multinacional e transnacional. O primeiro está voltado exclusivamente para o país de origem. No marketing de exportação, a companhia vende apenas para os países que quiserem comprar; o marketing internacional seria o segundo estágio no sentido expansionista, baseando-se na produção da matriz para suprir outros mercados. O marketing multinacional torna-se consciente das diferenças existentes nos diversos mercados e procura adaptar-se às necessidades dos consumidores de cada um deles. O marketing transnacional ou global faz a distinção entre o que é universal e o que é específico a cada mercado, utilizando a estratégia mais adequada.

É importante construir a imagem da companhia por trás dos seus produtos e serviços, criando uma personalidade que facilita a associação com o consumidor, mas este é um processo que toma tempo. Se os gerentes estão preocupados em mostrar resultados em curto prazo, dificilmente colocarão esforços na construção da marca. No entanto, o fator de integração em uma organização é a sua marca por ser o único elemento que gera valor a todos os grupos de *stakeholders*.

O mais importante, quando se pensa em comunicação da marca em lugar de propaganda, promoção, marketing direto ou qualquer outra área funcional, é que se começa a compreender porque e como todas as formas de marketing e de comunicação precisam estar integradas para construí-la e agregar-lhe valor.

Ao planejar programas, atividades e comunicação em termos de como, onde e em que circunstâncias irão contribuir para o valor da marca, a integração se tornaria uma atividade natural na organização e não um conjunto de atividades funcionais mal agrupadas, afastando os problemas sobre quem vai liderar o processo e sobre qual disciplina mais importante deveria receber maior investimento.

Perguntas

1. Qual é o fundamento que permite a uma campanha global ser aceita pelos consumidores de um grande número de países?
2. A CIM pode ser exercida em três níveis. Quais são eles?
3. Cite alguns fatores que podem prejudicar a implementação de campanhas de propaganda global.
4. Kanzo sugeriu que "para o sucesso de campanhas internacionais é necessário um compromisso com a visão local". O que ele quis dizer com isso?
5. Para Keegan, o apelo mais efetivo para um produto pode variar de um mercado para o outro. Por isso, os profissionais de marketing devem identificar algumas situações importantes. Quais são?
6. A CIM é um modismo? Justifique a sua resposta.
7. Com relação à capacitação profissional, o que as pesquisas demonstraram?
8. O que as pesquisas revelaram sobre a validade do conceito de CIM?
9. Quais foram as barreiras encontradas para a implementação da CIM?

10. Relacione e explique os quatro estágios de desenvolvimento da CIM.
11. Explique o *Phase Model* de Bolwijn e Kumpe.
12. Qual é o significado do espectro *Globalization Continuum* de Gordon Link?
13. Quais são as diferenças entre o marketing doméstico, internacional, multinacional e transnacional?
14. De um modo geral, por que as empresas *business to business* têm maior dificuldade em trabalhar o *equity* da marca?
15. Por que a marca é o único elemento na organização que gera valor a todos os grupos de *stakeholders*?
16. Identifique as variáveis independentes e dependentes do processo criativo de uma campanha global.
17. Quais são as origens para formar o padrão global de uma campanha?
18. Cite os diversos graus de padronização total ou parcial revelados pela pesquisa de Hidalgo. Cite e explique os cinco modelos de agência.
19. Qual é o modelo mais apropriado de agência?

CONCLUSÃO DA PRIMEIRA PARTE – PROCESSO EVOLUTIVO DAS EMPRESAS

A seguir, são apresentadas as conclusões sobre a pesquisa bibliográfica.

Conclusões

Pela análise da bibliografia consultada que resultou na seleção de um significativo número de artigos, livros e dissertações acadêmicas, foi possível perceber que existem inúmeras variáveis importantes a serem consideradas no processo evolutivo das empresas, do seu marketing e da sua comunicação. As principais conclusões encontram-se nos tópicos a seguir.

- Sob a perspectiva conceitual e teórica, a história da CIM tem mais de uma década e ainda está na fase de introdução ao ser feita a analogia com o ciclo de vida do produto. Devido a este emergente passado, muito do aprendizado é um pré-paradigma por natureza, ou seja, está relacionado com as explicações sobre a CIM, como ela pode ser usada pelos clientes ou pelas agências, mas sem construir uma teoria *per se*. Kitchen e Schultz[1] consideram que a CIM é um pré-paradigma em contraposição a um estágio pós-paradigma. Notadamente, isso seria o esperado para um novo conceito devido às razões teóricas usuais.
- Muitos sabem o que CIM significa, mas poucos têm uma definição clara e concisa para compartilhar com os demais. Assim como outras atividades de marketing, a ambigüidade da CIM parece ter sido criada pela natureza individual e definições expressas do ponto de vista de cada autor. Tanto é assim que ainda não existe, até o presente, uma definição, descrição ou processo consistente ou mutuamente acordado para identificar o que é ou não é a CIM. Enquanto o tema é geralmente aceito na literatura de marketing, ainda existem muitas áreas que necessitam de maiores

[1] KITCHEN, Philip J.; SCHULTZ, Don E. A multi-country comparison of the drive for IMC. **Journal of Advertising Research**, p. 21-38, jan./fev.1999.

esclarecimentos. A maior parte da literatura e aprendizado sobre a CIM tem sido focalizado na sua explicação, ou seja, como ela funciona, em vez de construir uma teoria sobre a compreensão dos seus princípios básicos.

Em lugar de tentar definir a CIM em palavras, é preciso definir o que se pode conseguir com ela. Mais precisamente é preciso tomar decisões de comunicação e marketing com base no conhecimento do comportamento humano, por meio do *database*, analisar o contexto em que o consumidor decide a compra, procurar administrar esse contexto a favor do consumidor e da organização, após compreender as realidades interdependentes para ganhar ou manter o relacionamento com o cliente ao longo do tempo.

- O objetivo da CIM é diferenciar e elevar a marca do produto ou serviço acima dos concorrentes para conseguir o seu *equity*. A CIM constrói uma forte identidade de marca no mercado, relacionando e reforçando todas as imagens e mensagens. Também economiza dinheiro. Por meio dela é possível melhorar os custos de desenvolvimento de materiais com a repetição das imagens e ícones em todas as peças de comunicação, assegurando a continuidade da campanha.
- É importante que um programa de CIM tenha uma estratégia de comunicação básica para cada público-alvo para ser usada na execução de cada uma das funções de comunicação: propaganda, relações públicas, promoção de vendas etc., por meio dos vários canais de comunicação, mas tem sido difícil conseguir que as estratégias das áreas funcionais trabalhem juntas. É necessário que alguém ou algum departamento esteja encarregado de coordenar a estratégia de comunicação de marketing de uma corporação e a sua política interna. Entretanto, a maioria dos especialistas ou profissionais de comunicação é treinada em suas áreas funcionais específicas e podem não ter um amplo conhecimento para relacionar ou dirigir todas as outras áreas de comunicação, prejudicando a tão almejada integração.
- A mudança na compreensão da integração é o ponto mais crítico para o sucesso do conceito de CIMG porque a integração significa que a organização de marketing tentará compreender as necessidades e os desejos do consumidor. Se a necessidade é claramente comunicada, o conceito faz sentido porque facilita a compreensão da oferta do produto/serviço. A base para a integração parece ser muito clara, uma vez que existe a oportunidade do anunciante, da agência e da mídia de reduzir custos, aumentar vendas e/ou lucros para a organização. O problema é que as companhias estão olhando para o lado errado da integração, visando à oportunidade de enfrentar o problema de faturamento, receita e lucro em lugar de estar olhando para o valor a ser dado para o consumidor.

  A possibilidade de servir clientes com resultados significativos, entretanto, está em áreas fora da típica comunicação demanda/criação. Não se pode realmente ter comunicação integrada de marketing sem, primeiro, integrar a companhia e o marketing, reconhecendo que o atendimento da demanda (serviço, entrega etc.) é simplesmente crítico para o sucesso. O segredo está em concentrar o foco no consumidor e o reconhecimento de que cada ponto de contato entre a empresa e o cliente – embalagem, propaganda ou serviço ao cliente – é uma oportunidade para criar uma sinergia positiva e ter um consumidor satisfeito. Portanto, a real importância da integração do marketing é reconhecer que os produtos e serviços não existem para aumentar os lucros e maximizar o valor das ações dos acionistas. Eles existem para beneficiar o consumidor de uma forma melhor do que a da concorrência. Dentro de uma visão de longo prazo, essa é a maneira de alavancar a lucratividade e aumentar o valor das ações.

A favor da integração, existe uma variedade de argumentos que dão suporte a novas formas de comunicação eletrônica, cuja influência não é somente sobre os sistemas existentes de mídia, distribuição de produtos e serviços, mas envolve novas formas como a *World Wide Web* e Internet que estão impactando o mercado e os consumidores. A mídia interativa oferece ao consumidor uma grande variedade de escolhas e, simultaneamente, maior individualização. Assim, é possível oferecer produtos e serviços mais específicos ao consumidor, aumentando as possibilidades de serem aceitos. Esse argumento foi também analisado por Rayport & Sviokla[2], que vêem o varejo como *market space* e não como *market place*. A integração das abordagens da comunicação ganha importância com o crescimento da fragmentação da mídia. Quanto maior a sua fragmentação, maior integração é necessária.

- Atualmente, os consumidores estão focados mais horizontalmente no mercado, isto é, eles podem encontrar muitos produtos ou serviços substitutos. Parece que os gerentes estreitam o foco em uma ou poucas marcas, com análises microeconômicas, deixando de ter uma visão mais abrangente do consumidor. Neste sentido, uma simples mudança no que normalmente vem sendo medido, "retorno de marketing", "retorno das despesas de comunicação" ou "retorno dos investimentos de propaganda" para "retorno sobre os investimentos no consumidor" faz toda a diferença, ou seja, são os dólares de retorno que os consumidores darão durante um período de tempo. Como comunicação e marketing são táticas de curto prazo, é preciso mudar a maneira de avaliar o que se faz porque os melhores clientes são de longo prazo.
- A implementação das campanhas globais costuma enfrentar resistências por parte dos executivos locais, por sentirem que estão perdendo parte do controle das suas ações. Entretanto, as experiências têm demonstrado que essas resistências podem ser vencidas se esses profissionais forem envolvidos no processo de definição das estratégias de comunicação e das campanhas.

  As barreiras mais comumente encontradas são medo da mudança, hierarquia das organizações, batalhas entre níveis e departamentos, planejamento em curto prazo, falta de desenvolvimento em database, fragmentação da mídia[3], porém a chave para o processo da CIM em qualquer organização é o apoio da alta diretoria e o seu aval. É esse suporte que conduzirá a um planejamento centralizado e ao orçamento de comunicação.

---

2 RAYPORT, G. F.; SVIOKLA, J. G. Managing and marketspace. **Harvard Business Review**, n. 72, p. 141-150, 1994.

3 GONRING, Mathew P. **Putting integrated marketing communications do work today**. Rhinebeck: Public Relations Quarterly, outono, 1994.

- A comunicação de marketing não é considerada uma ação importante na maioria das companhias. Geralmente, o desenvolvimento e a implementação costumam ser feitos nos níveis mais baixos, por funcionários com pouca experiência. Apesar da aprovação final estar nas mãos da diretoria, são os gerentes de marca e seus assistentes que geralmente desenvolvem a estratégia dos programas de comunicação. Como atitude, a integração envolve mais do que os departamentos de marketing, de comunicação e a agência, devendo incluir as demais áreas da companhia, sendo necessário conhecer os dilemas dos consumidores e o arsenal de recursos que podem ser utilizados para resolvê-los.
- Parece existir a preocupação, cada vez maior, em concentrar os esforços na principal marca da companhia, para criar e construir uma única imagem que possa ser utilizada em qualquer país. A consolidação da marca, mundialmente, parece impulsionar os negócios, mas, para que isso possa acontecer a contento, as empresas têm alterado sua estrutura, criando cargos e departamentos que venham a ter a responsabilidade de cuidar da universalidade da marca e das campanhas publicitárias, como, por exemplo, o cargo de *Communication Marketing Officer* (CMO). Os clientes terão de contratar ou promover executivos de marketing de alto nível que compreendam o processo de planejamento estratégico e com habilidade de orientar os recursos de comunicação. Essas pessoas precisarão ter o suporte político para coordenar os recursos internos e externos.
- A pressão para o uso da CIM costuma vir principalmente do marketing, depois do pessoal de propaganda, seguidos pelas outras funções da corporação, sendo a menor pressão vinda de vendas. Essas observações nos permite prever que um dos desafios para a futura adoção da CIM seria o grau com que os vários grupos, por meio da organização, venham a compreender os conceitos e os processos para a sua implementação. Os clientes estariam esperando maior envolvimento das agências no desenvolvimento estratégico, coleta de informações sobre os consumidores ou a oferta de uma gama de serviços ao longo da cadeia de valor.
- Os clientes demonstram uma tendência crescente de designarem agências com redes globais para os seus produtos, a fim de dar suporte internacional à integração do marketing e das funções da propaganda, havendo uma certa importância dos aspectos relativos à coordenação e freqüência das comunicações *interoffice*[4], à coordenação das disciplinas de comunicação e centralização e ao uso da tecnologia da informação.

  Em lugar de trabalhar com uma diversidade de agências independentes em inúmeros países, verifica-se o realinhamento de marcas e seus respectivos produtos/serviços em uma ou poucas agências dotadas de estrutura mundial. Verifica-se que algumas grandes marcas mantêm uma agência internacional como base para as suas campanhas, mas também procuram a colaboração de outras agências que tenham condições de contribuir com boas idéias.

---

4 *Interoffice*: entre escritórios ou filiais

- O fato de as agências de propaganda orientarem os seus negócios conforme as necessidades dos seus clientes também refletirá um determinado estágio evolutivo na sua estrutura e administração. Neste sentido, poderiam ser enquadradas em um dos cinco modelos de Gronstedt e Thorson[5]: consórcio, consórcio com agência dominante, corporação com unidades autônomas, organização matricial e organização integrada.
  Atualmente, as agências de propaganda terão de supervisionar a integração de todas as disciplinas e poderão fazer isso por meio de diferentes modelos de organização. A estrutura mais apropriada da agência dependerá do equilíbrio desejado de integração *versus* a necessidade de especialização nas diferentes disciplinas. A escolha dependerá de fatores ambientais, como a cultura da agência, a sua localização geográfica, tamanho, história e tipo de clientes.
- Paralelamente, as agências procuraram desenvolver a sua capacidade em outras disciplinas, tais como marketing direto e relações públicas, para manter as suas margens de lucro atrativas, em parte porque os clientes pressionaram para reduzir a comissão de mídia. No entanto, com poucas exceções, as agências de propaganda não conseguiram um desempenho satisfatório nessas outras disciplinas por razões internas e externas.
  Internamente, existe a cultura organizacional de que "agências fazem propaganda, não fazem promoção de vendas, não fazem relações públicas, nem marketing direto", por considerar essas atividades como algo sem sofisticação. Mais importante, o pessoal de criação não queria fazer esse tipo de trabalho, mas queria continuar fazendo comerciais para a TV. As agências também não conseguiram resolver o sistema de remuneração, uma vez que o pessoal era pago com base no tamanho da conta e da sua lucratividade. Receitas e lucros em programas de marketing direto eram menores, portanto, a intenção era manter o dinheiro em mídia devido ao melhor rendimento. Além disso, o desenvolvimento de campanhas globais exige muito tempo de estudo, de planejamento e de execução, geralmente acima de um ano.
  Externamente, a abordagem das agências sobre CIM visava aos seus próprios interesses, mas o cliente não tinha nenhum ganho real com as agências *one-stop shopping approach*. Por outro lado, eles queriam manter o controle. Simplesmente não confiavam em uma organização externa para controlar toda a sua comunicação, apesar de as maiores agências de propaganda terem comprado outras agências de comunicação com essa finalidade. O resultado do crescimento da CIM é o resultado dessa mudança no ambiente de marketing.
- As atitudes com respeito às campanhas globais não significam que uma única campanha seja aplicada integralmente em todas as regiões. Nesse sentido, parece existir um consenso de que a estratégia pode ser global, mas, em alguns casos, se necessário, podem ser feitas adaptações locais, como o idioma, aspectos políticos, costumes etc., para melhor entendimento do conceito da marca, respeitando a estratégia global.

[5] GRONSTEDT, Anders; THORSON, Esther. Five approaches to organize an integrated marketing communications agency. **Journal of Advertising Research**, v. 36, 1996.

- Experiências e estudos de mercado têm demonstrado ser possível encontrar pontos comuns no comportamento de compra entre os consumidores de diversos países, independentemente de sua cultura diversa e características locais de mercado. Nesse sentido, a pesquisa com os consumidores para estudar suas atitudes, o comportamento de consumo e de compra, além de outros fatores comportamentais, é um importante instrumento para fornecer os dados necessários à formulação das estratégias de comunicação global.
- Por seu turno, o desenvolvimento da manufatura flexível, usando a robótica, transformou o velho paradigma industrial de produção de massa em customização em massa, permitindo aos fabricantes de produtos e serviços produzirem para "segmentos" de mercado de uma só pessoa.

  Esse tipo de mercado necessita de uma nova forma de comunicação orientada para a informação detalhada, em oposição à orientada para os comerciais e anúncios tradicionais. A propaganda tenderá a se transformar de involuntária (e intrusiva) para voluntária, expandindo o acesso do consumidor à informação e oferecendo novas informações adicionais. Os consumidores se tornarão mais informados e o domínio do mercado mudará drasticamente a seu favor.
- Nas últimas duas décadas ocorreu a transferência do dinheiro que tradicionalmente era aplicado em propaganda e na mídia para promoções ao comércio e ao consumidor. Os varejistas estão se consolidando e o poder sobre o mercado mudou, fazendo com que os canais de distribuição varejistas se tornem mais importantes e poderosos em comparação com os fabricantes. As aquisições e fusões das agências, a crescente sofisticação dos clientes e varejistas, o custo crescente da propaganda na mídia tradicional, o aumento da competição global, as crescentes pressões dentro das organizações, a perda de efetividade das mídias tradicionais, os custos decrescentes do uso do *database*, e outras tendências como o *zapping*, a fragmentação da mídia e a credibilidade das mensagens fazem pressão para integrar as comunicações de marketing.
- Verifica-se o surgimento do marketing de relacionamento, um termo amplo que se refere às alianças e relacionamentos entre os membros de uma cadeia de distribuição, mas que pode ser usado num sentido mais restrito para significar o crescimento de relações entre produtores e consumidores. Para isso, utiliza as vantagens do *database* para definir os produtos e serviços que devem ser dirigidos a um público-alvo, baseado na história de compra dos consumidores. Isso significa que o marketing do século XXI estará preocupado com dois aspectos:

  1) prestar serviços para facilitar a customização por parte do consumidor;
  2) produzir informações que sirvam para essa customização.
- O *database* e a informação que ele contém são o coração da CIM. O objetivo é conhecer o melhor possível o consumidor individual ou *prospect*, a fim de servir seus desejos e necessidades. Isso significa a acumulação de muitos dados e muita informação, exigindo que sejam examinados e avaliados. Esse processo diferencia a CIM da propaganda tradicional. A CIM, portanto, começa com uma visão de fora para dentro, ou seja, o que o consumidor está fazendo ou fez e, então, trabalha ao contrário para explicar o porquê deste comportamento. Assim, seu objetivo é desenvol-

ver programas de comunicação que reforcem o comportamento de compra presente do consumidor ou tente influenciar uma mudança no comportamento do *prospect* no futuro.

- A "hierarquia de efeitos" explica que o consumidor seria motivado pela mensagem do anunciante a ele dirigida pelo processo de comunicação. No entanto, essa visão está superada ao se compreender que a mudança se fará por meio de mensagens que reforcem o comportamento do consumidor, porque ela será criada "de fora para dentro", a partir dos valores do público-alvo. Como a comunidade de pesquisa não podia medir o comportamento com a precisão necessária, media o que ele poderia ser, ou seja, atitudes, opiniões e conhecimento. Então, projetava essas crenças como um esperado comportamento futuro. Hoje é possível medir o comportamento do consumidor no mercado por meio de *scanner panels, electronic marketing,* canais de comunicação de duas mãos e técnicas avançadas de marketing direto. Com essa tecnologia, tornou-se necessário repensar e reanalisar os resultados e o impacto dos programas de comunicação de marketing. Na CIM, o objetivo é chegar o mais perto possível do comportamento atual do consumidor. Por isso, começa pelo lado contrário da "hierarquia de efeitos".
- Cook[6] acredita que o aperfeiçoamento do trabalho em equipe é a primeira fonte para ganhar produtividade. Para uma equipe continuar sendo vencedora, os seus membros precisam ter confiança nos colegas e na habilidade em agir conjuntamente. A chave, no entanto, é determinar exatamente o que a estratégia de CIM quer atingir, sendo importante não perder o foco e fazer o orçamento para cobrir os objetivos. As escolhas incluem:
    - construir o *equity* da marca;
    - passar informação;
    - gerenciar a demanda e as vendas;
    - comunicar o diferencial e consolidar o posicionamento;
    - influenciar atitudes e comportamentos.
- Quanto à coordenação das atividades de comunicação de marketing, na pesquisa realizada por McArthur e Griffin[7], as sete atividades mais comuns são criação, mídia, promoção de vendas, eventos especiais, resposta direta, publicidade e relações públicas. Nessa pesquisa, 46,2% dos respondentes indicaram que as sete atividades eram coordenadas por uma só pessoa ou por meio de um *reporting relationship*[8]. Um percentual de 28,7% indicou a coordenação de cinco a seis alternativas, e 18,3% indicaram que três a quatro atividades eram coordenadas.

  Os dados dessa pesquisa também não indicaram uma falta de coordenação entre o conjunto de atividades de comunicação considerado, nem que os objetivos e as

---

6 COOK, William A. Integrated marketing communications – Performing together. [Editorial]. **Journal of Advertising Research**, set./out. 1997.

7 McARTHUR, David N.; GRIFFIN, Tom. A marketing management view of integrated marketing communications. **Journal of Advertisning Research**, set./out. 1997.

8 *Reporting relationship* – "relacionamento delegado".

estratégias são formulados no nível mais baixo de gerência. A direção das atividades de comunicação de marketing foi, claramente, um trabalho interno da alta gerência, contrariando as observações de alguns autores. A pesquisa indicou que a seleção e busca das atividades de comunicação de marketing varia significativamente conforme as diferentes situações de produto ou do mercado, exigindo diferentes ferramentas e técnicas de comunicação.

- Muitas campanhas de propaganda global falharam não por causa das diferenças culturais ou das experiências de consumidores entre os povos do mundo; ao contrário, elas geralmente não funcionam por causa dos responsáveis em executar as campanhas globais localmente. Essas pessoas costumam assumir uma postura de grande resistência à campanha global, antes mesmo de considerar a sua qualidade ou efetividade mercadológica. Keegan[9] considera que a decisão de usar ou não uma campanha global ou local depende dos gerentes reconhecerem os processos de troca envolvidos. De um lado, a campanha global resultará em um benefício substancial de redução de custos e aumento do controle, bem como a melhoria do potencial criativo no argumento global. De outro, campanhas localizadas têm a vantagem de apelarem diretamente para o atributo mais importante do produto em cada cultura.

  Um desses aspectos é a importância em distinguir entre "proposição de venda" e "apresentação criativa", entre "o que dizer" e "como dizer". De acordo com uma pesquisa citada por Keegan[10], experientes executivos de propaganda indicaram que uma "proposição de compra" forte pode ser transferida em mais de 50% das vezes. Neste sentido, a criação de um *database* pode ser o fundamento para o desenvolvimento de campanhas realmente globais, permitindo reunir os argumentos válidos para uma verdadeira estratégia global.

  Kanso[11], em uma pesquisa feita com dois grupos de gerentes de propaganda, encontrou em um deles uma crescente tendência de uso da propaganda com preferência pela abordagem local e, no outro, formado por aqueles que não são orientados para a cultura local, tendência a preferir a abordagem internacional. E concluiu que para o sucesso de campanhas internacionais é necessário, também, um compromisso com a visão local.

- A propaganda precisa comunicar apelos que sejam relevantes e efetivos ao público-alvo. Neste particular, Keegan[12] comenta que os produtos estão freqüentemente em diferentes estágios no seu ciclo de vida nos vários mercados nacionais onde são comercializados e que existem diferenças culturais, sociais e econômicas nesses mesmos mercados. Por isso, o apelo mais efetivo para um produto pode variar de um mercado para o outro, fazendo com que os profissionais de marketing devam identificar situações nas quais:

---

[9] KEEGAN, Warren J. Global Marketing Management. 5. ed. New Jersey: Prentice Hall, 1995, p. 9-20.
[10] KEEGAN, 1995, p. 556-557.
[11] KANSO, Ali. International advertising strategies: global commitment to local vision. **Journal of Advertising Research**, p. 10-14, jan. /fev. 1992.
[12] KEEGAN, 1995, p. 561-563.

- existe potencial para a redução de custos devido a economias de escala;
- barreiras para a estandardização, como a cultural, não são significativas;
- os produtos satisfazem funções similares e necessidades emocionais nas diferentes culturas.

Essa conclusão conduz à idéia de que a propaganda eficaz talvez requeira uma diferenciação entre o apelo básico do produto e a execução criativa do apelo. Se o produto apela para a mesma necessidade em todo o mundo, existe a possibilidade de estendê-lo para atender aquela necessidade. A questão básica está no fato de existir ou não um mercado global para o produto, porque se o mercado é global, os apelos podem ser padronizados e expandidos.

O papel da propaganda global também é adicionar valor aos produtos globais[13], portanto, a estratégia de comunicação global requer a identificação com os valores globais, a percepção dos benefícios das marcas e ser capaz de utilizar, significativamente, importantes diferenças culturais.

- A forte concordância de que a CIM "aumenta o impacto", "torna as idéias criativas mais efetivas" e proporciona "maior consistência na comunicação" suporta o ponto de vista da agência de que ela poderia melhorar o retorno dos investimentos em comunicação de marketing. Entretanto, não está claro se os executivos das agências sentem que os clientes conseguiriam um maior controle sobre os orçamentos ou suas responsabilidades, bem como não poderiam oferecer soluções rápidas ou medidas mais efetivas de mensuração da comunicação integrada de marketing.

  Marcas, mercados e diferenças sociais e culturais têm grande influência na organização da coordenação. A ligação de fatores situacionais de mercado, tais como marcas e clientes, com as agências e sua organização, indicam que estão associados e que a sua coordenação espelha esses requisitos. Pode-se dizer que a estrutura segue a estratégia. Complementarmente, a cultura do cliente é espelhada pela agência. A compreensão da cultura do cliente bem como a do público-alvo consumidor são importantes para criar uma eficiente propaganda global, refletindo uma interdependência entre ambas as organizações. Entretanto, apesar da coordenação ser importante, não se deve esquecer que a principal proposta da agência é criar uma comunicação eficaz.

- O nó górdio, ainda a ser desatado, para acelerar a CIM é a efetividade na avaliação e na mensuração dos resultados, porque ela não se encaixa no modelo de "hierarquia de efeitos", o que requer um novo critério. Ela depende dos sistemas de avaliação atualmente em uso e que passarão a ser um tópico cada vez mais importante. De um modo geral, cada elemento precisa ser avaliado individualmente; os objetivos de cada campanha, sua comunicação e o resultado da integração deverão ser medidos. Apesar de a CIM ser reconhecida como de valor importante e significativo para clientes e agências, fica enfraquecida a aplicação do conceito no sentido global, pelo fato de não ter uma proposta clara, metodologia, mensurações e avaliações aceitáveis.

---

13 MOOJI, Marieke de. **Global marketing and advertising: understanding cultural paradoxes.** Thousand Oaks: Sage, 1998.

A despeito de alguns aspectos negativos sobre a mensuração, existe concordância de que a CIM é a "face do futuro" e "a sua importância vem crescendo rapidamente", provocando uma revolução que está mudando as regras do marketing e o papel das agências tradicionais de propaganda.

- Com relação aos profissionais, dada a perspectiva de integração, existe um reconhecimento geral de que as equipes deverão ter especialistas e profissionais com uma ampla experiência, ou seja, com o conhecimento das outras ferramentas da comunicação.
- Os clientes estão caminhando para as ações de comunicação integrada, com uma tendência cada vez maior. As características da CIM são fortemente apoiadas pelo pessoal de comunicação dos clientes, talvez, devido à proliferação das mudanças como o *database marketing*[14], fragmentação da mídia, mudanças nos hábitos de compra de mídia e negociação, fazendo-os buscar por coordenação e sinergia, a menores custos.
- Marketing e comunicação de marketing estão em transição de uma antiga e histórica orientação voltada para o produto para uma nova orientação da informação interativa focada no consumidor do século XXI. O *market place* está globalmente se transformando em *market space*, indicando que o *mind space*, juntamente com as atividades integradas, poderão ser duplamente focados no comportamento do consumidor e na comunicação de marketing logo no início do século XXI. A grande diferença é que a CIM é planejada, desenvolvida, executada e avaliada em relação a um específico comportamento do consumidor, tendo em mente o processo de fazer compras agora e no futuro.
- É preciso fazer o que for para proteger o *equity* da marca. Muitas empresas desenvolveram uma "personalidade" para as suas marcas de forma consistente com os argumentos de venda estratégicos que os consumidores reputam como importantes. Esse conceito realmente responde aos quesitos para a integração "o que, porque, como, quando e onde", mas o fator de integração em uma empresa é a marca. Se isso for feito, todos ganham. A marca é o único elemento na organização que gera valor a todos os grupos de *stakeholders*.

  O consumidor ou o cliente se beneficia por causa dos valores inerentes da marca. Os empregados ganham porque a marca permite o reconhecimento da organização e a segurança no trabalho. Os acionistas porque o crescimento do *brand equity* aumenta o valor de mercado e o retorno dos dividendos. E a gerência ganha porque a marca propicia renda contínua para a organização, reduz os custos de marketing e aumenta a habilidade de expandir a marca em novos mercados e categorias. Em resumo, a marca é a força unificadora no mercado.

  O mais importante, quando se pensa em comunicação da marca em lugar de propaganda, promoção de vendas, marketing direto ou qualquer outra área funcional, é que se começa a compreender porque e como todas as formas de marketing e de comu-

[14] *Database marketing* – base de dados que permite o fornecimento de relatórios gerenciais na área do marketing.

nicação de marketing precisam estar integradas – para construir a marca e agregar-lhe valor. Isso significa valores crescentes para todos os envolvidos com a empresa.

- Conforme o *Phase Model*, a empresa atravessa vários estágios no seu processo de evolução. Inicialmente, estaria voltada para a eficiência em busca da redução dos custos, depois para a melhoria da qualidade, seguindo-se a flexibilização para obter amplitude do portfólio de produtos e rapidez para customizar a sua produção para atender à estratégia do *marketing one to one*, alcançando a inovação e a diferenciação, em seu último estágio. A posição da empresa nesses estágios poderá influenciar a adoção da CIM nos níveis local, regional ou global.
- Em termos de expansão geográfica, a empresa teria a sua estratégia orientada segundo o modelo EPRG, ocupando uma das posições – egocêntrica, policêntrica, regiocêntrica ou geocêntrica –, ao considerar os valores individuais ou globais dos consumidores para orientar a sua produção, venda e divulgação dos produtos. Da mesma forma, a situação da empresa conforme essa classificação poderá influenciar as estratégias da CIM nos três níveis mencionados.
- O estilo administrativo centralizado ou descentralizado, mas que permita a participação dos funcionários nos mais diversos níveis, parece indicar um sistema de gerenciamento mais adequado para a prática da CIMG.
- Verifica-se, também, que a grande maioria dos estudos costuma ser realizado nos países mais adiantados e de língua inglesa, onde geralmente estão as sedes das empresas entrevistadas, oferecendo um ponto de vista "do centro para fora". Trata-se, portanto, da visão da alta direção da empresa para as filiais sediadas em outros países.

Perguntas

1. Em que fase da sua evolução encontra-se a CIM?
2. Existe compreensão plena do que seja a CIM até o presente momento?
3. Qual é o objetivo da CIM?
4. O que é importante em um programa de CIM e na sua implementação?
5. O que significa "retorno dos investimentos sobre o consumidor"?
6. Como podem ser vencidas as resistências para a implementação de campanhas globais de comunicação?
7. Qual é perfil do executivo para ocupar o cargo de *Communication Marketing Officer* (CMO) e que suporte precisaria receber para alcançar o êxito na sua função?
8. Por que motivos os clientes demonstram uma tendência crescente de designarem agências com redes globais para os seus produtos?
9. Quais são os problemas de cultura organizacional que agências de propaganda costumam enfrentar?
10. Uma única campanha global deve ser aplicada integralmente em todas as regiões?

11. Como deve ser a comunicação no *marketing one-to-one*?
12. O marketing do século XXI estará preocupado com dois aspectos. Quais são?
13. O *database* e a informação que ele contém são o coração da CIM. Por que?
14. Qual é a diferença entre "proposição de venda" e "apresentação criativa"?
15. A propaganda precisa comunicar apelos que sejam relevantes para o público-alvo e que podem variar de um mercado para o outro. Portanto, quais são as situações que os profissionais de marketing devem identificar para obterem resultados na sua campanha de comunicação?
16. Qual é o nó górdio que ainda precisa ser desatado para acelerar a CIM?
17. Qual a relação da CIM com o conceito de *mind space*?
18. Por que a marca é o único elemento na organização que gera valor a todos os grupos de *stakeholders*?

SEGUNDA PARTE

5 PESQUISA DE MERCADO

Para complementar as informações necessárias para atenderem os objetivos deste trabalho, foi realizada uma pesquisa de mercado com agências de propaganda com sede em São Paulo, por ser a cidade que reúne o maior número de empresas desse tipo no país.

Considerando que a agência costuma refletir, de alguma forma, a filosofia, o estágio de desenvolvimento e as estratégias de marketing do cliente quando da elaboração da campanha de comunicação, um programa de abrangência global estaria também influenciado pelo *momentum*[1] em que estaria sendo elaborado. Conseqüentemente, a estratégia de comunicação a ser adotada seria derivada de uma orientação de marketing originária na matriz e/ou influenciada pelas gerências regionais e de países nos quais o cliente opera.

Partindo desse prisma, a investigação concentrou-se somente nas agências, uma vez que pesquisar também o anunciante seria ampliar demasiadamente o escopo dos dados a serem analisados, dificultando o diagnóstico e aumentando o risco de não serem revelados aspectos significativos para o estudo.

Pesquisa de mercado

Com base no questionamento explicitado na Introdução, a investigação nas agências foi orientada para atingir os objetivos já especificados no capítulo correspondente e a pesquisa ocorreu em duas etapas. Por ser do tipo "não disfarçada", os entrevistados foram informados sobre quem a estava realizando e para que propósito. A primeira etapa utilizou um questionário estruturado, enviado por e-mail, com a finalidade de obter dados para ajudar na definição do perfil da agência. Na segunda etapa, as entrevistas em profundidade foram individuais e realizadas com os principais executivos das agências, utilizando-se um roteiro para complementar o tema da CIMG. Algumas das agências já tinham participado da primeira etapa; outras, por algum impedimento, tiveram de ser substituídas por agências constantes da lista inicial, mas que não tinham respondido ao questionário via e-mail. A amostra escolhida foi do tipo intencional ou

1 *Momentum* – condições existentes no momento em que a ação é realizada

julgamento porque propicia a escolha de entrevistados e agências, permitindo constituir um conjunto de dados e informações satisfatórios para as necessidades da pesquisa.

Essa abordagem pode ser classificada como "pesquisa exploratória". Segundo Mattar[2], esse tipo de pesquisa permite obter maior conhecimento sobre o tema de pesquisa em perspectiva, sendo, por isso, "apropriado para os primeiros estágios da investigação, quando a familiaridade, o conhecimento e a compreensão do fenômeno por parte do pesquisado são, geralmente, poucos ou inexistentes". Ela pode ser usada para a classificação de conceitos, ajudando na criação de hipóteses explicativas de fatos e na escolha de variáveis relevantes, a serem verificadas em futuras pesquisas causais.

Experiência de pesquisa realizada nos Estados Unidos

Em estudo realizado por Gould; Leman e Grein[3] sobre Comunicação Integrada de Marketing Global (CIMG), verifiquei que utilizaram uma amostra por julgamento, enviando questionários a 71 CEO's e diretores de alto nível, com funções internacionais, das 65 maiores agências dos Estados Unidos. Com base no Directory of Advertising Agencies, foram escolhidas as agências responsáveis por um faturamento anual que variava de US$ 400 milhões a US$ 800 milhões/ano (1996) e, por esta razão, provavelmente deveriam ter contas internacionais. Foi obtido um percentual de respostas de 19,1%, equivalente a 14 questionários daquele total de 71 enviados. Essa experiência serviu de base para adotar uma metodologia semelhante.

A escolha de investigar as agências de propaganda, não só pela natureza do seu negócio, é também motivada pelo fato de já ter trabalhado nesse tipo de empresas no Brasil, nos Estados Unidos e no México. Na oportunidade, pude notar que existem diferenças entre os sistemas e as formas de trabalhar das agências. A razão está na carteira de clientes que possuem e, conseqüentemente, por serem dependentes do tipo de contas que possuem. Por conseqüencia, o estágio de desenvolvimento da agência, seu tamanho, estrutura, cultura de marketing e comunicação, bem como a realização de campanhas de comunicação globais, tendem a ser influenciados pelos anunciantes/clientes.

Dados do mercado publicitário brasileiro

O mercado brasileiro registrou um faturamento de R$ 12,8 bilhões no ano de 2000, segundo os dados do Projeto Inter-Meios, feito com exclusividade para a editora Meio & Mensagem pela Price Waterhouse Coopers. O valor representa uma participação de 1,2% do PIB do país. Convertido em dólares, aquele faturamento anual representou US$ 6,6 bilhões. Esse projeto mede 90% dos investimentos em mídia no país. Os veículos participantes do projeto encaminham seus dados diretamente à Price Waterhouse Coopers, mês a mês. Os valores também são processados em dólares, tendo como base a taxa do dólar comercial do último dia útil de cada mês de referência.

---

2 MATTAR, Fauze N. **Pesquisa de marketing**. 2. ed. São Paulo: Atlas, 2000, p. 18-22.

3 GOULD, Stephen J.; LEMAN, Dawn B.; GREIN, Andreas F. Agency perceptions and practices on Global IMC. **Journal of Advertising Research**, p. 7-20, jan./fev., 1999.

Até o ano de 1998, as agências eram classificadas simplesmente com base nas informações declaradas que mandavam para a editora Meio & Mensagem. Naquele ano, 178 agências participaram do *ranking*. Em 1999, houve modificação na metodologia. Para participar, as agências tiveram de mandar as suas informações auditadas com a chancela de empresas de auditoria. No primeiro ano do novo critério, o *ranking*[4] de Agências & Anunciantes foi constituído por 54 agências, provocando uma substancial redução das agências participantes. No ano seguinte, 2000, este número subiu para 85, numa evolução significativa. Entretanto, continua sendo um número bem inferior ao de 1998, e muitas agências importantes ficaram fora da classificação por não terem os seus balanços auditados por firma especializada.

Para não prejudicar a pesquisa, deixando de incluir agências importantes no meio publicitário, foi feita uma comparação das maiores agências da lista de 1998 com a de 2000, para filtrar e obter uma listagem mais completa, permitindo aumentar para 59 o número de agências a serem pesquisadas (Tabela 5.1).

Tabela 5.1 – Agências de São Paulo, capital – Amostra

Classificação Meio & Mensagem	Nº agências
Ranking de 1998	15
Ranking de 2000	44
Total da amostra para envio do questionário na 1ª etapa	59

Fonte: Meio & Mensagem.

Grau de concentração

Agrupando o total das 85 agências do *ranking* de 2000 em classes de 10 e calculando o percentual de participação no faturamento total, foram desenvolvidos a Tabela 5.2 e o gráfico constante da Figura 5.1, que demonstram grande concentração (97,07%) do faturamento nas 50 maiores agências. Por esse motivo, foi utilizado o critério das 50 maiores agências para selecionar aquelas que estavam listadas em 1998 e que não apareceram no ano 2000.

Utilizando o mesmo critério, as 44 agências da capital de São Paulo somaram 86,43% do total do faturamento, o que representa uma concentração substancial e que justifica a escolha de compor a amostra somente com as agências localizadas nesta capital (*vide* tabela 5.3 e respectiva Figura 5.2).

Tabela 5.2 – Ranking 2000 das Agências – Brasil

Classe	Faturamento – Grau de concentração	
	R$	%
1 a 10	867.232	57,7
11 a 20	1.226.711	81,62

(continua)

4 *Ranking* – classificação em ordem de importância

(continuação)

Tabela 5.2 – Ranking 2000 das Agências – Brasil

Classe	Faturamento – Grau de concentração	
	R$	%
21 a 30	1.354.684	90,14
31 a 40	1.420.542	94,52
41 a 50	1.458.913	97,07
51 a 60	1.477.788	98,33
61 a 70	1.491.365	99,23
71 a 80	1.500.279	99,82
81 a 85	1.502.916	100
Total	1.502.916	100

Fonte: Meio & Mensagem.

Figura 5.1 – Ranking 2000 das Agências – Brasil
Faturamento – Grau de concentração

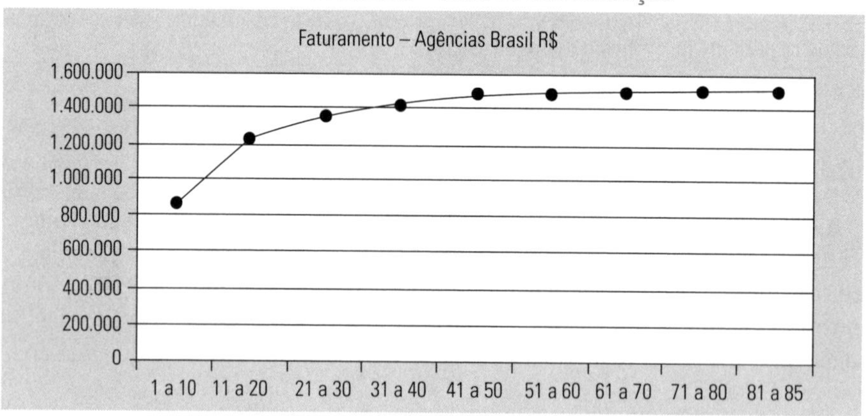

Fonte: Meio & Mensagem.

Tabela 5.3 – Ranking 2000 das Agências de São Paulo, capital

Classe	Faturamento – Grau de concentração	
	R$	%
1 a 10	867.232	57,7
11 a 20	1.217.695	81,02
21 a 30	1.281.286	85,25
31 a 40	1.295.876	86,22
41 a 44	1.298.991	86,43
Total	1.502.916	100

Fonte: Meio & Mensagem.

Figura 5.2 – Ranking 2000 das Agências de São Paulo, capital
Faturamento – Grau de concentração

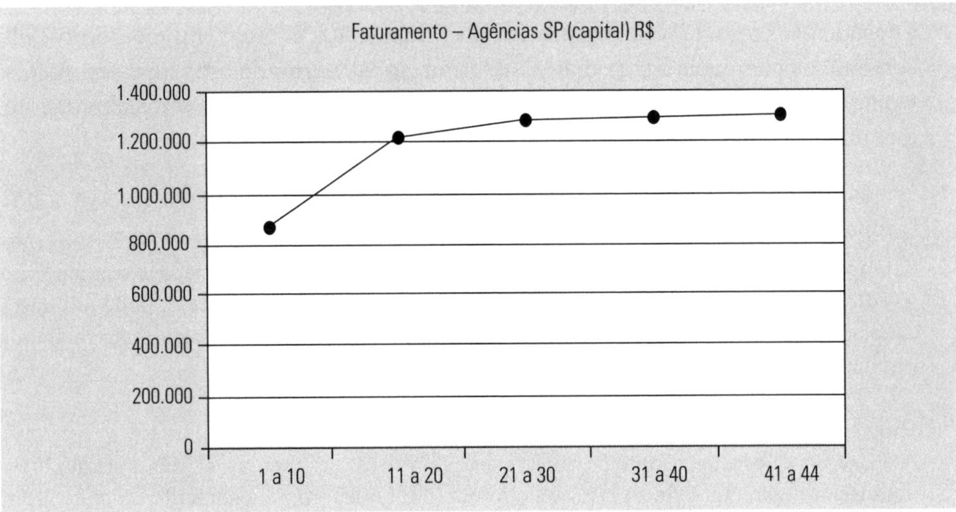

Fonte: Meio & Mensagem.

Resultados da pesquisa

Os resultados da pesquisa podem ser apreciados nas páginas seguintes.

Resultados da 1ª etapa

Das 59 agências brasileiras e internacionais com sede em São Paulo, capital, retornaram 21 questionários, equivalendo a uma taxa de 35,6%. Os respondentes ocupavam cargos de presidente, sócio-diretor, diretor geral, diretor executivo, diretor de operações, diretor de planejamento, gerente de contas internacionais, diretor de atendimento, diretor de criação e diretor de arte.

A análise dos resultados permitiu fazer um resumo dos principais fatos, com o objetivo de facilitar a sua compreensão, como segue:

- A expressão "comunicação integrada de marketing global" era conhecida por 81% dos entrevistados; "propaganda global", por 95%; e "comunicação global", por 100%.
- Utilizando o critério de semelhança das definições expressas, conduziu-se a classificação de dois grupos de interpretação da Comunicação Integrada de Marketing Global (CIMG). O grupo "A", mais numeroso, com 57% dos entrevistados, permitiu chegar à seguinte definição:

> CIMG é a utilização integrada de todas as ferramentas de comunicação, em uma mesma estratégia de marketing global. São considerados os aspectos locais de marketing em uma estratégia de comunicação internacional que visa comunicar um posicionamento/conceito mundial,

mediante um trabalho unificado em todo o processo e convergindo para a consecução das metas de marketing e dos objetivos predeterminados para a marca.

O grupo "B", com 19% dos entrevistados, manifestou a sua compreensão focada somente na comunicação da marca de forma global, seguindo uma única estratégia. Comparada com a do grupo "A", percebe-se ser uma definição menos abrangente, que não considera os aspectos de marketing.

- Enquanto definição, podem-se resumir as interpretações dos respondentes sobre "propaganda global" da seguinte forma:

  A propaganda global, sendo uma ferramenta do marketing, está integrada à comunicação global, e ocorre quando se utiliza a mesma campanha em todo o mundo, podendo haver adaptações na produção das peças publicitárias a cada região ou país, para obter melhores resultados de comunicação.

- As agências entendem a "comunicação global" como sendo:

  A aplicação da mesma estratégia, utilizando as diversas ferramentas de comunicação, para internacionalizar, em alguns países ou em todo o mundo, o posicionamento da marca com uma única linguagem.

- Comparando as respostas, percebe-se que as agências estabeleceram uma diferença entre "propaganda global" e "comunicação global". A segunda é mais abrangente, incluindo todas as disciplinas de comunicação, enquanto a primeira é bem específica, referindo-se somente à "propaganda" em si mesma. Em ambas, percebe-se, também, maior freqüência de comentários sobre a necessidade de adaptação das peças internacionais para melhor se adequarem às características regionais ou de cada país, mas com a preocupação de manter uma certa unidade com a campanha internacional.
- Apenas três entrevistados (14%) acham que os posicionamentos/conceitos internacionais e as peças produzidas das campanhas não são passíveis de aplicação no Brasil. Com opinião contrária, polarizando a questão, outros 14% acreditam que essa aplicação possa ser feita de forma integral. No entanto, cerca de dois terços das respostas, de um total de 21 pessoas, consideram que os conceitos, as campanhas e peças internacionais podem ser aplicadas de forma parcial.
- A maioria das agências entrevistadas é de origem nacional (16 respostas – 76%), podendo ter participação acionária de agências estrangeiras, e costuma manter uma atuação muito independente. Cinco (24%) são puramente internacionais e reportam-se diretamente à divisão regional ou à matriz, dependendo do assunto.
- A abertura de várias filiais parece não ser uma prática comum entre as agências, uma vez que mais da metade das agências entrevistadas (61%) possui um ou dois escritórios no Brasil.
- O número de clientes por agência demonstra uma variação muito grande, entre 8 e 60 contas, com uma média ponderada de 22,3 clientes por agência.

- Dezoito agências (85%), de um total de 21, informaram possuir clientes internacionais. A média ponderada foi de 7,5 contas internacionais/agência.
- Predomina o uso parcial dos conceitos/posicionamentos internacionais (94%) e das respectivas campanhas que, dependendo das circunstâncias, costumam ser adaptadas. Cerca de 63% das peças adotadas geralmente são produzidas no Brasil, isto é, em alguns casos são utilizados os mesmos materiais provenientes do exterior e, em outros, essas peças são produzidas localmente.
- Pelo fato de as agências da amostra serem de propaganda, naturalmente 100% pratica esta disciplina. O "marketing direto" (71%) foi a segunda disciplina mais oferecida pelas agências aos clientes, seguido de perto pela "promoção de vendas" e pelo "*web design*", com 66% cada. Na quinta posição, vem a "organização de eventos" (57%) e, por último, a "assessoria de imprensa" (24%).
- Outro dado interessante mostra que, das 21 agências que responderam ao quesito, 43% trabalham com cinco ou seis disciplinas, e outro tanto com três ou quatro disciplinas de comunicação. Juntos, os dois grupos representam um total de 86% das agências de propaganda oferecendo quatro ou mais serviços de comunicação. Por esses resultados, vê-se que as agências de propaganda não estão concentradas apenas na sua atividade principal, mas oferecem outras formas de comunicação, indicando a sua capacidade de lidar com a comunicação integrada.

Resultados da 2ª etapa – Entrevistas em profundidade

Nesta etapa, no período de julho a setembro de 2002, entrevistei 18 pessoas em 16 agências, equivalendo a 30,5% e 27,1% da amostra, respectivamente. Por sua experiência profissional, foram convidados a participar da entrevista os profissionais com larga vivência em agências de propaganda pertencentes à área do Planejamento, Atendimento, Criação, Mídia e Direção Geral das empresas, ocupando os seguintes cargos: coordenador de ações estratégicas, gerente/diretor de contas/atendimento, diretor de planejamento, vice-presidente/diretor de criação, diretor comercial, diretor de atendimento, vice-presidente de planejamento, vice-presidente/diretor de atendimento e planejamento, sócio-diretor, diretor executivo, presidente/presidente executivo.

A experiência acumulada desses profissionais somou 423 anos, resultando em uma média de 23,5 anos de vivência na área.

Definição de CIMG da 1ª parte da pesquisa

Na pesquisa foi utilizada a seguinte definição proposta pelo autor e que veio a ser ajustada ao término do trabalho, no capítulo 6:

> CIMG é o planejamento de comunicação integrada de marketing global que parte da análise de valor para o consumidor com o fim de definir o posicionamento da marca. Utiliza as disciplinas de comunicação de forma integrada e interligada com as estratégias de marketing

da organização, permitindo a aplicação única do conceito em todos os países, mas tendo a flexibilidade de permitir adaptações, quando necessário.

Principais fatos

Terminologia e conceitos

O termo CIMG – Comunicação Integrada de Marketing Global já era do conhecimento da grande maioria dos entrevistados e houve total concordância sobre a definição anteriormente apresentada aos entrevistados. Foi considerada correta, mas de difícil aplicação devido às diferentes demandas dos consumidores, variações no produto, características de mercado, entre outras, enfatizando a flexibilidade na sua aplicação.

A expressiva maioria dos entrevistados acredita na possibilidade de aplicação da CIMG. Essa unanimidade em considerar válido o pensamento globalizado da comunicação foi acompanhada de uma grande preocupação com a sua eficácia caso não sejam consideradas as particularidades de cada mercado. Por esse motivo, a aplicação de um conceito único em âmbito global pode ser viável ou não, dependendo do tipo de companhia e da categoria do produto, sendo importante que o *mix* de ferramentas convirja para o mesmo objetivo da marca para que a verdadeira comunicação integrada possa ocorrer. Seria importante ter flexibilidade na implementação das estratégias, considerando a cultura dos países. Partindo desse raciocínio, parece existir maior viabilidade de implementação de campanhas regionais ou locais do que no âmbito global.

A aplicação do mesmo conceito em todos os países tende a ser mais exceção do que regra, restando ainda saber a categoria do produto, pois algumas podem ser globais e outras precisam ser locais em razão de suas características. Com alguns produtos pode-se partir de uma análise de valor comum que permita definir os consumidores, independentemente de onde eles estiverem no mundo. Admitindo-se o princípio pelo qual os consumidores são iguais na aldeia global e que têm as mesmas necessidades, pode ser estabelecido um posicionamento exportável para todo o mundo. Como diz a definição, parte-se da análise dos valores do consumidor, mas parte-se também da compreensão das variáveis que compõem a dinâmica comercial da empresa e a dinâmica do negócio. Se a equipe de vendas, o ponto de venda, o comércio ou um influenciador técnico de uma área como a TI ou de seguros interferem na decisão do administrador, cada um desses públicos também passa a ser um ponto de partida para o planejamento da comunicação integrada. Além do valor da marca que possa ser transportado para diversos países, é preciso também considerar esse processo. É o que poderia ser definido como o conteúdo, forma e estrutura da comunicação.

O planejamento e o posicionamento das marcas realmente devem partir da análise de valores dos consumidores para que a comunicação global seja eficaz, sendo importante considerar o conceito "transcultural" para as marcas, formado pelos valores que tenham abrangência transnacional, uma vez que estaria incorporando os aspectos culturais comuns aos diversos povos. A utilização do conceito global seria viável, portanto, quando os produtos são destinados a públicos que possuem os mesmos valores, em qualquer país. Neste sentido, a realização de pesquisas nos diferentes mercados é fundamental para melhor conhecer o consumidor e permitir a criação de conceitos globais. A verdadeira comunicação integrada está em usar o *mix* de ferramentas convergindo para o mesmo objetivo da marca. Por exemplo, o posicionamento do sabonete Dove que aborda temas como o da juventude, da mulher se manter jovem, é um conceito forte por ser universal e poder ser estendido para o mundo.

O produto, o conceito e a marca podem ser mundiais, mas, ao considerar o marketing global, a comunicação tem de atender a filigranas e a pequenos detalhes para ser eficaz, o que torna tudo mais complicado. Existe um ponto que será a vertente do posicionamento, vai dirigi-lo como um todo, mas é claro que tem de ser adaptado a cada um dos seus mercados. A CIMG é um processo que tende a otimizar a consistência nas estratégias e unidade na imagem da marca, em razão da transferência de conhecimentos e valores, sem esquecer, contudo, que a campanha sempre precisa envolver o consumidor para dar bom resultado. Como as verbas globais são significativas, os valores de produção podem ser melhorados na sua execução, conduzindo à maior produtividade e sinergia dos esforços devido à economia de escala, uma vez que o custo é rateado entre os países que vão utilizar a peça publicitária. Entretanto, não se pode esquecer que o mais importante é a campanha resolver o problema de comunicação.

A espontaneidade das citações dos tipos de produtos ou categorias que seriam mais propícias à adoção da CIMG não permitiu chegar a nenhuma conclusão mais significativa, no entanto, houve repetição das opiniões, o que indica um certo consenso. Foi citado que os produtos com maior valor agregado poderiam utilizar conceitos globais e, portanto, passíveis de adotarem a CIMG, tais como:

- refrigerantes – Coca-Cola;
- tênis – Nike e Reebok;
- cremes dentais – Colgate;
- produtos de higiene e limpeza;
- uísques – Chivas Regal;
- relógios – Bulgary;
- canetas – Montblanc;
- bancos – Citybank;
- automóveis – Jaguar;
- produtos de informática;
- produtos de moda – Cartier e Louis Vuitton.

Acham os entrevistados que determinados produtos possuem um público com muito mais acesso à informação e, de certa maneira, é muito mais homogêneo, tem valores semelhantes, seja de *status* ou de outro tipo. Nesse sentido, consegue-se fazer um posicionamento que é único e perfeitamente exportável para o Brasil, especialmente quando os produtos são destinados às classes mais altas. A cerveja, ao contrário, foi citada como um produto tipicamente local e que teria problemas em adotar uma campanha global.

No caso do carro, de uma maneira geral, um entrevistado especialista nessa categoria disse que ficaria mais difícil fazer campanhas globais, na maioria dos casos, porque o produto não teria exatamente as mesmas características em todos os países. É comum existirem versões diferentes do mesmo carro conforme as regiões, pois cada um sofre modificações para atender aos consumidores. Mesmo nos casos em que o produto é comum a vários países, pode haver a necessidade de usar um conceito de comunicação diferente porque ele é visto de outra forma ou atinge um segmento de mercado diferente.

Parece, então, que existe um pré-requisito para que a CIMG possa ser aplicada, ou seja, pode-se ter um posicionamento global de marca, mas com uma certa flexibilidade para a adaptação regional.

Alguns entrevistados não tinham grande entusiasmo pelas campanhas globais porque os sistemas de pesquisas aplicados nessa área eram válidos nos países situados acima da linha do Equador. No caso da América Latina ou do Oeste Asiático, que são mercados em ascensão, não costumam ser pesquisadas as características mínimas de compreensão da marca e dos seus predicados, o que tornaria difícil a implementação eficaz de um posicionamento global.

Conceito, estratégia e peças de campanha

Os entrevistados encontraram dificuldade em fazer um julgamento genérico sobre a aplicabilidade dos três aspectos mencionados – conceito, estratégia criativa e peças da campanha –, devido à existência de grande número de variáveis que intervêm no processo de adoção. No entanto, parece existir uma gradação quanto ao nível de implementação. O "conceito" foi visto como passível de ser exportado para todos os países sem muitas dificuldades. A "estratégia criativa", entretanto, sofreria algumas restrições em âmbito mundial, e as "peças da campanha" (comerciais e anúncios), precisariam ser adaptadas aos países, na grande maioria dos casos, indicando uma gradação decrescente no sentido do geral (conceito) para o particular (peças).

Podem ocorrer situações em que os três aspectos podem ser aplicados mundialmente, ou somente dois (conceito e estratégia) , ou ainda apenas um (conceito). O importante é preservar o DNA da marca[5] e do produto. Pode-se, então, usar qualquer estratégia criativa e peças publicitárias.

Há clientes que obrigam a usar a peça publicitária internacional, há aqueles que exportam a estratégia criativa e há, ainda, os que exportam só o conceito. Por isso, há bons e maus exemplos de comunicação global, mas a criação ou adaptação local parece que ainda vai prevalecer um pouco.

Cada vez mais as grandes companhias têm buscado usar o mesmo conceito globalmente. É um princípio que quase todos estão perseguindo e, provavelmente, a maioria está sendo bem-sucedida. Existem campanhas nas quais a aplicação do conceito, da estra-

[5] "DNA da marca" origina-se do termo *Brand foot print*.

tégia e das peças internacionais é total, sendo estas últimas apenas traduzidas quando necessário. Por exemplo, a caneta Montblanc publica no Brasil anúncios absolutamente iguais no mundo inteiro, inclusive em inglês. A bebida Red Bull tem o conceito e a estratégia iguais, apenas é feita a tradução e a adaptação das piadas ao gosto do brasileiro.

A adoção de campanhas globais pelo Brasil costuma ser parcial, especialmente no que tange às peças publicitárias. O conceito e as peças da campanha geralmente são testados para averiguar a sua aceitação por parte do público, apesar dos resultados serem relativos. Alguns profissionais sugeriram que a comparação com uma campanha local a ser testada simultaneamente com a importada poderia oferecer um melhor parâmetro de julgamento, pela possibilidade de comparação.

Considerando que o conceito é mais aceito no âmbito global e que a estratégia e a peça publicitária costumam ser questionadas e modificadas, foi construída a matriz "Critérios de Adoção da Comunicação Integrada" (Quadro 6.4, página 206).

Segundo os entrevistados, o processo da CIMG vem sendo cristalizado há mais de dez anos, intensificando-se nos anos 1990 em razão das facilidades propiciadas pela Internet. A informática tem ajudado muito o processo de adoção de campanhas, facilitando a comunicação e agilizando as decisões sobre possíveis modificações a serem introduzidas na estratégia ou nas peças.

Esse processo varia conforme a empresa, mas costuma ser imposto pela matriz, portanto, dependendo da liberdade que a companhia dá às suas filiais. Quando há um fato inequívoco – gerar economia de escala – as decisões são "de cima para baixo", pois o filme está pronto e tem de ser usado. Porém, vem sendo demonstrado que existem maneiras de gerar economia de escala sem ser de uma forma espartana. Uma possibilidade seria analisar as peças, passar pela estratégia e, depois, chegar ao conceito.

A filosofia de adotar um sistema mais democrático ou mais autoritário pode facilitar ou dificultar o processo. A existência de uma gerência local passiva simplesmente, que repassa as ordens, submetendo-se às regras da companhia ou imposições superiores, visando proteger interesses pessoais ou de carreira, em lugar de trabalhar para conseguir o verdadeiro significado da marca, reflete um certo "medo" em quebrar as regras. Em compensação, gerências mais arrojadas procuram a abertura de diálogo com a matriz, na defesa dos interesses locais.

A flexibilidade ou rigidez na adoção de campanhas internacionais depende da política da empresa, da importância do produto e do mercado, do potencial de desenvolvimento e do volume de faturamento. Marcas mundiais de maior expressão costumam ter maior rigidez com respeito às possíveis adaptações das peças, devido à expressiva contribuição do produto aos cofres da empresa, exigindo maiores cuidados e cautela. Porém, os mais importantes têm maior oportunidade de realizar mudanças nas campanhas globais, buscando a sua adequação para obter melhores resultados.

É consenso quanto à idéia de aplicar o conceito global e a estratégia criativa onde houver oportunidade de alcançar o consumidor, para não causar uma ruptura. É mais viável o posicionamento ou conceito ser global quando está associado a muita tecnologia, podendo ser aplicado totalmente, como é o caso da Intel. A marca Volvo tem um conceito de "segurança" possível de ser adotado em todos os mercados, mas a estratégia criativa e as peças precisariam ser adaptadas em alguns casos. O importante é entender o *brand foot print*[6], no sentido de impressão digital da marca. Se conseguir preservar a essência do DNA para a marca ou produto, pode-se usar qualquer estratégia a qualquer momento, desde que esse DNA seja mantido para se tornar global. Avançando um pouco mais nessa idéia, a partir do que já foi desenvolvido para o núcleo da marca, se existir algum símbolo, personagem, ou outro elemento que seja uma propriedade da marca, é importante que também seja mantido nas peças publicitárias em qualquer parte do mundo. Por exemplo, as "páginas amarelas" se constituem uma propriedade da marca que pode e deve ser aproveitada.

No caso brasileiro, devido à importância do seu mercado e das filiais multinacionais, as casas matrizes têm mais flexibilidade em aceitar as modificações das campanhas globais sugeridas pelos seus escritórios, uma vez que eles serão responsáveis pelo lucro a ser atingido.

A adoção de campanhas globais depende, também, do estágio de desenvolvimento das marcas e dos mercados. Mercados novos em desenvolvimento e novos produtos geralmente não se comportam da mesma forma que mercados amadurecidos ou produtos regulares já consolidados. Os produtos sofisticados, de maior valor agregado e com alta tecnologia, parecem ser mais adequados à prática da CIMG, tais como refrigerantes, tênis, creme dental, produtos de higiene e limpeza, uísques, relógios, canetas de marca, bancos, automóveis de luxo, produtos de moda, como citado anteriormente. Além desses fatores, como os hábitos de consumo de mídia variam conforme as regiões, precisam ser considerados no processo de adoção da CIMG para melhorar a eficácia da sua implementação.

A estratégia criativa, por seu turno, vai depender da aceitação pelo país, como é o caso dos protetores solares. Esses produtos oferecem basicamente o conceito de "proteção da pele", mas os Estados Unidos trabalham mais a estratégia de "evitar doenças de pele", possuindo um tom mais ameaçador, ou seja, se não usar protetor solar o consumidor estará correndo o risco de câncer de pele. A propaganda mostra pessoas com a doença. Na Europa já não é tão forte porque o europeu gosta mais de se bronzear, então, a abordagem é mais voltada para o "cuidado da pele". No Brasil, país que tem muito sol, a estratégia está associada à "proteção duradoura", para poder ficar mais tempo ao sol e usufruir melhor a praia. Este exemplo mostra que o conceito de "proteção" é o mesmo para todos, mas a "estratégia criativa" é diferente – uma ataca mais a doença, outra o tratamento de beleza e outra a forma de usufruir mais a exposição ao sol. Conseqüentemente, as peças publicitárias têm mais liberdade para ser produzidas.

Comentou-se que as marcas globais começaram a perceber que problemas de comunicação poderiam prejudicar as metas das empresas multinacionais e foi inventado um novo termo: o "glocalismo". "Glocal", em vez de global, significa o exercício de incorporar os traços locais às estratégias de comunicação, com o intuito de respeitar os hábitos e costumes de cada comunidade, a riqueza do seu estilo de vida, no modo de encarar o futuro, admitindo que a cultura do país de origem não é necessariamente a

[6] *Brand foot print* – "DNA" da marca.

mais interessante para todos os povos da terra. O inconsciente coletivo capta quando algo vem "fantasiado" de Brasil, mas não é brasileiro. Um exemplo da compreensão desse enfoque foi expresso no conceito de "tecnologia avançada" do carro Audi, porém a estratégia criativa e as peças vieram da agência brasileira.

Muito apropriadamente, a agência Ogilvy denomina algumas marcas de transculturais, em lugar de marcas multinacionais ou transnacionais. Com essa abordagem, pode-se ter uma campanha aceita culturalmente no mundo inteiro e a peça pode sofrer adaptações para evitar uma possível rejeição pela cultura local.

Do ponto de vista dos entrevistados, a adoção das campanhas globais pelo Brasil costuma ser parcial. A estratégia e o conceito global podem ser os mesmos, mas as peças publicitárias costumam ser modificadas devido à necessidade de adaptação ao mercado. É fato que algumas marcas de origem americana, européia ou japonesa possuem uma penetração internacional, sendo difícil que elas adotem um posicionamento diferente em um mercado específico, seja na América Latina ou na Ásia. No entanto, podem existir algumas distorções quando esses conceitos e estratégias são entendidos de forma diferente em um ou outro país. Por isso a adaptação é necessária, mudando-se um pouco as peças ou a estratégia criativa, mas a essência da marca permanece global, como a campanha do Master Card: "isto vale 'x', mas tem coisas que você não consegue comprar". Esse é um conceito mundial e utilizado muito bem no mercado brasileiro com produção local das peças, utilizando aspectos da cultura brasileira. Esse raciocínio é válido tanto para uma nova marca quanto para uma já existente.

Há diferenças importantes em hábitos de consumo de mídia que precisam ser respeitados quando da adoção de campanhas internacionais. Por exemplo, a televisão é importantíssima para a América Latina e menos importante na Europa ou nos Estados Unidos por terem maior hábito de leitura e uma excelente segmentação de revistas. Essas diferenças podem exigir novas adaptações.

Processo de adoção

Na opinião dos entrevistados, tudo deve partir da análise do conceito, da estratégia criativa e das peças. Se forem adequados, ocorreria a implementação dos três. Se as peças não funcionam, mas a estratégia e o conceito sim, então as peças precisam ser adaptadas. Se as peças e a estratégia criativa não funcionam, mas o conceito sim, as duas precisariam ser desenvolvidas localmente dentro do conceito. Foi citada a Unilever, empresa conhecida como globalizadora de marcas, que comprou a Kibon e unificou a sua identidade visual em todos os países. Mudou o logotipo para a forma de um coração, mas mantendo as marcas locais. Portanto, não existe o certo ou o errado.

Um terço dos entrevistados informou que a liderança do processo da CIMG nasceu do cliente, pela necessidade de otimizar ou liderar a globalização de maneira centralizada, utilizando a mesma estratégia e recursos, com vistas a maior controle mundial sobre a qualidade da comunicação das marcas. Outros acham que é difícil precisar se o processo partiu do cliente ou da agência, considerando que elas também têm interesse em globalizar o produto.

O processo de adoção das campanhas globais é extremamente variado e depende muito da postura do cliente. Uns são feitos de forma autoritária, imposta pela empresa, sendo vistos como processos ruins. O conceito e o formato da Lucent já vêm prontos dos Estados Unidos, inclusive com as fotos, só precisando ser produzidos. No entanto, há outras empresas que adotam um conceito sem rigidez.

Quando não há concordância com a linha internacional adotada para a campanha ou o conceito, o coordenador ou o diretor brasileiro geralmente não tem a autonomia para mudar. No entanto, se existir flexibilidade, algumas agências fazem o texto em inglês para adaptar a peça localmente, enviam por e-mail para a coordenação internacional e aguardam a aprovação para poder ser produzida.

Como dito anteriormente, o processo está intimamente relacionado com a liberdade que a companhia dá à própria filial nos diversos países. Se tiver uma gerência local muito passiva, ela vai achar muito cômodo receber as coisas e repassar, pois há o componente chamado "medo", medo de ousar, medo de fazer diferente e de propor. Se a gerência for mais atuante, corajosa e arrojada, esse comportamento trará um melhor resultado para a empresa. Talvez por ser uma característica humana dar o toque pessoal para alterar alguns detalhes nas peças locais é que se consiga fazer algo no campo tático, mas não na essência da marca. Muitas vezes, escutam-se desculpas de que o comercial feito no exterior custou U$ 500 mil, mas com um pouquinho mais para produzir no país poderia ter uma mensagem de maior envolvimento com o consumidor. Não se pode esquecer de que a boa comunicação precisa se envolver adequadamente com o seu público.

Na verdade, todo o processo de globalização depende de como os executivos vêem o Brasil. Alguns o vêem como um país separado da América Latina e permitem a adaptação da campanha globalizada para que seja mais efetiva. Outros consideram a América Latina como um todo, sendo o Brasil idêntico aos demais. Naturalmente, têm maior dificuldade para compreender que o país possui uma cultura diferente e não fala espanhol.

Algumas marcas possuem um estágio de desenvolvimento muito parecido em todo o mundo, como a Coca-Cola, enquanto outras estão amadurecidas só nos Estados Unidos e na Europa. Como estão chegando ao Brasil, não podem se comunicar da mesma forma que fazem há décadas no exterior e, naturalmente, não comportam um orçamento equivalente ao de um mercado em que já conseguiram um faturamento importante. É preciso utilizar estratégias diferentes e mensagens com conteúdo adaptado ao novo mercado. Se, por exemplo, o mercado é pequeno, mas tem grande potencial, a marca poderá até ser capaz de desenvolver um conceito próprio, mas tudo isso deve ser pesado.

De um modo geral, os clientes e as agências costumam ter coordenação regional e internacional, de acordo com a sua estrutura. Os processos variam conforme as empresas, podendo adotar maior ou menor flexibilidade para adaptações, sendo comum haver um trabalho de parceria entre ambos. O processo não é muito formal. Geralmente, o diretor de marketing recebe a campanha da direção internacional e passa para a agência local. O material é analisado para verificar a sua pertinência em relação ao mercado e é feita a implementação, caso positivo. Se necessário, é realizada alguma pesquisa para avaliar a campanha com o público e, em função dos resultados, a agência poderia sugerir uma alternativa criada localmente, mas o ônus da prova sempre partiria das filiais para a matriz.

O cliente também pode participar do processo junto com a agência. Por exemplo, Purina e Nestlé. O processo começa na coordenação geral em Londres que envia o *selling strategy*[7] para toda a rede, por meio da coordenação regional de Miami e outras regionais no mundo. Esse documento é afinado pelos coordenadores internacionais do cliente e da agência. Uma vez aprovado, é enviado pelos coordenadores para os países da sua região. Ao chegar na agência local, o projeto é entregue a uma dupla formada pelo diretor da conta e de criação. Eles discutem, fazem um *debriefing*[8] ou não. O cliente participa da parte estratégica desde o início e a parte criativa fica só entre o pessoal da agência, mas ele também pode, por exemplo, analisar a relevância de imagens e textos para a campanha ou orientar a agência sobre a situação local. Ocorre uma participação nacional e internacional entre o cliente e a agência, sempre com informações para a coordenação internacional manter um controle de todas as peças.

A companhia que possui uma mentalidade regional ou global facilita a adoção de campanha internacional ao seguir a mesma estratégia com solidez, coerência e identidade (*one reason, one voice*)[9]. Paralelamente, o uso dos melhores talentos de criação, planejamento, produção etc., onde quer que estejam, propicia uma "economia de excelência" que conduz a campanhas únicas e diferenciadas.

Dependendo de cada cliente, especificamente para os conceitos globais, é feito um *briefing* sobre a comunicação para ser aprovado pela matriz internacional da empresa. A agência trabalha essa comunicação, aprova com o cliente global e desenvolve o projeto. Quando fica pronto, um ou mais países testam esses comerciais para a sua região. A campanha é implementada após a sua aprovação.

Como os públicos têm grandes diferenças socioculturais, às vezes pode diferir a forma de ver das pessoas, até mesmo em uma mesma classe social, o que é importante e a que dão valor. O posicionamento tem que estar de acordo com esses valores para ocupar uma posição na mente desse público. No caso do marketing global, precisa-se manter uma base para formar a personalidade da marca, que tenha a ver com o produto e que seja um valor para a sociedade. A partir daí, a estratégia criativa vai encontrar a forma de falar com o público. Fica mais fácil criar uma peça local dentro dessa estratégia do que utilizar ou ajustar uma totalmente pronta, porque pode causar algum ressentimento no consumidor, como, por exemplo, usar uma modelo com características diferentes das mulheres do país. Apesar de tudo estar cada vez mais globalizado, o consumidor percebe que a campanha não foi feita especificamente para ele.

Foi ressaltado o conhecimento e a sensibilidade que as agências possuem dos seus países. Por conhecerem melhor o comportamento dos consumidores, essa percepção deveria ser mais respeitada pela matriz dos clientes, permitindo adaptações das estra-

---

7 *Selling strategy* – "estratégia dos argumentos venda".

8 *Debriefing* – analisar detalhadamente o documento que contém as informações (*briefing*) para solicitar complementação de dados ou esclarecimentos antes de iniciar o trabalho.

9 *One reason, one voice* – "uma só razão, uma só voz", no sentido da unidade da campanha.

tégias e/ou peças publicitárias com vistas a uma melhor comunicação com o público. Entretanto, a adoção de uma campanha mundial pela alta direção da empresa e uma atitude autoritária pode dificultar as adaptações, mesmo considerando ser difícil uma peça funcionar bem no mundo inteiro. A preocupação com a economia de escala ou em manter a estratégia internacional força o uso de valores alienígenos ao mercado, perdendo eficácia da campanha.

A maioria das grandes agências do Brasil tem um perfil próprio e já está associada a uma multinacional, fazendo parte de uma rede internacional. No caso da Almap/BBDO, ela não tem escritórios em 160 países, mas tem 160 agências associadas em diferentes países, por achar que cada uma conhece melhor o seu mercado do que um americano ou europeu dizendo o que elas devem fazer. Nesse sentido, ela tem as suas restrições à globalização, apesar de ser uma multinacional. No caso da JWT e da Ogilvy, são filiais diretas de uma matriz que já vêm com o padrão de um comportamento internacional parecido.

Por outro lado, a empresa que tem o objetivo de globalizar suas campanhas não poderia ser muito democrática. Por ser comum surgirem muitos argumentos para recusá-las e contestar os *guide lines*[10], a excessiva participação dos gerentes e agências locais pode tumultuar o processo de adoção. Nesse sentido, em razão do alto nível da propaganda brasileira e a fatores pessoais, a barreira mais clássica contra a adoção de campanhas internacionais é conhecida como a síndrome do *Not Invented Here* (NIH)[11], reação muito comum tanto nas agências quanto nos clientes de muitos países. Percebe-se que, à medida em que os profissionais vão amadurecendo, essa resistência tende a diminuir.

Foi comentado ainda que está ocorrendo um movimento contrário ao da uniformidade pretendida pela globalização. Observam-se movimentos de independência política e social de vários países da União Européia e de outras partes do mundo, em busca da sua própria identidade. Esses fatos alertam para a necessidade de maiores cuidados na definição das estratégias de CIMG. Em razão disso surgiu a expressão "glocal", como já comentado, no sentido de incorporar os traços locais às estratégias de comunicação, em contraposição ao "global" por fazer o caminho inverso do processo, do local para o global.

Hoje, a informática tem sido a grande responsável por facilitar o processo de adoção de campanhas. Um roteiro ou um *storyboard*[12] pode ser alterado e enviado para vários países para análise, agilizando os ajustes e a sua adoção por diversos países. Foi citado o caso de um filme cujas alterações foram transmitidas para a coordenação regional da agência em Miami (regional) e Londres (mundial), para o cliente em Caracas (regional), na Venezuela, e para a coordenação geral do cliente em Vevey, na Suíça. Em poucas horas estava tudo resolvido com o auxílio da Internet.

Geralmente, as empresas testam o conceito e/ou as peças da campanha no Brasil, antes de decidir sobre a sua adoção e a necessidade de serem adaptadas. Entretanto, foi comentado que os resultados do teste costumam ser relativos porque normalmente não

---

[10] *Guide lines* – orientação, regras a serem seguidas.

[11] *NIH* – sigla de *Not Invented Here* (não inventado aqui).

[12] *Storyboard* – espécie de história em quadrinhos do comercial que será produzido.

são feitos simultaneamente com uma campanha alternativa local, para se ter um parâmetro de comparação.

A importância da CIMG pode ser percebida pelo fato de a aprovação das campanhas internacionais ser feita no mais alto nível da diretoria do cliente e, cada vez mais, a direção da empresa vem se envolvendo na estratégia criativa e na tomada de decisões importantes.

Origem e idealização do processo

Sete entrevistados informaram que a liderança desse processo nasceu no cliente, diante da necessidade de otimizar ou liderar a globalização de maneira centralizada, a partir da matriz, utilizando a mesma estratégia e recursos, capitalizando o vínculo com algumas agências para lhe darem o suporte local. Dessa forma podem ter mais controle mundial sobre a qualidade da comunicação da marca. O cliente trouxe a filosofia, a missão, o processo de trabalho, um novo método de pesquisa para orientar a agência e esta traduziu todos esses dados em forma de comunicação. Algumas foram forçadas a se alinharem internacionalmente, para que estivessem presentes em outros países, mesmo que do ponto de vista de negócios não fosse tão atraente estar em alguns deles, mas era estrategicamente importante dar o suporte para o cliente naqueles mercados, para permitir a transferência linear do conhecimento dos projetos.

Lembrando os primórdios, algumas agências se propuseram a acompanhar as marcas que acabaram se globalizando, como foi o caso da agência McCann-Erickson, numa visão de que a globalização aconteceria no marketing e na comunicação. Para não perder a sua identidade, os valores estabelecidos para as marcas nos Estados Unidos tinham de chegar iguais nos países da América Latina, da Europa e da Ásia.

Três entrevistados ampliaram as considerações comentando ser do interesse dos grandes grupos de agências globalizar o produto do cliente por meio da comunicação de massa, argumentando com a matriz as vantagens de sair com o pacote que compreende a economia de escala, a centralização da informação, a facilidade da coordenação internacional dos processos, sinergia, produtividade e um maior controle, encontrando, dessa forma, uma receptividade evidente. Ocorre, porém, que o crescimento das grandes marcas não tem a sua essência no controle, mas as pessoas demoram a refletir sobre isso.

Como é o processo

Faz parte do processo do cliente ter um bom conceito e expedir uma instrução para o mundo usá-lo. Nos casos em que o pacote é internacional, a agência não tem o que discutir (cinco citações). O processo não é muito formal. Geralmente, o diretor de marketing recebe a comunicação de que a companhia tem um caminho para a marca e ele faz o papel de vender as qualidades dessa campanha para a agência. É feita uma análise do material desenvolvido para verificar a sua pertinência e, se a agência não tem nada contra o conceito, não há porque não usar, a não ser que o considere inadequado para o mercado local. A partir daí vem o processo de implementação, que é a parte mais simples.

É o caso da Almap/BBDO, da DPZ e de outras agências que adotam a filosofia de questionar a eficácia de uma campanha global sempre que percebem que não vai ser boa para o mercado, podendo até realizar uma pesquisa e tomar a decisão junto com o cliente. Argumentam que se realmente a peça foge aos costumes brasileiros ela não vai ser eficiente, sendo preciso mostrar que seria um erro veiculá-la. Foi mencionado o caso do Visa que tem as suas campanhas criadas no Brasil, na maioria das vezes, porque o uso do cartão de crédito neste mercado é diferente do praticado nos Estados Unidos e na Europa. No exterior, o uso do cartão está mais adiantado e tem uma penetração muito maior do que no Brasil. Portanto, depende de cada caso, mas o ônus da prova é sempre do mercado, porque está desaprovando uma diretriz internacional.

De um modo geral os clientes têm o mesmo tipo de atendimento, mas as contas têm comportamento diferente. Qualquer grande cliente internacional costuma ter a coordenação mundial e a regional, como a Unilever e a Reckit Beckin. Os escritórios para cada conta internacional são determinados pela próximidade da matriz ou por serem mais ativos, considerando a própria estrutura do cliente que, por sua vez, também determina quem é o seu escritório coordenador. Acima do diretor de atendimento da conta em um país, há o coordenador da marca para a região. O diretor de atendimento submete a campanha a este coordenador regional, que chega a um entendimento com o coordenador mundial da marca. Esse processo ocorre tanto na agência quanto no cliente.

Outros comentários abordaram que o processo depende do cliente e das diferentes situações. Voltando ao passado, a Shell foi um dos mais importantes clientes que existiu porque colaborou para a cultura do país patrocinando a Jovem Guarda, a Bossa Nova e a música popular brasileira até fins dos anos 1980. Ela tinha enorme preocupação com a qualidade dos produtos, mas não com a forma de vender a sua marca no Brasil. O programa *Shell Responde* feito no país, entre 1982 e 1983, era bastante diferente do *Call Shell for Answers*, dos Estados Unidos. Não havia nenhuma centralização, apesar de existirem conceitos de produtos que eram passados para a cultura brasileira ou americana, mas com uma grande liberdade. O American Express era muito mais rígido no conceito e na estratégia, mas tinha uma flexibilidade na produção das peças. A campanha *Do you know me*, criada nos Estados Unidos para este cliente, com jeito bem americano, foi transmitida para todos os países. No entanto, na produção das peças brasileiras, foram feitas substituições usando a figura do Gurgel, dono da fábrica de carros, o jogador Falcão, o empresário Bruno Caloi, e outros.

Por outro lado, a campanha de imprensa do SAP é uma campanha internacional cuidadosamente traduzida porque a cultura de informática é internacional. Dependendo, portanto, da categoria e do produto, a possibilidade de adoção é maior ou menor. Categorias altamente técnicas ou sofisticadas obviamente são mais fáceis por causa da linguagem mundial, existindo até assinaturas no idioma original e anúncios em inglês veiculados no Brasil. Naturalmente, o posicionamento original da marca tem a sua influencia.

Muitos clientes procuram agências multinacionais para ter um alinhamento no mundo inteiro. A Ogilvy é a agência da IBM no mundo. Esse também foi o grande diferencial da Motorola. O alinhamento proporciona as economias de escala, permite negociar a comissão da agência para o mundo inteiro e exercer um maior poder de controle do que se fosse trabalhar mercado a mercado. Nesse processo, muitas vezes o cliente trabalha em parceria com a agência, sendo algo muito ajustado porque depende da categoria e do produto. A boneca Barbie sofreu um grande processo de adaptação antes de vir para o mercado brasileiro.

As campanhas globais, regionais ou locais podem ter virtudes únicas. Em geral a ordem é inversa, na qual as campanhas locais têm mais virtudes, as regionais têm menos vantagens do que as locais, e as globais, menos ainda do que as regionais. Quando a campanha regional funciona melhor é porque tem uma linha de produtos homogênea, convergindo para um público-alvo com perfil demográfico, econômico e de valores bastante semelhantes. Quando a companhia tem uma mentalidade regional, a agência não precisa usar de fortes argumentos em cada operação porque o cliente já está preparado, tem experiência e está aberto para uma campanha regional. Essa campanha se dará em *one reason, one voice*, com solidez, coerência, consistência de atitudes e de identidade. Ocorrerá a economia de escala pelo fato de fazer uma só produção para inúmeros países, porém existe a economia de excelências usando o melhor planejamento que está no país "A", a melhor criação do país "B", a melhor produção do país "C", com o melhor diretor do país "D". Isso permite trazer os melhores talentos, onde quer que estejam, para cada etapa do processo ao desenvolver a campanha para toda a região. Essa economia de excelências pode dar o benefício único, diferenciado e maravilhoso, contra o que seria uma campanha local. Vale dizer que qualquer campanha regional com essas vantagens sempre terá um certo nível de compromisso em cada mercado porque terá de atender a um número maior de variáveis. Na hora do desenvolvimento de uma campanha para vários países, está-se perdendo uma trama fina de matizes, de aspectos e sutilezas locais, que poderiam dar uma vestimenta mais interessante e rica. É preciso, então, avaliar se a perda dessa trama fina ainda deixará um saldo altamente positivo.

Uma outra abordagem foi sobre a importância do Brasil no contexto mundial. Por ser um mercado grande, costuma ser o segundo ou terceiro país em contribuição financeira para as multinacionais. É um fenômeno que acontece com as filiais brasileiras da VW, da GM, da Fiat, da Parmalat, da J&J, da Faber Castell, entre outras. Por isso, os escritórios locais têm muita autonomia. Por exemplo, a VW brasileira era tão forte dentro da VW mundial que projetou e lançou os carros Gol e Brasília, além das peruas Parati e Variant, sem internacionalizar esses produtos. A J&J brasileira, do mesmo modo, podia escolher as agências que não eram alinhadas, como a nacional DPZ. O Carrefour também é muito forte devido ao seu grande faturamento. Na verdade, como o acionista na matriz quer o lucro, é mais fácil aceitar a opinião do escritório brasileiro se disser que não pode usar uma campanha internacional.

Com alguma freqüência, existe também o chamado desalinhamento estratégico. Algumas multinacionais estão percebendo que nem tudo está funcionando conforme a cartilha da matriz, começam a sofrer prejuízos, sentem a ameaça das marcas locais, precisam ganhar mercado e, portanto, experimentam o desalinhamento da campanha. Como conseqüência, começam a aceitar que a flexibilidade pode dar um melhor resultado. Acontece que muitas empresas do hemisfério norte ainda pensam que a sua cultura é universal, no entanto, como a comunicação precisa falar igualmente com o ser humano em São Paulo, em Honolulu ou em Chicago, é preciso pensar o que o move mais profundamente. Se conseguir chegar aos valores humanos universais, atravessando a muralha do estilo de vida, pode-se fazer uma grande campanha global, não pela marca ser global, mas porque houve um exercício de compreensão das pessoas, refletindo os seus sentimentos e sua maneira de ser. Havendo essa identificação, ocorre o verdadeiro papel da comunicação, que é ser o espelho dessas pessoas. Grande número de campanhas globais traz um estilo de vida alienígena, que avilta a raiz cultural e deixa as pessoas desconfortáveis, sem saber exatamente porque. As matrizes das empresas nem sempre ouvem isso. Estão preocupadas com a economia de escala e existe um desrespeito quanto à capacidade cultural dos países menos desenvolvidos, uma atitude colonialista forte e arrogante. Muitas vezes, o presidente estrangeiro de uma multinacional radicado no Brasil sente o tamanho da dificuldade local, compreende que o país possui uma altíssima complexidade cultural, que tem outra pulsação, e tenta levar isso para a matriz. No médio e longo prazos possivelmente será uma tendência, mas à custa de muito prejuízo, na opinião de um entrevistado.

Algumas agências internacionais como a Almap/BBDO, a Young & Rubican e a McCann-Erickson, costumam ter um comitê criativo internacional, geralmente se reunindo na matriz ou podem criar temporariamente um grupo internacional para um determinado projeto. O presidente do grupo criativo da Almap/BBDO faz parte de um grupo de criação internacional para a Pepsi-Cola, que apresenta as campanhas para aprovação a um comitê em New York. A presidente de criação da Young & Rubican brasileira, na sua gestão, também era a presidente do grupo criativo internacional da agência que aglutinava os principais criativos da empresa. O motivo para a criação desses grupos especiais baseia-se no fato de que para criar uma campanha global que de fato faça sentido é preciso ir buscar a chave da criatividade em algo que seja universal.

Apesar de tudo ser voltado para resultados, começam a existir sintomas para se atingir um aspecto qualitativo de vida. Como são comuns as reuniões entre a agência e o cliente com representantes internacionais de vários países, estão surgindo valores voltados para o lado ético, mais humano e não só profissionais dentro das equipes, como na Goodyer, Unilever e Purina. Neste sentido, as pessoas estão sendo selecionadas dentro de certas características para fazer parte do grupo, sem artificialismo. Possivelmente, as próximas gerações vão colocar o lado do ser humano junto com as características profissionais. Com essas mudanças, a decisão não será mais unilateral e sim participativa, mais democrática, na qual o diretor passaria a considerar a opinião dos demais.

Contrariamente, outro entrevistado afirmou que pode haver problemas se o processo for democrático. O que às vezes se faz é criar um sentimento participativo nas grandes convenções, mostrar a campanha e estimular comentários. Os representantes locais ficam muito satisfeitos diante da possibilidade de registrar o seu comentário, que pode ser adotado se for muito relevante, porém a campanha é imposta "de cima para baixo" na maioria das vezes.

Uma agência internacional informou possuir um programa dedicado ao entendimento do conceito das marcas internacionais, por meio da realização de pesquisas no mundo inteiro, como faz a MasterCard. Em alguns casos, o trabalho é feito junto com o cliente; em outros, não – o marketing global do cliente pensa no conceito e na estratégia e passa para a agência para ser aplicado. Uma outra agência, nacional, está adotando o processo de desenvolvimento da comunicação integrada e da área de desenvolvimento de negócios da *holding*[13], há três anos. Foi criado um departamento para estabelecer a filosofia de trabalho que consiga trazer esta habilidade para a agência e efetividade para o cliente.

A agência McCann-Erickson desenvolveu nos anos 1990 ferramentas estratégicas visando às marcas globais que possuem a dimensão necessária para trabalhar com esses documentos. Um cliente local não consegue aplicar todo esse ferramental devido à sua complexidade. O processo denominado *Strat Map*[14] envolve todas as disciplinas de comunicação, todos os fundamentos, o quanto será investido, o que a empresa sugere e o que tem de ser feito, como se fosse uma rodovia por onde tem de passar a idéia original e o significado da marca atual, até chegar ao novo objetivo mundial para essa marca. É algo enorme, envolvendo longas apresentações, mas que vem ajudando a estabelecer o rumo correto. Ocorreu uma grande mudança nos últimos dez anos quando a agência brasileira tinha um só computador e agora todos estão conectados à Internet. A nova geração poderá trabalhar de modo mais científico se esse conhecimento consolidado começar a ser colocado nos livros e nas faculdades porque já está pronto e estruturado. Foi uma década de desenvolvimento e implementação de métodos de trabalho, permitindo que as novidades possam ser incorporadas.

Um comentário levantou a questão de poder no sistema de globalização por parte dos clientes. Por estarem instalados no centro do poder, querem mandar nas campanhas, mesmo cometendo erros, só para manter o controle ou evitar desvios. Por outro lado, há o reconhecimento de ser mais seguro para as marcas adotarem um conceito único, usando a inteligência para obter a universalidade desse conceito, sem querer criar localmente. O alastramento da idéia do controle foi propiciado pelo aspecto transcultural da marca, por ser inteligente, auxiliado à facilidade da comunicação para aplicar essa inteligência.

Vantagens e desvantagens da CIMG

As vantagens da CIMG estariam:

- na economia de escala;
- na economia de excelência (qualidade);
- na manutenção do mesmo conceito da marca;
- na centralização da informação;

---

13 *Holding* – empresa de participação acionária que reúne e controla as demais empresas do grupo.
14 *Strat Map* – "mapa estratégico".

- na maior facilidade de coordenação internacional;
- no melhor controle.

Alguns entrevistados são da opinião de que as campanhas locais têm mais virtudes do que as regionais e, estas, mais do que as globais, por estarem mais próximas das sutilezas dos consumidores e devido à maior homogeneidade dos produtos. Uma campanha internacional pode perder essa riqueza dos detalhes, sendo necessário avaliar se o resultado final terá um saldo positivo. Por outro lado, a centralização do poder oferece uma certa segurança sobre a inteligência da marca e a universalidade do conceito em comparação com iniciativas locais.

Foi mencionado que, quando existe a convergência de sentimentos e percepção dos consumidores em relação a marcas e categorias comuns a diversos mercados, seria facilitada a implementação dos projetos de comunicação integrada. A dinâmica de uma categoria poderia, portanto, ser duplicada, com certos cuidados e flexibilidade, em razão da semelhança de ambientes e variáveis que compõem determinadas categorias de produtos.

A imposição da campanha pela matriz pode afetar a auto-estima das gerências e das agências locais, por não considerar o conhecimento específico que têm dos seus mercados. A impossibilidade de contribuir criativamente é desmotivante.

Curto prazo *versus* longo prazo

É possível conciliar os dois objetivos, de certa forma antagônicos: um voltado para a construção do *brand equity* em longo prazo e, outro, para incentivar as vendas no curto prazo. É uma tarefa difícil porque as ações de vendas costumam erodir a imagem da marca.

A tendência parece indicar uma prioridade para as vendas, uma vez que o lucro é questão de sobrevivência das empresas e de suas diretorias, principalmente nos últimos anos, quando os mercados estão mais competitivos e mais difíceis de serem conquistados. No entanto, os valores da marca são a única base e o patrimônio para manter a sua longevidade, que só pode ser conseguida no longo prazo mediante a construção de relacionamentos com o consumidor. Para resolver o dilema da conciliação desses dois objetivos, seria necessário utilizar eficazmente as disciplinas de comunicação, pois umas atuam mais no curto prazo e outras, no longo prazo. Entretanto, os valores da marca precisam estar presentes em ambos os casos, exigindo habilidade e talento das agências. Esse seria o procedimento ideal, apesar de não existir uma fórmula para conseguir esse equilíbrio.

O *brand equity* está sempre em construção, e um conceito forte facilita o seu trânsito entre as disciplinas. Por esse motivo, é necessário contar com informações sobre o comportamento do consumidor, respeitando-o em todas as ações que vierem a ser realizadas.

É possível haver um tema aceito globalmente, mas não somente com o objetivo de controlar ou fazer economia. Alguns entrevistados acham que o interesse global não deveria estar no controle da argumentação, mas, sim, no diagnóstico, no planejamento, no modo de operar e nos métodos de trabalho, permitindo que o resultado desse processo seja relativamente independente. O raciocínio parte da observação de que para atingir a liderança mundial é preciso ser líder na maioria dos países, podendo-se, portanto, questionar se tudo deva ser igual. Talvez esse pensamento venha a ser mais atual do que a uniformização feita pela globalização, no sentido de um movimento contrário, ou seja, "pensar localmente e agir globalmente" em lugar do conhecido "pensar globalmente e agir localmente".

Desenvolvimento de campanhas

Houve uma certa dificuldade dos entrevistados precisarem o tempo necessário para o desenvolvimento de campanhas globais, porém, considerando desde o ponto zero até o final com as peças produzidas, costuma ser por volta de um ano. A variação desse prazo está relacionda à amplitude das pesquisas realizadas com o consumidor para mensurar a viabilidade dos conceitos, das estratégias e das principais peças publicitárias, assim como as inúmeras variáveis que interferem no próprio desenvolvimento da campanha.

O desenvolvimento de campanhas nacionais poderia ser dividido em três etapas principais, como pode ser visto no Quadro 5.2.

Quadro 5.2 – Estágios e tempo aproximado de desenvolvimento criativo de campanhas

Estágio	Duração
1.º – Pesquisa e análise	60 dias
2.º – Insight e criação da campanha	10 a 15 dias
3.º – Produção da campanha	45 a 60 dias
Total	120 dias aproximadamente

Fonte: Elaborado pelo autor.

Foi comentado que o tempo para o desenvolvimento de campanhas nos Estados Unidos e na Europa é diferente do estimado no Brasil. No exterior, parece ser mais planejado e mais disciplinado, com muita negociação entre as partes envolvidas, e o processo chega a atingir aquele prazo citado de um ano, aproximadamente. No Brasil, as campanhas nacionais costumam levar em torno de três a quatro meses. Fazendo a comparação entre o desenvolvimento de uma CIM – Comunicação Integrada de Marketing com a CIMG – Comunicação Integrada de Marketing Global, esta tomaria um tempo 2 a 3 vezes maior do que aquela.

É comum a formação de um grupo de trabalho composto por criativos de vários países-chave para desenvolverem projetos mundiais. Vários profissionais brasileiros têm participado desse *pool*[15]. O trabalho pode ser facilitado quando:

- existe uma verdadeira preocupação e atitude em fazer uma boa comunicação, mediante um diálogo maduro com os pares e superiores, em qualquer grau hierárquico;
- o processo é ágil e flexível, mantendo-se a unidade da comunicação;
- existe a possibilidade de controle internacional da comunicação.

[15] *Pool* – "grupo de trabalho".

A qualificação profissional é um fator importante. Como a CIMG exige análises mais profundas, os trabalhos devem estar centralizados nas pessoas mais preparadas. Nesse sentido, os profissionais de propaganda estão se transformando em comunicadores, interessados em todas as disciplinas de comunicação e tipos de mídia, substituindo a especialização por uma visão mais abrangente.

Parece estar surgindo uma nova atitude profissional, mais participativa, entre clientes e agências, com valorização do fator humano. Cria-se, dessa forma, um clima mais democrático em que se consideram as características profissionais e pessoais. Em alguns casos, esse tipo de situação ocorre apenas superficialmente para motivar as pessoas (quando as opiniões não são muito consideradas), a não ser que venham a ser extremamente relevantes.

As multinacionais, que procuram manter o controle das campanhas para evitar desvios, podem cometer erros nesse processo. Ficou evidente a preocupação de algumas empresas em perseguir obstinadamente a unidade da campanha e, com isso, engessá-la, eliminando qualquer possibilidade de flexibilidade para adaptações regionais. A imposição da campanha pela matriz pode afetar a auto-estima das gerências locais, por não considerar o conhecimento específico que têm dos seus mercados. Do lado da agência, a impossibilidade de contribuir criativamente também é desmotivadora. Em síntese, o processo não pode ser carente de inteligência e sensibilidade.

Nível de aprovação

A totalidade dos entrevistados declarou que a aprovação das grandes campanhas globais é feita no mais alto nível da diretoria do cliente. Interessante observar que cinco respondentes (28%) complementaram que, cada vez mais, a participação da direção da empresa está envolvida na estratégia criativa ou na área da comunicação. Não é mais uma aprovação que sobe pelos escalões da empresa, mas a participação no processo da tomada de decisão.

Alinhamento internacional

As opiniões ficaram divididas quanto a este tema. Aproximadamente um terço é contra o alinhamento, um terço é a favor, e o terço restante ficou indiferente. O lado positivo é a existência do planejamento mundial e o lado negativo é a falta de agilidade, de autonomia e carência de estudos de mercado adequados.

Quando está sedimentado, o alinhamento de contas gera mais tranqüilidade para ambos os lados. É uma medida inteligente e prática porque o marketing e a comunicação estão alinhados em um mesmo grupo. Paralelamente, as redes internacionais de agências são utilizadas para implementarem campanhas globais, ajudando os clientes a convencerem as suas filiais a adotarem as diretrizes traçadas. Neste particular, estariam facilitando a tarefa dos clientes locais nesse trabalho de convencimento.

O alinhamento é positivo para marcas mundiais pela possibilidade de exportar campanhas para inúmeros países. Se fossem apenas agências independentes, existiriam muitas criações diferentes. Por isso, é indispensável que as agências nacionais se incorporem a uma rede mundial para poder participar do processo.

No Brasil, esse processo já começou. As maiores agências nacionais foram adquiridas pelas grandes redes, mas continuam guardando uma participação acionária. É um dos setores que não foi totalmente globalizado devido à importância de utilizar o talento local em propaganda.

Uma conta global em uma agência global mantém o conhecimento na mesma casa e é auto-enriquecedor. É possível exercer o controle, manter o mesmo pensamento estratégico e o mesmo grau de exigência, usar as mesmas ferramentas de trabalho, provocando uma benéfica sinergia. A rapidez de resposta pode ser estimulada devido à troca de informações, utilizando idéias e experiências bem-sucedidas em outros países. Por outro lado, confere maior poder de pressão aos clientes que negociam menores comissões para o pagamento às agências.

O alinhamento internacional de contas em uma agência pode ser um problema para algumas filiais. Ganham o novo cliente, mas são obrigadas a manter uma equipe para atendê-lo, mesmo com prejuízo financeiro, uma vez que as negociações costumam ser feitas para a rede, visando a um resultado conjunto.

O tamanho da malha internacional pode ser outro problema. Por ser muito grande, torna mais difícil a aproximação das pessoas e o reconhecimento profissional, prejudicando a motivação porque as equipes gostam de estar perto de onde tudo acontece e de participar do processo. A vaidade dos profissionais envolvidos é afetada porque gostariam de ter maior autonomia para projetar suas carreiras.

Pode ocorrer, também, que a transmissão das informações seja incompleta, faltando detalhes que venham a prejudicar um projeto.

Em muitos casos, o cliente é refém da agência porque recebeu uma determinação da matriz para trabalhar com ela. Como a agência ganhou a conta sem lutar, pode até empobrecer a qualidade da comunicação. Se não apresentar bons serviços receberá uma advertência e substituirá algumas pessoas, sem necessariamente apresentar uma melhoria no trabalho. Por isso, alguns presidentes de multinacionais preferem trabalhar com agências locais, que mantenham um bom relacionamento e estão empenhadas em atingir resultados rápidos.

Outro aspeto considerado ruim é a tão elogiada economia de escala na produção dos materiais, uma vez que não adiantaria economizar 5% sobre valores menores quando mais de 80% da verba é destinada à mídia ou a outros projetos.

Na ânsia de montar uma rede global, muitas agências abrem filiais sem ter negócios suficientes para mantê-las, deturpando um pouco a sua função e prejudicando a qualidade da comunicação.

Os indiferentes ao alinhamento internacional alegam que ele ainda está acontecendo mais sob o ponto de vista estratégico, ligado ao posicionamento da marca e não especificamente ao aspecto da comunicação integrada. Observam, também, que algumas multinacionais não estão totalmente alinhadas, trabalhando com agências independentes em alguns países, conforme a sua necessidade.

Há indícios de estar ocorrendo um processo cultural de amadurecimento e assimilação das estratégias globais. Os clientes estão impondo menos, as resistências estão diminuindo, apesar de ainda existirem. Seria conveniente que as agências mudassem a sua postura de serem líderes de projeto para serem parte dele, precisando aprender a transportar uma experiência bem-sucedida em um país para os demais e a implementar um programa integrado. Não basta assumir a estratégia global. Ambos os lados começam a entender que a discussão é sobre "como fazer" e não mais sobre "se deve utilizar determinada campanha".

Para uma agência não alinhada é mais difícil trabalhar com contas internacionais porque não existe a troca de informações sobre o que e como deve ser feito. A possibilidade passa a existir se o cliente tem a estratégia de trabalhar com agências locais, possui marcas de expressão localizadas em apenas alguns países ou pela importância do mercado para a empresa. Há casos de agências brasileiras que trabalham com contas internacionais.

Seguida de maior autonomia para as suas filiais tentarem obter melhores resultados, o desalinhamento de campanhas internacionais tem ocorrido quando:

- a alta direção das corporações percebe que estão tendo prejuízo;
- precisam aumentar a sua participação de mercado;
- são provocados pela necessidade de maior competitividade.

Pontos fortes

Pode ser notada, como já anteriormente citado, uma grande convergência de sentimentos e percepção dos consumidores em relação a marcas e categorias, as quais podem ser aproveitadas em outros mercados, facilitando a implementação de projetos de comunicação integrada. É um processo que tende a transferir conhecimentos, fazendo com que as empresas ganhem consistência e otimizem as suas estratégias de mercado, dando uma linha única para a marca em termos internacionais. A dinâmica de uma categoria pode ser duplicada, com flexibilidade, cuidados e ressalvas necessárias porque cada vez mais deverá encontrar o mesmo ambiente, as mesmas variáveis que compõem aquela categoria em vários países. Por exemplo, um *software* tende a encontrar o mesmo ambiente em todos os países, permitindo que a dinâmica de uma categoria seja duplicada, com flexibilidade e os cuidados necessários. Por isso, a Microsoft não precisa ter uma estratégia para cada país onde atua.

Os profissionais, por sua vez, estão ficando cada vez mais preparados para entender o que está sendo feito globalmente, estão interessados no produto, na marca, no serviço ao consumidor, em todo o tipo de mídia e formas de execução para poder pensar maior, o que os transforma em comunicadores e não somente em especialistas de mídia, de atendimento, planejamento ou criação.

Uma das vantagens está nos valores de produção. Os orçamentos maiores dos comerciais valorizam uma boa idéia por meio de uma excelente execução. Apesar de maiores, é gerada uma economia de escala porque os custos são divididos entre um grande número de países, melhorando a produtividade e sinergia ao serem contratados os melhores profissionais e utilizando as técnicas mais apuradas de finalização das peças publicitárias. Localmente não dá para competir em dinheiro, talento e em técnicas.

A unidade de campanha é considerada um ponto forte, porém as adaptações regionais podem acontecer na comunicação da mesma forma que no marketing. O mundo inteiro sabe o serviço que vai encontrar no McDonald's, entretanto, eles têm uma certa flexibilidade regional ao colocar um guaraná na sua linha de produtos junto com a Coca-Cola ou um hambúrguer com carne de ovelha porque a vaca é sagrada para o indiano.

Alguns entrevistados apontaram o ganho em agilidade, uniformização da comunicação e custos baixos, mas alertaram que não adianta ter um custo baixo se a campanha não trouxer resultados. O ponto forte não seria economizar em produção e sim ter uma grande campanha que resolva bem o problema de comunicação no mundo inteiro. Não pode se transformar em um processo mecânico, carente de inteligência, nem ser uma camisa de força; precisa ter sensibilidade e flexibilidade para se moldar às características locais do mercado. O processo tem muito mais vantagens do que desvantagens, mas quando não respeita essas condicionantes perde a aderência ao mercado local.

Outra preocupação é o investimento de mídia que, por ser muito alto, não se pode cometer erros. Portanto, a comunicação global deve se dobrar à eficiência, obtida quando se está junto do consumidor. Por exemplo, o cartão Mastercard foi feliz no conceito, na estratégia criativa e nas peças finalizadas. É um trabalho bem feito em termos de criação e que utiliza um conceito globalizado.

De fato, o publicitário tem que ser como um médico, estudando bem as diferentes reações das pessoas. Esse estudo é feito principalmente com pesquisas para saber o que o consumidor realmente percebe da campanha. Foi observado que, da mesma forma que existe um movimento de globalização, existe um movimento contrário de customização, de nacionalismos, mais apegado às etnias. A própria Europa virou um mercado só, mas, ao mesmo tempo, as etnias ficaram mais fortes, por isso é preciso tomar cuidado.

As ferramentas estratégicas são outro ponto forte do sistema. Há ferramentas bem complexas, como o *Strat Map*, cuja utilização já foi comentada, e o *Road Map*[16], desenvolvidas pela McCann-Erickson, que ajudam e facilitam bastante o processo de entendimento sobre a marca.

Pontos fracos

O ponto fraco seria pensar em tudo o que não é verdadeiro para a marca, ou seja, as pessoas estarem mais preocupadas com a carreira e em agradar ao chefe do que realmente fazer um bom trabalho. Elas sabem que já houve a reunião do *board*[17] e o presidente mundial mandou fazer, portanto, elas não têm autoridade para desautorizá-los. Na prática, a campanha pode não servir para alguns países, mas gerências locais com medo de questionar seus superiores aceitam mais facilmente uma estratégia *top down*[18], em vez de lutar por algo melhor. Estarão cumprindo as ordens para não se comprometerem com os resultados. Essa situação vigente nas grandes corporações é muito perigosa porque o ponto fraco reside na dificuldade de compreensão da mensagem pelo consumidor.

Ficou evidente a grande preocupação dos entrevistados com a compreensão da mensagem no que tange à unidade da campanha. Sem a flexibilização regional, corre-se o

16 *Road Map* – "mapa do caminho ou da trilha a ser seguida".
17 *Board* – comitê ou conselho de alto nível da companhia.
18 *Top down* – "de cima para baixo", algo imposto.

risco de engessá-la. Dessa forma, no processo não pode deixar de haver inteligência, sensibilidade e flexibilidade, não pode ser mecânico e ignorar as características locais. Não deve ser uma "camisa de força", precisando ter sempre uma adaptação e adequação para se moldar, caso contrário perde a aderência ao mercado local. Quando uma campanha funciona muito bem em qualquer país, como a do sabonete Dove com o conceito de "creme hidratante que rejuvenesce a pele", não importa de onde vem o filme. O comercial da Pepsi-Cola não tem problema no mundo inteiro. O pior é quando vem um filme inadequado, é aceito e vai para o ar porque é mais fácil. Se não está vendendo, cumpriu as ordens, mas o que interessa é ter uma campanha com um grande impacto, envolver o mundo inteiro e resolver bem.

Mesmo percebendo que há grande chance de dar errado, algumas campanhas são forçadas pela matriz por meio de um processo absolutamente radical e poder político. Nesses casos, tanto a agência quanto o cliente não gostam de trabalhar no projeto porque ficam com a sensação de serem mensageiros, de que não há o respeito para com o país que está sob o seu comando. O comandante da agência, então, precisa ter maturidade e experiência em manter a auto-estima e a motivação da equipe.

Outro ponto fraco, no sistema de alinhamento de contas, é quando a matriz da agência negocia uma remuneração que vai gerar lucro no cômputo geral, mas pode trazer prejuízo em algumas das suas filiais. Como resultado, causa uma frustração para o administrador quando faz a contabilidade do "lucro e perdas", constatando que aquela conta global dá prejuízo por exigir uma grande equipe para cuidá-la. Seria melhor para a agência dispensar aquela conta, mas como não tem essa autonomia, passa a existir uma vontade política menor do país prejudicado financeiramente. A agência trabalha melhor quando "dá o coração"; caso contrário, o trabalho é apenas profissional. Então, é preciso lidar com a vaidade das pessoas para compensar a falta de gratificação profissional com a satisfação de ter uma grande idéia no ar. Para atingir esse objetivo, é possível usar um sistema de *global evaluation*[19], no qual o cliente atribui pontos ao desempenho da agência, cumprimentando-a pelos bons resultados, o que ajuda a manter a *anima*.

O tamanho da malha mundial pode ser um problema. Por ser muito grande, torna difícil estimular o pessoal de maneira correta. O estímulo não vem só da remuneração, mas de uma aproximação que permita ocorrer o reconhecimento profissional e as pessoas sentirem que fazem parte de uma equipe na qual as coisas acontecem. Além desse aspecto, a informação pode vir incompleta da matriz. Apesar do executivo local estar preparado, é difícil ter uma visão global, podendo desconsiderar um detalhe que poderá destruir o projeto. A preocupação também está em manter o pessoal da criação motivado, uma vez que não pode criar, apenas adaptar. Como resultado, pode acontecer que os criadores mais fracos são destacados para fazer esse trabalho burocrático de adaptação e menos gratificante do ponto de vista da idéia criativa. Os melhores criativos passam a se dedicar a um trabalho para os clientes locais, com os quais consigam ter autonomia. Foi

[19] *Global evaluation* – sistema de avaliação de agências em nível global.

também comentado que os clientes não estão aceitando as campanhas internacionais com boa vontade; podem não declarar, mas deixam implícito que a campanha é forçada e tem de ser feita, sem a possibilidade de dar o tom local da empresa.

A qualificação das pessoas foi outro problema levantado. Elas estão acostumadas a trabalhar sobre um *briefing*, mas não investigam a fundo, tentando entender a personalidade do público e como ele recebeu a campanha. Por isso, é preciso centralizar os trabalhos nos profissionais mais preparados para garantir que tudo saia corretamente.

No conceito de criatividade estratégica, tudo é criado para gerar uma determinada linha de experiência, mas não são todos os clientes que têm planejamento integrado porque dividem a verba com outras agências de promoção ou relações públicas, perdendo a integração.

Sistema ideal

No que diz respeito ao sistema ideal para o desenvolvimento e implantação da CIMG, parece não existir esse "sistema ideal", dada a sua complexidade. Os entrevistados deram o seu ponto de vista com base na sua experiência, não sendo percebida uma estrutura ideal ou um procedimento comum à maioria das agências. Consideraram ser uma missão complicada por ser universal, mas acreditam existir técnica para tudo, destacando-se a realização de pesquisas que tragam respostas consistentes e que possam ser alinhadas internacionalmente. Essas pesquisas apoiariam um sistema de planejamento que conduziria ao acerto do que realmente é importante para a marca e permitiria avaliar se a campanha estaria respondendo ao desejado.

Quando se fala de CIMG, supõe-se que todo o mundo saiba a mesma coisa, ao mesmo tempo, em todos os lugares e que tenha o mesmo comportamento, tanto a equipe de trabalho quanto o consumidor, mas, para alguns entrevistados, é uma utopia pensar nisso em comunicação, dada a dificuldade de implementação. O motivo é que o processo não pode se dar "de dentro para fora", mas "de fora para dentro", sentindo as reações dos mercados. Esse movimento "de dentro para fora" é determinado pelo cliente ao fazer uma comunicação global, mas o gerente do mercado precisaria verificar a sua viabilidade local e ter sua opinião respeitada quando houver bom motivo. Outro entrevistado complementa ao dizer que os coordenadores que trabalham as marcas internacionais geralmente não conhecem direito o Brasil, impõem a campanha e causam ressentimento na agência local. Não se trata de uma questão de vaidade e sim de eficiência, porque o problema pode não estar sendo bem resolvido. Seguindo esse raciocínio, o sistema ideal seria o do respeito. Concordaram ser possível trabalhar com conceitos internacionais, desde que sejam respeitadas as diferenças de mercado, do povo, da cultura, verificando o que funciona, e não pela imposição.

Na opinião de outro entrevistado, talvez o sistema ideal devesse ser baseado em um processo de participação, reunindo um país-chave de cada região para o desenvolvimento da campanha. Explicou que dentro de uma agência ou de uma empresa costuma existir o *global team*[20], o *international team*[21] e o *domestic team*[22]. Uma vez tomada a decisão de que a campanha será global, ocorreria a participação de outras empresas do grupo e não só do *global team*. Geralmente, ocorrem disputas políticas internas nesse *global team,* seja do lado do cliente ou da agência. É comum o *Wordwide Account Director*[23] estar mais preocupado com a sua avaliação pessoal pelo cliente global do que pela sua agência, o que pode gerar um processo conflituoso para ser administrado. As pessoas costumam reagir a favor ou contra, na medida em que acham que poderiam contribuir e não estão sendo ouvidas. Considerando que o Brasil é o mais forte na América Latina, junto com os Estados Unidos, a Inglaterra e mais três ou quatro países, seria formado um grupo para elaborar o trabalho. Isso já é feito, mas nem sempre de forma verdadeira, apenas para criar um sentimento favorável à campanha e administrar a política interna.

Essa participação poderia ser feita:

- a partir das principais filiais que desenvolveriam e enviariam os conceitos pelos níveis hierárquicos da empresa;
- uma vez analisados, a alta diretoria na matriz selecionaria os melhores conceitos para serem testados nos mercados-chave;
- escolhido o conceito vencedor, um grupo de trabalho internacional formado por alguns talentos criativos desenvolveria as opções de campanha;
- uma vez aprovadas, as alternativas seriam testadas naqueles principais mercados, seguindo-se a aprovação da campanha pela matriz com base nos resultados.

Nessa seqüência, seria necessária uma coordenação internacional para centralizar, coordenar o projeto e dar a orientação necessária a todos os envolvidos, como pode ser apreciada na Figura 5.3.

Esse procedimento de ir e vir poderia ser o ideal, mas correria o risco de não ser encontrado um denominador comum para o projeto global pelo fato de envolver muita gente. Além disso, de um modo geral, para que uma campanha mundial agrade a todos precisa fazer concessões ao procurar os denominadores comuns, perdendo um pouco a sua eficiência.

Dois entrevistados opinaram que poucos profissionais no mundo conseguiriam dizer o que é o sistema ideal, mas obrigatoriamente teria de ter dois elementos para funcionar:

1) inicialmente, ter o apoio da mais alta diretoria;
2) ter dois líderes dedicados ao projeto: um *Regional Marketing Director*[24] líder do projeto com o apoio do primeiro, e uma pessoa dedicada integralmente ao assunto,

---

[20] *Global team* – "equipe global".
[21] *International team* – "equipe internacional".
[22] *Domestic team* – "equipe doméstica", local.
[23] *Wordwide Account Director* – "Diretor Mundial da Conta".
[24] *Regional Marketing Director* – "Diretor Regional de Marketing".

com a função de orquestrar o projeto, resolver os problemas e com acesso fácil ao diretor da região para que possa agir rapidamente.

Figura 5.3 – Processo participativo de aprovação de campanhas internacionais

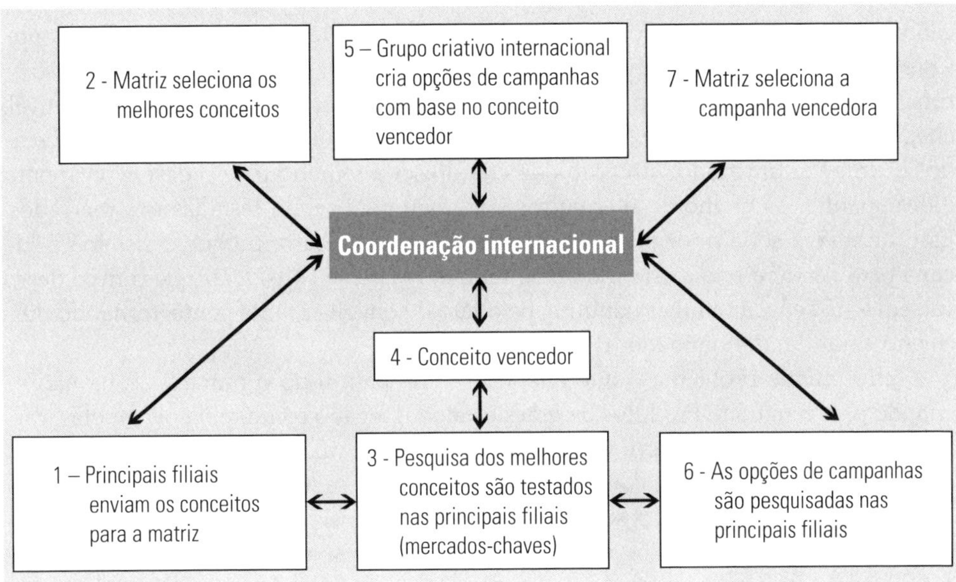

Fonte: Elaborada pelo autor.

Esse sistema é necessário porque todas as pessoas, em qualquer país, têm outras prioridades que não a da campanha global ou regional e podem ser demitidas ou promovidas pelos resultados obtidos com aquelas outras prioridades. Para elas, a campanha sempre será um aspecto secundário, e por ser da natureza humana, haverá uma resistência conhecida como *NIH*, quando são obrigadas a mudar algo que vinham fazendo localmente.

Ao receber uma campanha pronta, só podem ocorrer críticas. Entretanto, a partir do momento que existe a participação e o envolvimento das pessoas, pode-se avaliar se a campanha serve para aquela condição de mercado. Às vezes, o produto está amadurecido em outros mercados e não aqui no Brasil, mas é obrigado a usar o mesmo tipo de comunicação. Também, devido ao nível da propaganda brasileira ser muito desenvolvido, o consumidor compara a sua vivência com a campanha global, estrategicamente bem pensada, mas acaba recebendo um impacto menor e pode se desligar. Por mais que a campanha funcione bem mundialmente, para agradar a todo mundo tem que entrar na média, perdendo um pouco a eficiência.

O sistema varia conforme a agência e o cliente. Por exemplo, uma multinacional como a agência Ogilvy é muito flexível, mas como tem as suas disciplinas internas, as pessoas sabem qual o procedimento e torna-se mais fácil trabalhar, tendo, inclusive, a possibilidade de colaborar para o processo mundial, não sendo apenas um receptor. No caso de uma cadeia de agências independentes, é mais complicado por não existir um sistema disciplinado e pessoas treinadas.

Existiria um sistema ideal, se o conceito fosse testado nos principais mercados para ver se funciona e divulgado globalmente, acompanhado da estratégia criativa e das peças da campanha. Nesse processo, deveria haver a participação dos principais mercados no desenvolvimento criativo para encontrar uma idéia que servisse globalmente. Os escritórios desenvolveriam os seus conceitos para a marca, que subiriam na estrutura hierárquica da agência multinacional. Os conceitos seriam discutidos em alto nível, chegando-se a um que seja o melhor para todos. Em seguida, seria testado nos mercados e, uma vez aprovado, um grupo de criação seria reunido para o desenvolvimento da campanha. As melhores alternativas voltariam para serem testadas nos mercados. Esse vai e vem seria o ideal, mas geralmente isso não ocorre porque o sistema é "de cima para baixo" e não existe todo esse tempo. Há de se considerar que o risco desse vaivém é não chegar a lugar nenhum, pelo fato de envolver tanta gente, tornando difícil encontrar um denominador comum.

Outro grande problema é que quando se cria para todo o mundo, acaba não se criando para ninguém. Produtos de grande valor agregado como relógios, canetas, carros, abordam um público com uma forma de pensar e valores mais parecidos. Para os produtos de consumo final, como sabão em pó, perde-se justamente essa força quando se cria para todo o mundo, sendo necessário ter a sensibilidade de entender os mercados para conseguir tocá-los. É importante que o consumidor do produto seja igual em diferentes mercados, mas, se não for, a comunicação ficará engessada por causa de um só conceito ou estratégia. São os mercados que decidem se haverá uma comunicação global, se estão prontos para isso ou não. A perspicácia da empresa é captar esse momento e tirar proveito da economia de escala.

Complementando os comentários anteriores, outro entrevistado opinou que é necessária uma liderança centralizada em nível de diretoria, como um guardião, para orientar e monitorar o processo, levar o conhecimento e o pensamento já desenvolvido para os diversos países, bem como trazer informações locais para aprimorar esse processo. Como localmente sempre haverá a tendência de perguntar o porquê e de discordar, se não houver uma pessoa com a visão completa do processo para orientar os gerentes, os fornecedores ou a agência, a segurança do projeto tende a falhar.

Avaliação e pesquisa

Não foi detectada uma tendência sobre os resultados obtidos com campanhas globais, se pendiam para o sucesso ou para o fracasso, uma vez que os entrevistados tiveram pouco acesso a esse tipo de informação.

Percebeu-se que existe a presença significativa de avaliações subjetivas, baseadas no ponto de vista da agência ou do cliente, indicando que a prática de um sistema de pesquisa de avaliação de resultados de campanha ainda é deficiente. Nessa linha, algumas agências realizam comitês para avaliação de campanhas. No entanto, outras agências desenvolveram suas técnicas de pesquisa para auxiliar a comunicação, mantêm uma regularidade de investigação em âmbito global e, em alguns casos, os resultados são colocados na Intranet da empresa para que os interessados possam ter acesso. Essas ferramentas de pesquisa e de análise de dados são utilizadas para orientar o processo de construção de conceitos, planejamento e estratégias de campanhas, em âmbito mundial. Uma agência nacional também está desenvolvendo o seu próprio sistema. Algumas dessas ferramentas foram denominadas como *Road Map, Strat Map, Letter Learning,* 360° pelas suas agências, contribuindo para o estudo e melhor conhecimento da marca perante o mercado.

A mensuração é feita localmente, utilizando os padrões e as métricas globais de eficiência, seja em mídia ou com consumidores. É montado um cenário na matriz da multinacional e a resposta tem de vir no formato global, porque não é pelo fato de ter um comportamento diferente no Brasil que vai usar uma métrica diferente, sendo preciso ter uma linguagem única para aferir o resultado. Isso é feito idealmente utilizando o mesmo instituto nos países-chave e outros associados que conheçam a metodologia e estejam acostumados a trabalhar em conjunto. Tenta-se assegurar que todos os mercados utilizem a mesma tecnologia, o mesmo roteiro, tudo feito da mesma maneira. Depois, a casa matriz do instituto reúne os resultados e estabelece o seu critério para a avaliação dos vários lugares, destacando os aspectos específicos de um ou outro país.

É interessante notar que as agências lamentaram o fato de não terem muito acesso aos dados dos clientes quanto aos resultados das campanhas, considerando-os superficiais. O máximo que se consegue são informações sobre a participação no mercado do Instituto Nielsen, mas já houve época em que as avaliações eram bimestrais, com reuniões de avaliação de vendas associada com a avaliação de investimentos de mídia. Isso prejudica um pouco o processo. A exceção é a indústria automobilística, que divulga todos os números e pode informar as vendas detalhadamente. É o único segmento que permite esse tipo de avaliação.

Um grupo de sete entrevistados (39%) expressou que a melhor forma de avaliar uma campanha são os resultados medidos sob o aspecto mercadológico, como resultados de vendas, participação no mercado, aumento de serviço, *recall*[25] da marca ou o resultado na imagem do produto, em função do objetivo da campanha. Além das vendas, geralmente as grandes empresas fazem o *tracking*[26] a cada três meses, avaliando uma série de atributos da marca e dos concorrentes.

Alguns opinaram que as pesquisas de avaliação de campanhas eram míopes porque costumam ser realizadas em um momento diferente daquele em que será veiculada e não consideram o volume de mídia a ser investido, o que pode ocasionar um viés. O ideal seria avaliar de forma continuada, no curto, médio e longo prazos, para compreender a influência da campanha no significado da marca.

A avaliação é feita por meio de pesquisas realizadas antes (pré-teste) ou depois (pós-teste) das campanhas, indicando se há aceitação ou rejeição. Internacionalmente, costumam ser usadas métricas padronizadas e aplicadas nos diferentes países para permitir a comparação dos dados, podendo ser destacadas, na análise final, algumas peculiaridades locais.

---

25 *Recall* – lembrança ou recordação da marca ou de uma campanha.
26 *Tracking* – "acompanhamento".

Parece que os métodos utilizados estão um pouco atrasados em função das necessidades atuais da comunicação. Não são muitas as alternativas de pesquisa no Brasil, e as existentes foram consideradas primárias.

Importação de campanhas

Houve unanimidade nas respostas quanto à inexistência de impedimentos para a importação ou exportação de campanhas por parte do mercado brasileiro. À exceção dos aspectos legais e financeiros, como a legislação do Condecine que regulamenta o setor de produção de cinema e aplica taxas significativas para proteger a indústria nacional, não há impedimentos para a importação. Na verdade, o maior impedimento poderia ser a eficácia das campanhas ao serem veiculadas em outros países. Um aspecto citado com freqüência pela metade dos entrevistados foi a legislação que regulamenta a importação de comerciais publicitários. O Condecine elevou substancialmente as taxas alfandegárias visando à proteção do cinema nacional, atingindo duramente o mercado publicitário, mas não existe impedimento para importar as peças que compõem uma campanha global.

Respeitados os preceitos legais, existe a preocupação de um diálogo entre cliente e agência sobre o cenário local e reflexões sobre se a campanha é a melhor para a marca. Uma vez que a comunicação local é parte da comunicação global, cada região mereceria uma atenção localizada. A distribuição de produtos, sistemas de produção e fórmulas podem ser globais, mas a comunicação é diferente por ser difícil adotar comunicação única em sociedades distintas, com crenças e hábitos diferentes. Entretanto, há um grupo restrito de produtos que se encaixa pelo poder da marca e acaba invertendo os valores locais, como a Coca-Cola e a Nike. Varejo, bancos, carros, telecomunicações, alimentos, cosméticos parecem não se internacionalizar com facilidade porque os atores e as situações utilizadas nas peças publicitárias dificultam a identificação com o consumidor, sendo melhor se os comerciais fossem realizados no Brasil. No caso de alimentos, por exemplo, é importante o *apetite appeal*[27], no qual uma feijoada tem um apelo diferente para o brasileiro do que um *escargot*[28], devido à falta de identificação. Como a propaganda visa a resultados, o executivo precisa ser pragmático e avaliar se a campanha internacional trará os mesmos benefícios caso fosse criada no Brasil. Portanto, a maior ou menor aderência ao mercado local seria o impedimento para importar campanhas globalizadas.

Normalmente, a agência não vai propor a importação de um filme, a menos que seja pedido pelo cliente, porque gostaria de fazer um trabalho novo com os seus criativos, utilizando a sua visão e a sua estratégia.

As adaptações das peças publicitárias podem ser feitas de várias formas, a saber:

- importar o comercial inteiro, refazendo somente o áudio;
- importar somente a imagem e refazer a música e o áudio;

---

27 *Apetite appeal* – expressão utilizada em propaganda para designar o apelo degustativo.
28 *Escargot – carracol terrestre* muito apreciado na culinária francesa.

- importar o *footage*[29] e reeditar, até com imagens locais, utilizando o comercial internacional como referência.

Existe, entretanto, o aspecto de "engessamento", quando determinadas empresas determinam e a agência tem que cumprir. Essa flexibilidade ou rigidez dentro da mesma empresa depende da importância da marca mundial para o cliente, como a maionese Hellmman's e o detergente em pó Omo. São marcas com enorme volume mundial de vendas, usam a mesma embalagem (traduzida nos diferentes países), e o mesmo tipo de comunicação, mas o filme é feito no Brasil exatamente igual ao dos Estados Unidos, com o mesmo testemunhal, o mesmo tipo de computação gráfica e demonstração do produto. São marcas importantíssimas no mundo inteiro, significando milhões de dólares em faturamento, que exigem muitos cuidados, pois já têm um valor e uma postura perante a dona de casa, tanto no Brasil como na França, ficando mais presas aos conceitos internacionais. As campanhas globais do sabonete Lux Luxo sofrem adaptações locais ou regionais por causa da etnia e dos valores. Por exemplo, as cenas de banho não podem ser tratadas da mesma maneira em todo o mundo porque existem valores culturais e religiosos que impedem isso. O emprego de uma grande estrela de Hollywood, conhecida internacionalmente, pode ser substituída por uma estrela local, em alguns mercados, não só por causa da etnia, mas pelos aspectos de reconhecimento de valores.

Para ter maior efetividade, a importação deve respeitar alguns pontos para ser global e outros da cultura local para ser relevante, considerando que o lançamento de produtos tende a ser definitivo. Por isso, é importante que os valores e argumentos utilizados façam sentido para o seu público. Um comercial internacional com crianças no melhor estilo de uma escola inglesa, mas sem o perfil das crianças brasileiras, por exemplo, não deve adotado porque não faz sentido. A mesma idéia pode ser feita de outra maneira. Do contrário, estaria prestando um desserviço para o conceito do produto. O produto não vem para o Brasil para ser um turista, vem para ficar, e o comercial que não atinge o coração, que não pertence ao imaginário do consumidor, não funciona.

Outro entrevistado observou que, pelo contrário, a tendência é aumentar o processo de importação, cada vez com mais projetos se beneficiando desse conhecimento e dessa diretriz. A resistência a processos globais está se reduzindo porque o mercado de comunicação e de marketing está passando por um amadurecimento empresarial maior. É menos publicitário e mais comunicativo, havendo a compreensão da sua importância, e que não se pode lutar contra porque vai prejudicar não só o cliente como a própria agência. Esse processo cultural já foi incorporado. A discussão hoje é sobre qual a melhor maneira de implementar em lugar de se vai haver a implementação. É algo mais técnico e menos de crença no processo, assumindo que ele é irreversível, devido à força e pressão das empresas internacionais para que os profissionais de marketing e de comunicação entendam que essa é a nova forma do negócio. Trabalha-se muito menos no questionamento da estratégia global e mais na busca do melhor projeto de comunicação integrada, dadas as características locais.

---

29 *Footage* – material filmado e disponibilizado para uso.

A vaidade das pessoas foi apontada como um impedimento, por acharem que podem fazer as coisas melhor do que no exterior. Esse ponto é auxiliado pelo aumento da taxa de importação como um incentivo à produção nacional. Nesses casos, a estratégia de comunicação global é mantida, continua a ter a criação de filmes para uma comunicação mundial, mas o mercado brasileiro passa a produzir por causa desse incentivo. A peça mundial vira uma referência para o roteiro, e é reproduzida igual, eventualmente com algum ajuste.

Foi registrada uma opinião sobre as mudanças no cenário internacional da comunicação. Apesar de não haver impedimentos para importar, seria necessário perceber que está ocorrendo uma mudança muito forte. Os anunciantes, por não conseguirem trabalhar com um grupo de comunicação que ofereça o melhor de todas as áreas, estão separando o que compram, o que complica o processo.

Nos países desenvolvidos, a propaganda vem sendo dividida em três áreas diferentes, ou seja, os anunciantes estão comprando a criação de quem mais gostam (há uma quantidade enorme de butiques de criação pelo mundo), há um crescimento forte das companhias de mídia e há o crescimento muito grande de companhias prestadoras de serviços da área conhecida como "não-mídia". O ícone desse processo é o *merchandising*[30], forma de comunicação mais em evidência no mundo atual com ações para ocupar o vídeo com alguma marca. Isso está sendo provocado pelos mecanismos desenvolvidos pela tecnologia que permitirão aos telespectadores conviver com mecanismos de edição de imagens, nos próximos dez anos. Esses mecanismos permitem a eliminação dos comerciais de televisão pelo telespectador, o que representa um sério risco para o formato atual. Isso deverá chegar ao mercado brasileiro.

Na área de mídia, por exemplo, os cinco maiores grupos dos Estados Unidos detêm 80% do volume de mídia com as suas companhias especializadas, que compram e repassam grandes verbas para as suas várias agências, além de fazerem o planejamento. Os cinco grupos atenderiam cerca de 40 agências coligadas. Esses movimentos geram uma tendência de distanciamento da idéia criativa da idéia de mídia, porque as duas áreas são desenvolvidas em paralelo e separadamente. Por exemplo, em setembro de 2001, uma agência de mídia na Espanha já tinha comprado toda a mídia de Natal para a Martel sem saber como era a campanha, e não se importava com isso. O entrevistado concluiu que o mundo está mudando muito rapidamente, mas está tentando preservar o sistema de trabalho atual, construído com base no comercial de 30" e suas versões de 15" ou 60" e página simples ou página dupla. Esse modelo não resistirá nesse novo tempo, sendo difícil imaginar como as marcas serão sustentadas e como essa integração será aqui no Brasil. Na Europa e nos Estados Unidos, os anunciantes estão indo em busca da tecnologia, procurando por diferentes formas de acessar os seus usuários por causa da fuga dos meios de massa.

---

30 *Merchandising* – inserção de marcas ou produtos em programas de televisão, filmes de longa-metragem e outros meios de comunicação.

Exportação de campanhas

O mercado publicitário brasileiro é considerado entre os mais capazes e desenvolvidos do mundo, seja em planejamento estratégico ou em capacidade criativa, sendo muito freqüente as subsidiárias brasileiras de grandes grupos internacionais exportarem campanhas, com muito sucesso. Muitas vezes são campanhas verdadeiramente globais, beneficiadas pelo traço cultural brasileiro de não ser arrogante nem prepotente. Dadas as características dos povos do hemisfério sul, a criação é voltada para o ser humano e não para a imposição de algo considerado correto, aumentando a chance de acertar.

Algumas marcas internacionais fazem o trabalho junto com a agência, estabelecendo um concurso entre os seus escritórios. Partem de um projeto com determinado conceito e estratégia para o qual todos contribuem, como se fosse uma concorrência interna. Um comitê central escolhe a melhor proposta para ser usada mundialmente.

As agências brasileiras exportaram muito para a América Latina porque o talento criativo e o parque técnico de produção ainda são os melhores da região. Foram citados exemplos sobre a capacidade de criação nacional. A Almap/BBDO e várias outras agências brasileiras que fazem parte de redes internacionais já exportaram campanhas para a Audi, Visa e outros, inclusive o conceito. Para a Texaco, está sendo desenvolvido e avaliado um conceito para a América Latina. Tem havido exportação de comerciais da marca IBM, Lux, Adams, Warner Lambert e Ford. Em Londres, a campanha brasileira de Frisks é considerada a melhor campanha para gatos. Outra agência teve vários comerciais internacionais feitos para a Electrolux, LG e Toyota. A Ogilvy desenvolveu idéias e campanhas para os cigarros Free, exportando o conceito e a campanha para vários países da América do Sul e da África, bem como para a Tramontina e Ambev. Houve o caso da agência nacional Fischer, que desenvolveu brilhantemente a estratégia e o conceito único do "Nº 1", para a Brahma. Foram exportados para a Argentina e Venezuela, permitindo integrar todas as disciplinas de comunicação. Foi o caso mais premiado da década sobre planejamento de comunicação e estratégia criativa. O caso da campanha "Sérgio", da American Express, deu certo em mercado-teste de Belo Horizonte e foi expandida para o Brasil e outros países. Um famoso comercial da BIC intitulado "Fósforos" foi exportado para o México e para a Argentina, ganhou o Clio[31] e o Hall da Fama do Clio como um dos melhores comerciais da década.

Tecnicamente, portanto, não existe impedimento para exportar porque o nível técnico dos profissionais de marketing e comunicação do Brasil é alto. Eles estão profundamente habilitados a desenvolver e implementar projetos que transbordem as características locais, e que possam ser colocados em qualquer lugar. O problema estaria no modelo de negócios. Os grandes grupos de comunicação têm muita informação com muita gente pensando em estratégia, mas se movem lentamente e com menos sensibilidade em razão de seu tamanho. Além disso, os grandes projetos internacionais estão, no Brasil, nas agências com redes globais, e as agências brasileiras, se também não fizerem parte de uma rede

---

31 Clio – premiação internacional mais famosa da área publicitária.

internacional, terão dificuldades, apesar de já terem sido convidadas para desenvolver projetos mundiais. Isso acontece especialmente na parte da estratégia criativa.

Se o idioma do Brasil fosse o Espanhol, a exportação teria acontecido há mais tempo, o que o exclui um pouco do mercado hispano, mas a força do país está superando essa barreira. É lógico que existem campanhas não-verbais, com uma excelente direção de arte, mas a língua dificulta muito.

Normalmente, o centro de decisão das grandes empresas não está no Brasil, mas na Europa ou nos Estados Unidos. Entretanto, nota-se uma tendência de mudar o centro de decisão da América Latina de Miami para São Paulo. A sede e a presidência da rede da América Latina da agência Rino era em Miami, mas agora está em São Paulo. Apesar de Miami ser favorecida pela disponibilidade de vôos, com conexão para qualquer lugar do mundo, e pelo idioma, São Paulo já está sendo considerada uma alternativa por causa da qualidade dos talentos existentes. O modelo de negócios poderia, então, dificultar a exportação de campanhas, uma vez que os grandes projetos internacionais geralmente estão com as agências que possuem uma rede global. As agências brasileiras que não fizerem parte de uma dessas redes terão mais dificuldades na exportação das suas campanhas.

Não há empecilhos para exportar campanhas do Brasil, mas também ocorrem resistências de adoção por parte dos outros países, repetindo-se o mesmo fenômeno do *NIH* já mencionado.

Um outro possível impedimento estaria nos altos custos brasileiros de produção e dos cachês dos modelos em comparação com outros países. Enquanto nos Estados Unidos é possível fazer boas negociações para os direitos para o uso no mundo todo, aqui os custos de direitos autorais de fotógrafos, diretores, modelos acabam inviabilizando o projeto.

A ousadia criativa brasileira, por ser diferente da do resto do mundo, poderia ser uma barreira para a exportação de campanhas. Comumente, as agências recebem solicitações do exterior para consultar os veículos nacionais de comunicação sobre a possibilidade de veicular ou não um determinado comercial internacional porque, nos outros países, o planejamento de mídia só começa se houver o aval do veículo. No Brasil, a consulta só é feita quando possa existir algo extremamente agressivo ou gerar algum problema.

O futuro

Em virtude do desenvolvimento da tecnologia digital que, como já comentado, permitirá ao telespectador eliminar os comerciais nos intervalos dos programas de televisão, começa a ganhar destaque o *merchandising* como uma forma de comunicação. A se confirmar esses prognósticos, o atual modelo de comerciais de 30" e anúncios de página dupla/simples terá de ser repensado, provavelmente afetando a situação do atual sistema de criação e importação/exportação de peças publicitárias.

Comentou-se, também, o fato de a segmentação das disciplinas de comunicação em todo o mundo não estar sendo refletida nas agências, não existindo uma que possa oferecer todas elas. Por esse motivo, vários clientes internacionais estão comprando a criação de uma agência, a mídia de uma segunda, e diferentes serviços de outros fornecedores, dificultando o processo de integração. O surgimento de agências especializadas na compra de mídia na Europa e nos Estados Unidos está provocando um distanciamento da parte criativa porque o cliente tem a criação em uma agência e a mídia em outra. Além disso, foi comentado que as compras de mídia em pacotes nem sempre oferecem o que há de melhor para os clientes.

O futuro poderia ser dividido em duas etapas. A de curto prazo, ocorrendo a concentração nos alinhamentos em redes globais devido ao predomínio das multinacionais e por causa da visão administrativa e financeira predominante nos negócios. No longo prazo, possivelmente, será diferente porque o processo está sendo revisitado, por não estar funcionando a contento. Essa releitura poderá criar novas oportunidades e dar mais força para as agências locais.

O sistema de remuneração das agências por comissão também vem sendo questionado, sendo necessário encontrar novas formas que sejam boas para os dois lados, como, por exemplo, a determinação de *fees*.

Foi comentado que os grandes anunciantes poderão aproveitar a diversificação dos mercados para lançar produtos regionais ou de nicho, o que acarretará a necessidade de criação de campanhas regionais. Essa situação facilitaria a coexistência das agências nacionais com as internacionais.

Ainda na primeira década do século XXI, deverá ocorrer muita mudança porque todos estão preocupados em encontrar um modo diferente de pensar o marketing e a comunicação, a fim de conseguir maior relação entre o produto e o consumidor. Cada vez mais o profissional tem que ser um comunicador, ver o todo e ser mais completo para poder pensar globalmente.

No Brasil, também já existem inúmeros pequenos exportadores que vão necessitar do apoio das agências, abrindo a oportunidade de serem acompanhados na sua expansão internacional.

Parece estar surgindo uma nova atitude profissional, mais participativa, entre clientes e agências, com a valorização do fator humano. Cria-se, dessa forma, um clima mais democrático. Apesar desse avanço, esse tipo de situação ainda é superficial, servindo apenas para motivar as pessoas. Geralmente somente as opiniões extremamente relevantes são consideradas.

Talento brasileiro

Todos os entrevistados afirmaram que os profissionais de comunicação brasileiros estão preparados para desenvolverem CIMG para os seus clientes, principalmente na área de criação, mas, também, no planejamento e na mídia. Basta ver o grande número de prêmios recebidos e o reconhecimento internacional da propaganda brasileira. Esse sucesso internacional em comunicação tem exposto os brasileiros ao universo, além das fronteiras.

Como já apontado, a capacidade criativa e de planejamento dos profissionais brasileiros é considerada entre as mais capazes e desenvolvidas do mundo, sendo freqüente a exportação de campanhas, principalmente para a América Latina. No entanto, apesar de o Brasil ter tido participação no pensamento estratégico e da inteligência da marca, não costuma exportar essa capacidade por ser um país menor em relação a outros mercados, onde fica o centro de decisão. Como o consumo de bens e serviços no Brasil ainda é menor em relação aos Estados Unidos, a orientação é dada por quem tem maior experiência, tamanho de mercado e onde está o centro de decisão. A criatividade brasileira é interessante e elogiada mundialmente, mas ainda não há um reconhecimento da "inteligência estratégica".

O criador e o planejador brasileiros têm capacidade para resolver um problema mundial devido ao seu perfil: são mais abertos, têm uma forma de ver as coisas e de encarar problemas diferente do resto do mundo. A própria sensibilidade do brasileiro é maior do que a de um europeu, pois tal característica faz parte do povo, da cultura, da miscigenação de raças – por isso é que consegue se destacar naquilo que exige sensibilidade. Esse pessoal estuda, vai a palestras e viaja, expondo-se ao universo tanto nacional quanto internacional. Vem acontecendo um processo muito bom de qualificação e de conscientização das pessoas, no qual a união dentro das empresas em torno de um objetivo está evoluindo, passando de uma fase embrionária para a intermediária.

Há indícios de que os publicitários estão acordando para um novo tipo de profissional, com formação de administração e marketing. Um bom profissional de atendimento precisa ser um bom planejador, ser estratégico e saber como funcionam os clientes e as suas marcas. A nova geração sabe mais e está familiarizada com a navegação digital. Está mais preparada porque já está tudo construído, é só atuar. O que falta é disciplina. Quando se faz uma campanha global tem que estar muito mais atento ao uso e à característica dos mercados do que normalmente se faz. Não basta só um bom briefing, precisa considerar que uma idéia brilhante pode funcionar no Brasil, mas se não tem a linguagem universal de uma Nike, de uma Pepsi, ricos exemplos de comunicação global, dificilmente dará resultados.

Todos os entrevistados afirmaram que os profissionais de comunicação brasileiros estão preparados para desenvolverem a CIMG para os seus clientes, principalmente na área de criação. O reconhecimento e os prêmios recebidos pela propaganda brasileira ao longo dos anos atestam essa afirmativa. O criador e o planejador brasileiros têm capacidade para resolver problemas mundiais devido ao seu perfil mais aberto, possuir mais sensibilidade, ter uma forma diferente de ver as coisas e de enfrentar problemas. Entretanto, os profissionais brasileiros que estão qualificados para assessorar uma comunicação global não têm a oportunidade de exercê-la porque o processo de globalização está nas grandes agências.

Algumas agências internacionais que estão no Brasil são convidadas pela matriz a participar de projetos mundiais. No mundo globalizado, os projetos maiores estão no exterior, ficando difícil um país menor mandar alguma coisa para o maior. No entanto, foram citados vários exemplos de projetos internacionais desenvolvidos por agências nacionais, principalmente na área da criação.

Na avaliação no festival de Cannes, a única referência que existe, as agências brasileiras foram eleitas como as melhores do mundo por quatro anos consecutivos. Apesar de ser uma avaliação subjetiva, não deixa de ser um atestado conferido pelos representantes de todo o mundo. Isso refletiria um pensamento globalizado por parte dos brasileiros, dado que houve um entendimento das suas idéias nesse fórum mundial. Os entrevistados consideram também que o Brasil tem as melhores campanhas do mundo, não só em criação, mas planejamento porque uma grande campanha não é desenvolvida só pelos criativos. Também em Cannes, o Brasil é reconhecidamente o país que desenvolve conceitos muito fortes de campanhas globais, sendo classificado entre os três ou quatro melhores países do mundo em criatividade.

Algumas agências internacionais que estão no Brasil às vezes são convidadas pela sua matriz para participar com seus talentos brasileiros de algum projeto mundial. No mundo globalizado, os projetos maiores estão lá fora, e, sendo as empresas daqui menores, fica difícil para elas enviar suas idéias para as maiores. Vários exemplos dessa contribuição brasileira foram citados, envolvendo não só a criação, mas o planejamento e a mídia:

- uma agência local está desenvolvendo um projeto de arquitetura de marcas para uma multinacional;
- a Y&R fez muitas campanhas no Brasil que foram enviadas para mercados globais;
- a Full Jazz é fornecedora de soluções de Internet para a Berlitz mundial;
- outra agência participa da comunicação global da Pepsi-Cola, da Visa, da Audi e da Texaco, tanto em planejamento e em criação;
- há campanhas inteiras desenvolvidas por times de atendimento, criação, planejamento e mídia do Brasil que resultaram em campanhas internacionais para a Microsoft, Coca-Cola, Nestlé e Motorola;
- quando veio uma campanha da MasterCard dos Estados Unidos, foram desenvolvidos filmes no Brasil para a América Latina, que acabaram voltando para os Estados Unidos e foram para a Europa;
- o lançamento do Viagra com o Pelé foi uma campanha criada no país e exportada para Europa e Ásia.

Outro entrevistado comentou que seria oportuno refletir sobre o aspecto estratégico, pois este é um dos aspectos que está muito fraco lá fora, restringindo-se a fazer pesquisas e escrever relatórios com algumas conclusões. Por isso, a comunicação global corre tanto risco, pois esse tipo de postura acaba esbarrando na muralha do estilo de vida. Se os brasileiros fossem buscar técnicas e sistemas de maior profundidade, talvez pudessem dar uma contribuição maior, por serem inovadores e audaciosos. Começa a haver uma percepção por parte das grandes empresas de que o talento brasileiro é capaz de levantar *insights*[32] eficazes e interessantes.

---

32 *Insights* – idéia criativa para a campanha; também, valores e comportamentos importantes para o consumidor.

O ferramental na área de planejamento foi considerado insuficiente, pois se passaram muitos anos sem investir nessa área; não houve desenvolvimento de *softwares* e companhias que pudessem ajudar. Utilizavam-se muito as reuniões de grupo em pesquisas qualitativas. Nos últimos anos, algumas empresas com pensamento globalizado começaram a investir em pesquisas no Brasil. O grupo WPP foi o primeiro, comprando 30% do Ibope, com a intenção de trazer as outras companhias de pesquisa que existem no mundo. A Marplan também foi vendida para uma companhia inglesa chamada Ipsus, e está fazendo uma revolução lançando produtos na área de pesquisas para o planejamento. No entanto, leva tempo para formar as pessoas. Vislumbra-se um processo de valorização dessa área por causa dos *softwares* de pesquisa para a área de planejamento que analisam o comportamento das pessoas com base no consumo de produtos. Além da parte demográfica, considera o consumidor em relação ao produto, entre outras coisas. Essas ferramentas serão também muito necessárias e muito úteis para a criação.

Foi comentado que existem pessoas com qualidades para pensar e outras para realizar, sendo ambas importantes. No entanto, existe um certo preconceito com relação a essas últimas, sendo necessário valorizá-las. A compreensão deste fato permite melhorar o relacionamento e a transmissão das informações porque as pessoas passam a entender o seu papel dentro de um projeto, vindo a agir de acordo com as expectativas. Quando as pessoas estão mal informadas, usam a sua criatividade para fazer tudo à sua maneira, provocando erros, na maior parte das vezes. Nesse sentido, uma agência nacional está implantando um modelo participativo que potencialize a capacidade das pessoas.

Integração

Houve um significativo consenso sobre a importância e a possibilidade de integrar a mídia e as disciplinas de comunicação, embora seja uma tarefa considerada difícil. Essa integração ocorreria especialmente no conceito e na estratégia, alertando para a necessidade de adaptação local para se obterem melhores resultados.

No processo de marcas globais, é preciso somar esforços na comunicação, utilizando a mesma linguagem no ponto de venda, na propaganda, na promoção, na embalagem ou no evento que estiver sendo realizado. Como os investimentos em comunicação são altos e os recursos são poucos, diante das necessidades e da agressividade da concorrência, não há outra forma de ser eficiente e produtivo senão utilizando e integrando todos os recursos disponíveis, na procura do melhor retorno sobre o investimento. Ela, portanto, não é só importante, mas fundamental e inevitável, sendo possível integrar as disciplinas de comunicação em um só plano, o que parece não estar ocorrendo na maior parte dos casos.

Não é suficiente o anunciante entregar tudo para um grupo de comunicação e pensar que as ações estarão integradas. Na apresentação da agência para o *prospect*, o discurso é voltado para a integração dos trabalhos desenvolvidos pelas suas empresas. No entanto, a integração não costuma acontecer na prática porque na origem do problema está o aspecto da lucratividade de cada uma, que conduz a uma luta interna por resultados financeiros. Alguns entrevistados disseram que o processo de integração torna-se mais fácil entre as agências de um mesmo grupo, mas é possível realizá-lo em conjunto com as independentes.

Como a inteligência criativa e estratégica das marcas sempre esteve dentro das grandes agências, quem entender a passagem dessa inteligência para montar uma estrutura que compreenda a melhor forma de trabalhar todas as ferramentas vai obter bons resultados. Não é preciso ter tudo dentro da agência, podendo-se trabalhar terceirizado, mas centralizando a inteligência de comunicação.

Parece ser uma tendência pensar no planejamento estratégico do conjunto, mesmo que a agência não tenha todo o ferramental. As agências estão começando a trabalhar a marca considerando que a propaganda não tem mais aquela força de possuir 80% do orçamento e estão cuidando da implementação das ações. Portanto, não se pensa só em propaganda e sim em todas as outras áreas.

A tentativa de integrar as ações de comunicação vem sendo praticada há muito tempo por algumas empresas e agências, mas tem tomado dimensão nos últimos anos, apesar de ainda não ocorrer na maioria dos casos. Um dos problemas está na busca da lucratividade do negócio, que conduz a uma disputa entre as agências especializadas para conseguir maior participação nas verbas publicitárias dos clientes. No entanto, é importante que elas entendam e utilizem corretamente as disciplinas de comunicação pensando no conjunto, independentemente de a agência possuir ou não todas as ferramentas. Com vistas a melhores resultados, algumas agências nacionais e internacionais estão começando a praticar a coordenação no momento de implementar os planos, procurando integrar as ações ou contratando terceiros para executá-las. O correto é encontrar a melhor solução para o cliente, em lugar de simplesmente priorizar esta ou aquela atividade.

Grande parte dos clientes atuais pede um planejamento completo que integre todas as ações para desenvolver a marca e quer um envolvimento responsável, o que tem provocado uma mudança no perfil das agências. Há algum tempo, a criação destacava-se como o ponto mais importante de uma agência, e hoje está mais responsável, sendo mais planejada para atingir um objetivo.

A solução sugerida para conseguir um bom processo integrado é partir de um conceito de comunicação que deve ser utilizado como base para os trabalhos de embalagem, ponto de venda, propaganda, promoção etc., sob o comando de um diretor de comunicação que mantenha a unidade em todas a ações programadas. Quanto maior for o relacionamento, tanto interno quanto com o cliente, melhor será o processo de integração. Muitas vezes, o trabalho da agência é feito com o cliente, de forma participativa, com interferências no marketing e na marca. Os clientes costumam aceitar bem esse tipo de colaboração quando há fatos e bons argumentos que venham a ajudar o pensamento estratégico.

A Full Jazz é um grupo nacional composto por quatro empresas: propaganda, marketing direto, uma empresa em Internet, outra voltada para a comunidade que trabalha a cidadania e personalidade das marcas. Costuma fazer a coordenação dessas áreas para os seus clientes e das outras que não possui, como assessoria de imprensa, eventos e feiras. Participam do momento do *briefing* com essas outras empresas para eliminar a competitividade entre elas, dando liberdade de programar qualquer ação partindo de um critério voltado para a necessidade do cliente e não apenas para lucro, uma vez que é remunerada para organizar todas as atividades. Portanto, se a melhor estratégia for concentrar tudo em eventos e não em propaganda, a agência estará sendo paga para construir a estratégia e para coordenar esses eventos, tornando o trabalho mais eficiente. Naturalmente, a integração torna-se mais fácil entre as agências do mesmo grupo. Não é algo novo. Esta agência tem um processo para estabelecer estratégias, chamado de Jazz Mídia, que abrange toda e qualquer expressão dinâmica da marca. O cliente trabalha com a agência a parte de *briefing,* como sua parceira e coordenadora, ajudando a melhor estruturar as ações nas disciplinas que podem ser terceirizadas e assumindo a responsabilidade sobre o que está propondo. Foi mencionado que a Unilever e a Nestlé procuram integrar suas ações há décadas, tanto no Brasil quanto no exterior.

A Ogilvy tem uma prática chamada 360°, que conduz à integração e unificação das campanhas. Utiliza o conceito de "pontos de contato", ou seja, para o consumidor não existe publicidade, promoção ou marketing direto, o que existe é o contato que tem com a marca. Os contatos, desde o filme na televisão até o estado em que está a loja a ser visitada, configuram a identidade da marca. No caso da campanha intitulada "Sérgio", o impacto foi conseguido pela televisão, por *outdoor,* ponto de ônibus e pelo material de *merchandising* nos *shoppings.* O sistema funciona subordinando todas as disciplinas ao diretor de grupo de contas. As pessoas responsáveis por marketing direto, promoção ou *web,* por exemplo, respondem a esse diretor, que, apesar de não ser especializado, entende muito mais da marca do cliente do que os demais. Isso deverá ser o futuro.

A agência nacional Rino informou trabalhar com o conceito de integração desde a sua fundação, há mais de 30 anos, porque sempre procurava resolver o problema do cliente e não "fazer o que ela queria". Explicou que um cliente com um *briefing* pobre conduz a agência ao exercício de se colocar no seu lugar para ajudá-lo na elaboração desse documento e recomendar o melhor para o produto, independentemente do tamanho do projeto. É preciso planejar com isenção, considerando todo o espectro, sem pensar se a agência vai executar. Se não possui a especialidade, pode fazer parcerias, mas o cérebro tem de ficar dentro da agência e do cliente, trabalhando juntos para evitar desencontros operacionais. A agência que estiver mais próxima da matriz funcionará melhor porque tem mais acesso à informação de quem dá as diretrizes, ajudando na coordenação.

Parece que os departamentos de comunicação dos clientes estão começando a desaparecer, da mesma forma que o trabalho de relações públicas e de promoção estão sendo transferidos cada vez mais para as agências. Por isso, o departamento de marketing do cliente deve pensar na comunicação como um todo, manter a unidade e integrar as ações. O problema em clientes grandes é que as áreas de propaganda, de promoções ou de marketing direto são separadas e não costumam falar entre si devido aos interesses em jogo, dando oportunidade para a agência fazer o papel de aglutinadora.

Alguns consideram que o conceito pode ser integrado, mas a transposição do plano global para os mercados exige um conhecimento profundo dos detalhes locais. Diferentemente de um comercial de televisão que pode ser usado no mundo inteiro, se o plano envolver uma estratégia de marketing direto, eventos, ações promocionais, incentivos à equipe de vendas e ao comércio, bem como material de ponto de venda, está muito mais sujeito aos detalhes locais do que aquele comercial de televisão. Ao serem criadas essas ações, esses aspectos são mais importantes para a parte operacional, sendo necessário ter mais sensibilidade, para a adaptação não passar por cima dessas características.

O comando do processo

Uma significativa maioria considera que o cliente deveria centralizar e comandar o processo da comunicação integrada, cabendo à agência estar alinhada e apoiada por uma forte crença de que o trabalho precisa ser compartilhado pelos dois. O cliente comandaria desde o planejamento até a execução, fazendo a orquestração da propaganda, promoção e tudo o mais, para todos seguirem na mesma direção.

Por sua vez, como o negócio está cada vez mais globalizado, as agências de propaganda estão dando mais atenção a todas as áreas quando recebem um *briefing*, colocando-se à disposição do cliente para atender às suas necessidades e procurando ter uma liderança maior no processo, fato que não costumava acontecer. É uma relação próxima para se obter uma sintonia fina e manter o mesmo conceito, independentemente do número e tipo de agências que estejam trabalhando com o cliente. Dada a parceria, o cliente e a agência passariam a ser os guardiães do processo, o que se torna mais fácil quando o cliente trabalha exclusivamente com uma agência e ela tem várias disciplinas. Caso essas disciplinas estejam distribuídas em diferentes companhias, o comando teria de ser do cliente para manter a estratégia criativa e assegurar a implementação, mas é bastante complicado comandar sozinho por estar tudo muito segmentado.

O que costuma ocorrer é a integração do posicionamento, conseguindo-se até boas campanhas porque há gente capaz nas agências, mas não é um trabalho de curto e longo prazos como se pretende. É um processo ainda preliminar e complicado em virtude da rotatividade das agências. Os clientes costumam fazer concorrência entre cinco ou seis agências, e, se revelar o posicionamento da marca e a estratégia criativa, todos vão ficar sabendo. Seria perigoso porque elas poderão, depois, trabalhar para o concorrente. A solução seria adotar um sistema de *fee* e contrato de longo prazo, o que ainda não existe no mercado.

O cliente poderia deixar a responsabilidade da implementação com a agência devido ao difícil trabalho de ordenar, negociar e chegar a um consenso. A agência participaria do *briefing* para implementar diretamente ou trazer terceiros de outras especializações, fazendo a integração das diferentes disciplinas de comunicação de acordo com o conceito da campanha como um todo. Há anunciantes que trabalham com quatro ou cinco agências diferentes, sendo necessário uma coordenação central. Por exemplo, as sandálias Havaianas, da Alpargatas, tem o conceito "Todo mundo usa" e adota a estratégia de mostrar pessoas famosas e ricas, de classe A, para demonstrar que qualquer pessoa pode usar o produto. Esse conceito é muito bem empregado no ponto de venda, em promoção, em relações públicas e na embalagem, apesar de serem usadas agências diferentes.

O mercado tem dois tipos de agência. As nacionais de médio porte costumam trabalhar com propaganda e recomendar agências especializadas de comunicação, mas os clientes poderão resistir se entenderem como uma imposição o fato de outras agências especializadas participarem de um plano, mesmo que seja bom. Poderia haver uma certa desconfiança por causa do interesse comercial, entretanto, a parceria costuma dar bons resultados porque tem dois organismos fiscalizando o fornecedor. A agência verifica a qualidade e o cliente avalia o retorno.

As multinacionais têm a tendência de fazer tudo diretamente e, em geral, é mais fácil o cliente aceitar as empresas do grupo de comunicação multinacional para ajudá-lo; contudo, pelo fato de pertencerem ao mesmo grupo, torna-se mais difícil apontar o que estiver errado. Do mesmo modo, as necessidades de um laboratório farmacêutico, de uma indústria de alimentos ou de um banco não são iguais, e exigem especialidades muito diferentes. Por isso, quando um grupo de comunicação não possui empresas com essas especialidades para suprir as necessidades, realiza o planejamento e recomenda os melhores parceiros que estão vocacionados para as áreas de interesse, trabalhando junto e assumindo a responsabilidade. É mais produtivo, apesar de dar mais trabalho do que se existissem vários departamentos na própria agência. Para dar transparência, geralmente são indicadas três empresas para serem escolhidas junto com o cliente.

Costuma ser desejo do cliente que a agência desenvolva o planejamento de comunicação voltado para o marketing. O desenvolvimento é balizado com as informações e o conhecimento do cliente sobre o mercado e por ter condições de passar as informações relevantes com rapidez. Hoje, com o sistema Palm, o controle é fácil, feito por telefone, e chega direto na matriz em São Paulo.

Na comunicação global é comum existir uma pessoa central com a função de coordenar e implementar, cercada por uma equipe preparada para ajudá-la. A agência tem que desenvolver a comunicação integrada global, mas aquele representante do marketing global da marca quer ser informado para entender melhor o cenário e procura fazer a integração do processo, acrescentando informações e orientando até nos pequenos detalhes, como a forma de usar o tempo dos verbos. Seu comportamento é diferente, tem um jeito próprio de colocar o assunto, adquirido por meio de treinamento ou da própria participação no processo, e faz questão de se integrar. Quando o profissional age globalmente tem um comportamento diferente de quando age localmente. Precisa ter um aprendizado para perceber que olhar o mundo em comparação com um fato local é bem diferente, o que deve ser feito de forma cautelosa e aberta. Na pesquisa, surgiu a observação de que o meio ambiente de quem está praticando a comunicação global influencia na postura do profissional, percebendo-se que são pessoas inteligentes e sofisticadas, diferentes das que estão atuando nos projetos locais.

Geneticamente, as agências foram desenvolvidas para olhar unicamente o aspecto da propaganda, por isso não conseguem atuar com facilidade nas outras ferramentas. Acreditam, respeitam e recomendam, mas não têm experiência além desse universo. Em compensação, há agências que estão acostumadas e sabem transitar pelas diferentes disciplinas. Especialmente as agências pequenas que fazem de tudo para atender o cliente, apesar de não possuírem a força e a importância de um planejamento estratégico, nem qualificação dos seus profissionais para atender a grandes projetos.

Parece que vem surgindo um novo tipo de agência que vai aliar todo o conhecimento do universo de comunicação com a capacidade de implementação. Não existe hoje uma empresa que domine essa proposta plenamente, apesar de algumas estarem buscando esse caminho. Têm ocorrido alianças para formar grupos fortes, com toda uma retaguarda de planejamento estratégico, de qualificação e de relacionamentos, para desenvolver especialistas. O grupo Talent tem quatro empresas: a) a Talent realiza um trabalho mais focado no planejamento de marca, para ajudar os clientes a se desenvolverem a partir da compreensão de como a sua marca/produto está inserida na percepção do consumidor. Trabalha essa percepção e a força da imagem, em que a propaganda tem um peso maior; b) a QG lidera o processo e o conceito da comunicação integrada, buscando diferentes disciplinas de implementação, a partir de um diagnóstico do cliente; c) a Art Company é um núcleo operacional de prestação de serviços para complementar essa proposta com os clientes do grupo, como promoção, evento ou ações no ponto de venda, com um trabalho localizado de mobilização; d) a Lage/Maggy está formatada para se internacionalizar, visando à globalização, uma vez que o grupo não pertence a uma rede internacional e já possui alguns clientes brasileiros atuando no exterior. Uma estrutura muito "inchada" não sustenta o negócio financeiramente, por isso tem que ter a liderança do processo e do pensamento da comunicação integrada, comprando a ferramenta do fornecedor.

Ainda é pontual o processo de internacionalização das empresas brasileiras, mas a tendência é crescer porque existem oportunidades de negócio fora do país. O conceito da exportação já está bem colocado e os clientes nacionais vão querer que suas agências os acompanhem. O processo de "enxugamento" das suas estruturas em busca da rentabilidade faz com que venham a precisar de uma inteligência centralizada do processo de comunicação, com a ajuda de um parceiro.

É necessário que o profissional de marketing esteja preparado para a gerência do processo de integração. Ele deve ser um especialista de comunicação com capacidade para analisar e integrar o processo todo, "olhando a floresta e não só a árvore", verificando dentro da empresa os aspectos de relações públicas, assessoria de imprensa, embalagem, propaganda, marketing direto e tudo o mais. Um entrevistado observou que geralmente o pessoal de marketing não costuma conversar com as demais áreas de comunicação da empresa, cuidando somente da propaganda. Citou o caso de um cliente multinacional com cuja assessoria de imprensa conseguiram alguma integração, apenas passando a informação sobre a campanha de propaganda, sem mudar o sistema de trabalho. Existem casos em que as áreas de comunicação dos clientes estão sendo transferidas para as agências. No entanto, os gerentes de produto e de marketing continuam pensando na comunicação como um todo, com vistas à sua unidade e integração.

No caso de possuir várias agências, o cliente é o fator determinante por ser o único que conhece a verba total e está em todas as posições, possuindo mais liberdade de opinar e determinar. Entretanto, se tudo estiver em uma mesma agência, a responsabilidade estará dividida com ela, inclusive a decisão sobre a distribuição da verba, influenciando a decisão do cliente.

Outra opinião sobre o comando das ações foi favorável a que ambos a exerçam, tanto o cliente como a agência. Por princípio, a globalização e o comando do planejamento sempre é do cliente que já tem o plano pronto ou o constrói com a agência; ela pode comandar, caso ele permita, mas a implementação deve ser conjunta. Para isso, a Ogilvy tem agências com atuação especializada em marketing direto, promoção e outras, trabalhando absolutamente integradas, apesar de rótulos diferentes. No começo dos anos 1980, a Ogilvy foi pioneira ao criar a *Special Business Unit* (SBU), uma unidade integrada das diversas disciplinas. A visão era o desenvolvimento de empresas nas quatro grandes disciplinas: propaganda; AAB, de relações públicas; Promo, de promoções (comprada da Phillips); e Direct, de marketing direto. Ao mesmo tempo, a Ogilvy desenvolveu no exterior o conceito *orchestration*, mas não deu certo porque existia luta interna das empresas independentes em busca da rentabilidade. Agora, 20 anos depois, tem um sistema sofisticado de *time report*[33] conhecido como *time sheet*[34], justamente para propiciar essa integração. Os 400 empregados da agência fazem diariamente o *time report*, em detalhes, enviando a informação para o departamento financeiro. Portanto, é obrigatório acontecer a integração. Se a Ogilvy não tiver algumas disciplinas de comunicação, como assessoria de imprensa ou eventos, a agência possui parceiros para todas as áreas e o diretor da conta faz a coordenação. Para o cliente, não existem esses parceiros, existe só a agência que faz o trabalho para ele. O pagamento da comissão para a agência garante que tudo vai acontecer de maneira sinérgica, sem preocupação, dentro do conceito de *one-stop service*[35], no qual o cliente compra tudo de um só lugar, para resolver suas necessidades de comunicação.

As agências de propaganda

Grande parte dos clientes atuais solicita um planejamento completo que integre todas as ações de comunicação para desenvolver a sua marca. Este fato está contribuindo para mudar o perfil das agências, no qual o trabalho da criação passa a ser mais planejado para atingir determinado objetivo.

Os diretores de contas precisarão possuir um conhecimento mais amplo da comunicação para exercer o papel de coordenador e integrador dos projetos, nutrindo-se dos especialistas de cada área. Esse parece ser o caminho para o futuro, mas, para isso, é necessário planejar com isenção, analisando todo o conjunto de variáveis e escolhendo as melhores alternativas, sejam quais forem.

Em virtude da globalização, as agências estão se estruturando para manter uma sintonia mais fina com os clientes, procurando uma parceria maior para que ambos passem a ser os "guardiães" do processo, porque a complexidade motivada pela segmentação dos mercados, das disciplinas, dos públicos, dos meios, entre outros, dificulta a manutenção da mesma estratégia criativa e a sua implementação. Algumas poucas agências

---

[33] Time report – relatório do tempo aplicado pelos funcionários a cada projeto.

[34] Time sheet – folha para a marcação do tempo dispendido pelo funcionário a cada cliente.

[35] One-stop service – conceito de ter todos os serviços de comunicação em uma só agência.

brasileiras estão se estruturando em grupos de comunicação para oferecer diferentes tipos de serviços e iniciando o processo de internacionalização, abrindo filiais no exterior.

Quando o trabalho não obtém exatamente o resultado que se pretendia, pode ter sido em razão, também, da rotatividade das agências. É prática comum entre os clientes fazer concorrência para determinados *jobs*[36], prejudicando a continuidade do relacionamento. Nesses casos, pode ser perigoso para o cliente passar conceitos e estratégias das marcas para uma determinada agência porque poderão ser transferidos para a concorrência em momentos futuros, já que não existe uma continuidade nos trabalhos. A falta dessa informação pode prejudicar a criação e manutenção da linha adotada para a campanha.

A eficácia da comunicação novamente ressurge nos comentários como uma grande preocupação, recomendando que devam ser evitadas as peças publicitárias que não contenham os elementos necessários para motivar o consumidor. Algumas marcas, apesar do seu posicionamento e estratégias globais, têm demonstrado flexibilidade em adaptar os seus produtos para melhor atenderem às exigências dos públicos em diferentes países, mas não haverá problema se elas vierem acompanhadas de valores universais, uma vez que não há fronteiras para um bom conceito.

Se existe alguma mudança no relacionamento entre a agência e o cliente, estaria na maior proximidade. Hoje a agência precisa ter conhecimento do marketing e do negócio do cliente, além da comunicação, trabalhando de forma mais participativa. A dinâmica do diálogo mudou e a agência pode funcionar como uma base para o cliente se apoiar, recebendo idéias e trabalhando junto, considerando o desafio de enfrentar mercados cada vez mais complexos. Nesse sentido, a agência local pertencente a uma rede mundial pode ficar um pouco alijada porque não participa do planejamento global da marca.

Os clientes

O comando do processo estaria centralizado nas mãos do cliente que procuraria fazer a união e a integração das ações de forma harmônica. Atualmente, os planejadores globais elaboram as estratégias e preparam tudo. As filiais devem apenas adotá-lo e o trabalho de implementação caberia à agência.

A tendência aponta para o fato de todos os executivos passarem a falar inglês ou um terceiro idioma porque precisam se reportar à coordenação internacional, sendo, no entanto, algo que já vem acontecendo.

Foi observado que os gerentes de produtos são muito jovens, sem experiência, sendo contratados para implementar e não para pensar. Portanto, não possuem autonomia, o que poderia resultar na perda de boas idéias e oportunidades. Eventualmente, pode haver ampliação das suas funções, uma vez que o gerente tem de fazer a ponte entre a agência do seu país e a coordenação internacional.

Geralmente, os países mais importantes costumam implementar as estratégias globais, sendo designados como sede da coordenação para a região. Como o Brasil é o

---

36 *Job* – projeto ou trabalho de comunicação.

principal país da América Latina, vem assumindo, cada vez mais, o papel de coordenador regional.

Variando conforme a empresa, cerca de um terço dos entrevistados percebeu alguma mudança na estrutura dos clientes em função da regionalização ou da globalização. Foi mencionado o surgimento dos cargos de diretor regional de comunicação e de diretor regional de marketing, ambos subordinados a um diretor mundial. Algumas empresas estão reduzindo os níveis hierárquicos, facilitando a comunicação interna e a tomada de decisões. Também estão preparando as pessoas para terem um conhecimento mais amplo sobre o que acontece no mundo e a participação do seu país nesse contexto.

A sensação que se tem é de que as pessoas passaram a ter novas áreas de responsabilidade, especialmente a alta gerência. Em uma discussão estratégica, são analisados muitos cenários, envolvendo vários especialistas em diversas áreas, o que conduz à necessidade de um novo departamento que vise à integração dos esforços, ligada diretamente à alta gerência da empresa.

Existe a percepção da existência de uma nova geração de marketing que vive pressionada pela voracidade das suas corporações, com reflexos nos relacionamentos pessoais e profissionais. O relacionamento passa a ser melhor quando o cliente tem uma boa equipe de marketing e consegue passar um bom *briefing* para a agência, decorrendo em melhor comunicação e conseguindo resultados mais expressivos. Por isso, o treinamento foi considerado indispensável e fundamental para a qualidade da equipe. Há, porém, o aspecto das fusões das empresas e da alta rotatividade dos executivos, pois permanecem na empresa por volta de 1,5 a 2 anos. Esses fatores vêm prejudicando os vínculos do relacionamento e acarreta em um menor comprometimento com os projetos.

O relacionamento entre agência e cliente vem sendo muito questionado por causa da insatisfação deste último. Parece existir uma distância entre o discurso e a prática da integração porque as diferentes agências especializadas de um grupo de comunicação disputam as verbas dos clientes entre si, em lugar de otimizar os investimentos, como já foi mencionado.

Uso do *database*

A maioria dos entrevistados não tem conhecimento sobre a implementação de *database* para assessorar o desenvolvimento de campanhas de CIMG no Brasil, porque os grupos internacionais os estariam montando nas suas matrizes. As agências locais também não têm porque investir em *database* por não terem acesso a grandes contas que propiciem um retorno sobre o investimento. A pressão financeira por melhores resultados tem prejudicado os investimentos em pesquisa e informação. A perspectiva de não usufruir desses dados a médio e longo prazos devido à saída de clientes das agências também seria outro fator contrário à implantação do *database.* No entanto, existe a consciência da sua importância. Dados e pesquisas já existem no mundo inteiro, apenas torna-se necessário formatar o seu armazenamento, mas os entrevistados não souberam informar mais detalhes. Talvez o alinhamento de agências tenha facilitado a construção de *databases*, mas seria um processo em fase inicial. Parece existir um banco de dados dos diferentes projetos de vários clientes, com resultados de pré e pós-avaliação de campanhas utilizando métricas padronizadas internacionalmente, para saber se conseguiram bom entendimento e se estavam no caminho certo, mas isso, na realidade, não seria um *database.* Acham importante que as pesquisas sejam feitas periodicamente, mesmo representando um alto investimento em virtude de sua dimensão global.

No caso do varejo, geralmente as empresas têm dados de consumo, *ticket* médio, variedade de produto, *mix* de produto, freqüência e outros, mas sabem muito pouco sobre o comportamento do consumidor dentro da loja. A Art Company, uma agência com 19 anos de mercado, foi citada por possuir um arquivo de experiências com a finalidade de serem adaptadas para atender a uma situação específica, mas não estão formatadas no conceito técnico do *database.*

Seria pretensioso dizer que agências e clientes estruturaram um *database* para monitorar, controlar e aferir os esforços regionais. Em seu lugar foram citadas várias iniciativas, a saber:

- Uma agência costuma realizar reuniões ao final de cada campanha regional para saber o que deu certo ou errado. O resultado é transformado em um documento chamado *Letter Learning,* distribuído tanto aos que participaram quanto aos que não participaram do projeto. Ao se ter uma nova campanha regional, aquele documento é revisto e discutido, mas não seria um *database.* Talvez isso soe pouco sofisticado, mas tem bom senso, tem a experiência do pessoal envolvido, não ocupa um tempo desproporcional e dá uma boa orientação para os novos esforços. Como o número de campanhas regionais por ano ainda é pequeno, provavelmente o investimento em um *database* seria desproporcional.
- A McCann tem uma pesquisa internacional chamada *Pulse,* que fornece dados sobre o comportamento do consumidor por classes sociais, faixa etária etc. em várias categorias de produtos e serviços. O levantamento é feito semanalmente em mais de 200 países e essas informações são disponibilizadas na Internet. Outras agências costumam comprar pesquisas no mercado porque é caro manter esse sistema.
- Na opinião de um entrevistado, pode-se descobrir qualquer informação na Internet. O problema é como analisá-la. Aí estaria o diferencial, uma vez que não adianta ter milhões de dados e não saber o que fazer com eles. Citou que a Ogilvy tem um *site* sobre *best practices*[37], com todos os casos de sucesso disponibilizados na Internet para conhecimento do próprio grupo.
- Houve duas citações sobre grandes clientes que possuem um comitê de comunicação para avaliar resultados de campanhas e estão se organizando para ter um banco de dados, com imagens e anúncios prontos para usar. Isso seria bom profissionalmente e ajudaria a reduzir custos. Outros estão criando até um departamento de marketing inteligente, mas ainda estão na fase inicial.
- As lojas Besni de roupas e calçados, líderes no setor de lojas de rua na Grande São Paulo e baixada Santista, lançou experimentalmente o cartão Besni, que vai permitir

[37] *Best practices* – "melhores práticas".

a criação do *database*. Outro exemplo é a C&A, que usa o seu cartão para a parte financeira, mas também com a finalidade de fornecer informações para fazer comunicação dirigida e ofertas, sendo considerada um *benchmarking*[38] no setor. Alguns varejistas estão se encaminhando neste sentido.

- Parece ser prática comum comprar os filmes premiados em Cannes como um *benchmarking*, para serem analisados no momento de fazer uma campanha para um produto globalizado.

Com relação ao *database* para o marketing de relacionamento especificamente, clientes e agências ainda estão no início. A base estaria nos programas de gerenciamento, que são programas padronizados com funções específicas e mais fáceis de implantar, mas não aceitam modificações locais, impedindo a sua aplicação a situações específicas do mercado.

Planejamento

O ferramental de planejamento foi considerado ruim no Brasil por falta de investimentos. Recentemente, algumas multinacionais estão adquirindo participação em empresas de pesquisa brasileiras e trazendo novas tecnologias. A relação do consumidor com o produto está começando a ser o foco dos estudos e não apenas a determinação do perfil sociodemográfico do público.

Houve críticas sobre a fragilidade do desenvolvimento de estratégias no exterior, restringindo-se a elaboração de relatórios e conclusões sobre pesquisas, em lugar de um pensamento estratégico. Isso poderia vir a ser uma oportunidade para os planejadores brasileiros.

Construção do *brand equity* a longo prazo *versus* vendas imediatas

Houve consenso sobre a difícil tarefa de conciliar o posicionamento da marca em busca do *brand equity* no longo prazo com as necessidades de vendas locais a curto prazo. Apesar das inúmeras variáveis que intervêm no processo, parece ser possível encontrar um equilíbrio entre esses dois objetivos antagônicos, uma vez que as campanhas promocionais ou de vendas, denominadas também de *hard sell*[39], costumam erodir a imagem da marca, segundo os entrevistados.

Cerca de um quarto dos entrevistados observou uma possível tendência para priorizar as vendas em lugar de campanhas de longo prazo, uma vez que as dificuldades atuais dos mercados pressionam os executivos a obter resultados imediatos, mesmo em detrimento da marca. Esse é um problema que se vive muito nos últimos anos, quando o lucro é uma questão de sobrevivência no curto prazo, principalmente para as multinacionais que trabalham com a valorização das ações, fator fundamental para a sobrevivência da direção da empresa. O gerente do produto se preocupa com os valores da

[38] *Benchmarking* – referências sobre o que existe de melhor em determinada área do conhecimento.
[39] *Hard sell* – linguagem agressiva ou vendedora na comunicação, como em uma promoção.

marca, mas é pressionado para apresentar resultados de vendas, realizando ações no varejo e levando-o a esquecer a idéia criativa que poderia ajudar a imagem da marca.

Os valores da marca são a única base e o patrimônio que ela tem para construir a sua longevidade. São valores legítimos como os de pessoas. A marca pulsa, é intangível, vibra, e só pode manter relacionamentos de longo prazo expressando os seus valores legítimos para construir pontes empáticas entre o que ela é e o seu público. Essa afinidade de valores pode ser construída com a ajuda do *mix* de disciplinas, compatibilizando as ações no curto prazo sem nunca abrir mão desses valores que precisam estar sempre presentes em toda e qualquer atividade.

Algumas disciplinas de comunicação podem conduzir a marca por uma estrada mais estável e, simultaneamente, outras disciplinas mais agressivas conduzem para ações de curto prazo, mas deve respeitar os verdadeiros valores da marca, como no caso de uma promoção. Assim evita-se uma atitude mais comum e perigosa, que é a esquizofrenia da marca, ou seja, "dizer uma coisa e fazer outra". Esse é o grande dilema e que precisa conciliar as duas situações, mas é possível fazer uma ação mais agressiva sob o ponto de vista promocional, sem prejudicar a imagem da marca. Para isso, a agência precisa ter habilidade e talento em conseguir esses dois objetivos aparentemente opostos, conciliando a propaganda com a promoção para atender as necessidades do cliente, com base na verba disponível.

É uma situação espinhosa para qualquer empresa, sendo mais fácil construir a marca do que a reconstruir, o que é praticamente impossível. Por isso, não se podem cometer erros, pois uma promoção de vendas poderá acabar com a imagem. Foi citado o exemplo dos cursos de inglês da Alumini, cuja imagem foi construída com o conceito "Você está falando inglês desse jeito?" e conseguiu uma resposta imediata nas vendas das matrículas. Numa situação como esta, estaria configurado um sério problema se a empresa recebesse do exterior uma campanha de construção de imagem e tivesse a necessidade de vender, a não ser que pudessem ser feitas as duas campanhas.

Nunca houve um cliente que não pressionasse para vender e a agência precisa realizar campanhas de vendas pensando na marca. Na condição atual do mercado no Brasil, não dá para ficar só construindo marca e incluindo, no planejamento anual, campanhas focadas em vendas e resultados. O ideal é fazer um esforço de *branding*[40] e, ao mesmo tempo, realizar uma comunicação vendedora que agregue algum valor à marca. Esse é o equilíbrio ideal, raramente conseguido, mas possível. Apesar de não ser global, foi citado o caso de posicionamento, criação da logomarca e do nome do Baby Celular, feito integralmente pela agência. Ganhou um prêmio de Marketing porque conseguiu fazer *branding* com o varejo. Foi adotada uma estratégia bem balanceada que incluía o desenho do personagem, o conceito e dois livretos, um para orientar o uso correto do personagem e outro para o varejo, com a finalidade de impedir que as ações fossem totalmente vendedoras durante o período de divulgação. Tudo partiu de uma predefinição do planejamento, em que o personagem do bebê reforçava o posicionamento, sempre incentivando o uso e não apenas vendendo o telefone, uma vez que o resultado financeiro vem do uso do aparelho.

40 *Branding* – conjunto de esforços empreendidos para construir a imagem da marca.

Em outros casos, quando se tem uma campanha global de marca, precisa-se adotar uma estratégia local para atender a uma necessidade de venda que não conflite com a internacional. Outro exemplo é o da Eletrolux, para a qual foi apresentada a campanha de imagem e outra campanha cooperativa, em paralelo, para ser usada pelos grandes lojistas de eletrodomésticos. Algumas indústrias entram somente com o dinheiro e o varejo coloca a marca indistintamente no meio das outras, diferenciando apenas por preço. No entanto, se o anunciante trabalhar de forma proativa, é possível tentar preservar um mínimo da imagem enquanto o varejo se preocupa em oferecer menor preço e maior prazo.

Se quiser construir uma marca ao longo do tempo, é fundamental buscar essa conciliação, porque se ficar exclusivamente num ou noutro extremo, pagará um alto preço. Não existe uma fórmula mágica para conseguir esse equilíbrio. Um entrevistado citou que na década de 1940 a Ford classificou a comunicação de automóveis nos Estados Unidos, chamando-a de *tear 1, tear 2* e *tear 3. Tear* significa uma faixa ou área de atuação. A *tear 1* é "compre um Ford" (*buy a Ford*) e tem a intenção de construir o desejo pela marca, sendo paga inteiramente pelo fabricante. A *tear 2* é "compre um Ford agora" (*buy a Ford now*), tem como objetivo atribuir um sentido de emergência – *call to action* – e provocar tráfego nos distribuidores, sendo feita pelas associações de revendedores. São criadas mensagens coletivas para incentivar a compra com base no desejo pela marca construído pela Ford em *tear 1*. O *tear 3* é "compre um Ford agora de mim" (*buy a Ford now from me*), que é a propaganda individual de cada revendedor. Só que em alguns mercados predominava a *tear 1* e em outros, no mais das vezes, havia a predominância da *tear 2* ou *3*, só promoção, o que começava a desgastar o *brand equity*. Depois de décadas em que isso estava muito bem dividido, ficou clara a necessidade de encontrar uma abordagem que propiciasse um certo equilíbrio entre o posicionamento da marca e as promoções agressivas. Num mercado cada vez mais competitivo, com produtos cada vez mais parecidos e briga de preços, foi criado o *tear 1 1/2*, que promove uma oferta especial, mas cuidando da marca ao mesmo tempo. Isso é conseguido utilizando abordagens que não mencionem apenas o dinheiro mas que reforçam os benefícios do produto e da marca, além de cuidar muito bem dos valores de produção.

O *brand equity* está sempre em construção. Outro entrevistado explicou que para manter o valor de marcas como a Nestlé e, ao mesmo tempo, cumprir as metas de vendas muito altas é preciso manter o respeito que o consumidor tem por essas marcas. Comentou que foi analisado o momento que o país estava passando e encontrou-se o caminho de dar esperança, realizando o sonho da casa própria. Foram ofertadas 80 casas aproveitando os 80 anos da companhia no Brasil. O sucesso foi alcançado utilizando o programa Show do Milhão, do SBT, que recebeu mais de 30 milhões de cartas. Simultaneamente, cada marca fez o seu esforço no ponto de venda, relativo ao seu conceito original, mas relacionada à promoção. O Nescafé levava a pessoa ao Show do Milhão para ganhar 1 milhão, o leite Ninho oferecia a casa porque todo o mundo quer ter o seu ninho, a sua casa. Dessa forma vai sendo preservada a imagem da marca e, ao mesmo tempo, estavam realizando grandes vendas. Foi um sucesso total, chegando a receber 1,6 milhão de cartas em um só dia, ao mesmo tempo que atendia a todos os conceitos de posicionamento, construção do *brand equity* e vendas imediatas.

Ficou registrado que ninguém tem essa resposta para conciliar as duas propostas e que as únicas empresas que conseguem construir a imagem em cima de promoção são as empresas que vendem a preço baixo, como Marabrás ou Casas Bahia. Elas constroem imagem a partir do varejo porque quando se fala em vendas imediatas tem de haver agressividade, e se o posicionamento não é agressivo, fica mais difícil. A solução é ter um conceito forte que consiga construir o varejo com base neste conceito e seja transitável tanto de um lado quanto do outro. Por exemplo, a Fiat tem um conceito claro de "inovação" tanto para a promoção de varejo quanto para a propaganda de produto. A "inovação" do produto passa uma imagem tecnológica e o varejo aborda a "inovação" no sentido de oferecer promoções e preços melhores.

A conciliação é muito difícil de ser feita, precisando ter um consumer insight[41] bem forte por trás. A tarefa torna-se mais fácil quando existe uma imagem ou um conceito facilmente adaptável para todas as disciplinas. O MasterCard, por exemplo, tem uma campanha mundial e há vários anos consegue boas adaptações em qualquer lugar do mundo, produzindo peças mais relacionadas com o tipo de problema do momento, integradas ao conceito globalizado. A Coca-Cola também faz boas campanhas globais e atende às necessidades locais.

Uma das colocações que a agência faz em defesa da comunicação integrada é poder utilizar algumas ferramentas de comunicação especialmente para a construção da marca e outras, profundamente integradas, vão trabalhar em respostas mais imediatas. Pode-se ter uma campanha institucional na televisão e uma promotora no ponto de venda provocando uma degustação, alinhada ao conceito da marca. É o poder da convivência de diferentes ferramentas com diferentes necessidades – de construção de marca, de incentivo, de mobilização e até de promoção do produto – sem descaracterizar o posicionamento da marca. Essa seria a grande força da comunicação integrada.

Existem dois tipos de clientes. O que tem recursos pode fazer duas campanhas, uma para o produto e outra promocional, estabelecendo uma relação entre elas para a questão de conteúdo. O outro, que não tem verba, é um grande desafio porque é mais difícil ter uma campanha que proteja a marca e promova a venda do produto ao mesmo tempo. Para conseguir isso, os benefícios e o diferencial do produto têm de ser apresentados de uma forma que permita contribuir para a imagem da marca. Por exemplo, em 36 anos, a BIC nunca teve uma campanha de imagem institucional pura, só de produto, mas foi construindo a imagem da empresa.

Um dos entrevistado percebeu que existe maior demanda por preço e pouca pela marca. Questionou se de fato permanecerá a preservação das marcas em continuação ao trabalho de construção da imagem ou se as empresas farão qualquer coisa para vender. Parece que estão mudando ao observar que a Nestlé programou as suas marcas em programas populares do SBT, como Gugu, Hebe, Silvio Santos e Ratinho, que possuem imagem editorial bem diferente da marca. Uma outra companhia que preservava muito a sua imagem era a J&J, custando caro comprar um pacote de fraldas por causa do overhead[42] da qualidade J&J no preço. Chegou uma concorrente coreana, de menor qualidade e

41 Consumer insight – dados comportamentais do público-alvo.

42 Overhead – sobrepreço aplicado ao produto.

menor preço, e consegui vender 8 vezes mais que a J&J. Por causa da estabilidade financeira, o consumidor pode comparar os preços, e os produtos estão elevando o padrão de qualidade, diminuindo os diferenciais competitivos, fatores que influenciam o comportamento e trazem à tona o questionamento imagem versus vendas.

Alinhamento de contas em grandes redes mundiais de agências

As opiniões ficaram divididas com relação a este tema. Aproximadamente um terço dos entrevistados é contra o alinhamento internacional de contas, considerando-o uma concentração nociva, ruim para as agências locais e até por questão ideológica. Outro um terço expressou uma opinião contrária, sendo favorável ao alinhamento como o caminho para as marcas mundiais, sendo, também, indispensável a agência estar ligada a uma rede internacional, porque é bom para a comunicação global, em virtude dos aspectos da economia de escala e da utilização da mesma estratégia em todos os países. O um terço restante ficou indiferente. O alinhamento parece ser um fato inevitável, porém o processo está sendo adaptado, precisando amadurecer muito para transportar pela rede um pacote bem-sucedido em um determinado país ou concebido para ser global. Ainda falta agilidade, autonomia e estudos de mercado adequados.

O alinhamento internacional está acontecendo no aspecto estratégico, mais relacionado ao posicionamento da marca e não especificamente ao aspecto de comunicação integrada da marca. O processo cultural e o amadurecimento do mercado já assimilaram a globalização estratégica. Seria muito bom para as agências se não apresentassem resistências, ou seja, sair do papel de líder do processo para ser parte desse processo. Por isso, precisam aprender muito para transportar pela rede uma experiência bem-sucedida em um país ou um projeto concebido para ser global. As agências podem até assumir a estratégia global fazendo tudo conforme o alinhamento, mas não se envolvem na integração das diversas áreas, não se sentem parte da implementação de um programa integrado. O modelo ainda não está amadurecido. Percebe-se que o alinhamento gera morosidade, é mais rígido quanto a mudanças e tem de lidar com a vaidade dos profissionais de marketing que gostariam de ter mais autonomia para conseguir mais projeção nas empresas. Para que funcione, o cliente local precisaria ter uma atitude de liderança, estar comprometido com a agência no sentido de implementar um programa integrado; a tendência é isso vir a acontecer. Nota-se que a imposição do cliente hoje é menos questionada e está diminuindo a resistência da agência com relação às campanhas internacionais porque ambos começam a entender que é necessário parar a discussão sobre o "se é bom" para discutir o "como fazer".

O lado negativo do alinhamento internacional

Vários pontos foram citados contra o alinhamento de contas em redes internacionais, a saber:

- um aspecto ruim é quando as agências locais não lutam para conquistar a conta internacional;
- em grande parte, o cliente local não passa de um refém da agência internacional porque, se ela trabalhar mal, no máximo vai haver uma reclamação para a matriz, trocam-se algumas pessoas e tudo continua o mesmo;

- em muitos casos, esses alinhamentos causaram um empobrecimento da qualidade final;
- a chamada economia de escala é uma falácia porque não adianta economizar 5% na produção, que é a parte menor, quando 80% ou 90% do investimento é aplicado na compra de mídia e em outros projetos;
- o alinhamento pode ocasionar um grande prejuízo porque as marcas se movem "por paixão" e só as pessoas "apaixonadas" podem construir marcas, resultando que esse tipo de relacionamento elimina este fator "paixão".

Do lado dos clientes, alguns presidentes de multinacionais não são a favor do alinhamento porque querem fazer negócios com resultados rápidos e trabalhar com parceiros que também querem bons resultados nos serviços que oferecem. Por outro lado, o alinhamento de contas já é algo sedimentado e dá mais tranqüilidade. Facilita muito quando tem uma conta na América Latina, como a de Frisks, fazendo compra de mídia para a região com preços melhores, com otimização dos custos de produção e uma série de outras vantagens.

Um entrevistado é contra o alinhamento por questão ideológica, mas reconhece que a globalização é um processo inteligente e prático porque o marketing e a comunicação estão alinhados com um grupo bom de agências, apesar de existirem arestas que precisam ser aparadas. Comentou que a propaganda das empresas foi vendida no atacado por uma questão de preço, ocasionando a concentração do poder de compra de mídia, provocando o distanciamento na comercialização. Isso faz com que a essência da comunicação se torne refém dos grandes negócios, nem sempre os melhores que se poderiam fazer. A isso chamam de cross media[43]. É uma tendência que atingirá grandes dimensões e que deverá implodir e trilhar outro caminho. Aqui na América Latina, levará muito tempo para entender que a mídia será globalizada. No Brasil, atualmente, a grande maioria da mídia é regional, provocando uma evolução das grandes agências que hoje estão bem ancoradas por agências locais. O varejo e as concessionárias de automóveis também fizeram com que melhorasse a performance da mídia local.

Uma agência nacional considera a concentração nociva. Procura resolver o alinhamento de forma diferente, pertencendo a uma rede internacional de agências independentes, mas respeitando as características locais. Nessa linha de trabalho, a primeira conquista global da rede foi a Kodak, com os produtos de diagnóstico por imagem, na área da saúde. Esse processo foi liderado por uma agência associada de Altanta, nos Estados Unidos.

O lado positivo do alinhamento internacional

O alinhamento é bom para a comunicação global por causa da economia de escala e para os produtos com marcas mundiais quando exportam uma campanha para 100 países. Com agências independentes, teriam 100 criações diferentes.

A globalização é tão forte que acaba realmente privilegiando as empresas que têm uma rede de comunicação, provocando uma tendência de alinhamento das grandes

43 Cross media – cruzamento de diversas mídias em uma programação.

marcas, seja global ou regional. É correto que seja assim porque é o caminho para as marcas mundiais, tanto que a maioria das contas está concentrada nas multinacionais. Mas as agências independentes também podem contribuir, dependendo do caso. Por isso, é indispensável que estejam ligadas a uma rede internacional. Várias agências nacionais já estão nesse processo e outras estão começando a montar a sua rede e a ficar mais fortes com a aquisição de outras agências ou por meio da fusão, como é o caso da Almap/ BBDO, da F/Nazca, da Giovani/FCB, da Carilo Pastore/Euro e da AID.

Aproximadamente um terço dos entrevistados comentou ser um dos poucos setores que não foi entregue totalmente às multinacionais porque é muito importante o talento local em propaganda. A importância do mercado brasileiro e a necessidade de ter talentos locais fizeram com que não acontecesse o processo de internacionalização total da propaganda brasileira, como foi o caso de alguns setores industriais. No caso das agências, ocorreu uma associação.

O alinhamento tem vantagens muito grandes. Uma conta global com uma agência global mantém o conhecimento na mesma casa, que se enriquece ao descobrir aqui no Brasil o que a companhia está fazendo na Alemanha ou na Austrália. Isso é bom porque teoricamente existe o mesmo pensamento estratégico em toda a rede, tem as mesmas ferramentas, o mesmo grau de exigência e, basicamente, a mesma estrutura de trabalho. Essa sinergia de todo um mosaico de informações é extremamente estimulante, pois ajuda a pensar em novas estratégias, permite adaptar idéias que não teriam ocorrido, gerar economias de escala, aumenta a rapidez de resposta por não ter de "inventar a roda" a cada vez.

O cliente pode ter maior transparência e agilidade na eventual adaptação de campanhas regionais ou globais. É verdade que isso confere maior poder de pressão dos clientes e barganha na negociação de volume com a agência, mas "faz parte do jogo". Facilita, também, o controle porque é mais fácil para um presidente internacional telefonar para a matriz da agência e reclamar que está havendo problemas no Brasil do que verificar diretamente o que está acontecendo se trabalhasse com agências locais.

Como ficam as agências que não estão alinhadas

É muito difícil uma conta global trabalhar com uma agência local porque numa rede mundial há muita troca de informação. Uma campanha internacional que esteja presente em todos os países recebe a orientação sobre "o que fazer" e "como fazer". No alinhamento, o anunciante multinacional não pergunta – determina a agência às suas filiais.

Hoje, para conseguir uma conta internacional é preciso estar no processo como um todo, a não ser que a própria estratégia do cliente seja diferenciada para cada mercado, como a Nike, que adota a estratégia de trabalhar com várias agências locais, gerando a oportunidade de a agência nacional participar do processo.

Outro aspecto é o tamanho do mercado. Dependendo da sua importância, algumas empresas permitem ações regionais ou locais. A Unilever tem seus grupos de marcas com os respectivos alinhamentos, e as agências têm os seus coordenadores internacionais de contas. Por exemplo, o sabonete Dove tem uma linha de comunicação mundial, mas, no Brasil, por ter um volume muito grande de vendas e de faturamento, a coordenação da

América Latina pode aceitar a campanha que o país está querendo utilizar. No entanto, países pequenos têm mais dificuldade de sair da linha internacional da campanha.

Para as agências nacionais, que não participam de nenhum grupo internacional, existe a possibilidade de trabalhar com os produtos nacionais e alguma marca regional de uma grande multinacional, desde que não precise ter uma ligação mundial ou não tenha o volume de vendas suficiente para entrar no alinhamento de agências. A DPZ, a Talent, a W/Brasil e a Fischer, grandes agências nacionais, não têm nenhuma ligação internacional e estão isoladas do processo de alinhamento, mas não por falta de capacidade. Apesar dessa situação, essas agências conseguem ter contas multinacionais devido à importância do mercado brasileiro e pelo fato de as multinacionais acharem que a agência local conhece melhor o mercado. As matrizes dessas empresas as aceitam porque as filiais brasileiras dessas empresas têm muita força dentro da companhia. Também, por algum motivo específico, a Almap/BBDO conseguiu "fazer um furo" no alinhamento, se consolidando com a conta da Volkswagen.

Na opinião de um terço dos entrevistados, não há porque uma multinacional contratar pequenas agências, uma vez que decidiu alinhar a sua conta com um grupo transnacional. Porém, tem havido casos de desalinhamento de contas internacionais, apesar de não ser um fenômeno predominante. Na procura por melhores resultados, vários clientes desalinharam, contratando agências locais que demonstrem maior dedicação. Considere-se que uma boa agência local pode ter mentalidade internacional pela experiência dos seus funcionários.

As agências nacionais estão procurando o seu nicho. Há uma tendência de se estruturarem para atuar numa rede internacional ou ter algum modelo que as permitam se inserir no cenário mundial. Com esse objetivo, existem duas ou três redes virtuais formadas por um *pool* de agências independentes para a troca de informações e para atuar em grandes contas internacionais. Para enfrentar o mercado, a Fisher analisou as agências internacionais, a WPP, a Omnicon e a Interpublic como *benchmarking*, e percebeu que muito perto de 50% da sua receita não vem de propaganda. Decidiu, então, adquirir empresas nessas áreas, controladas por uma *holding* que também presta serviços administrativos, financeiros, de informações, tecnologia, novos negócios, assessoria de grandes estratégias e assessoria de imprensa. Procurou sócios investidores da área financeira e adotou uma administração empresarial em busca da lucratividade das empresas, chegando a montar uma central de compras para ter economia de escala. É uma agência brasileira com atuação internacional em seis países, possuindo maioria acionária em agências do México, da Argentina, da Colômbia e em alguns outros países.

O futuro do alinhamento

O futuro pode ser dividido em duas etapas. Uma de curto prazo, com concentração cada vez maior por alinhamentos porque ainda predomina a fria visão administrativa e financeira. Em um prazo mais longo, será diferente porque boa parte do processo começa a ser revisitado por não estar funcionando bem. Com a releitura desse processo, os grupos locais de comunicação poderão ter mais força do que tem hoje.

Alguns entrevistados acham que o global não deveria estar focalizado no controle da argumentação e sim no modo de operar, em métodos de trabalho, de diagnóstico e de planejamento, permitindo que o resultado desse processo seja independente. É possível haver um tema aceito globalmente, mas não obrigatoriamente com o objetivo de controle ou de economia. Para ser líder mundial é preciso ser líder em cada país, mas pode-se questionar se tudo deve ser igual em todos os países. Possivelmente não. Esse seria um pensamento mais moderno do que a nivelação feita pela globalização atual. Seria bom se ocorresse uma nova onda no sentido contrário, ou seja, em vez de "pensar globalmente e agir localmente", pensar "localmente e agir globalmente". Parece que as empresas estão começando a voltar a enaltecer as características locais para conseguir um diferencial competitivo e, a partir daí, partir para o global.

Os entrevistados foram muito consistentes ao prever que o alinhamento tende a aumentar no futuro. As grandes marcas deverão estar em grandes agências multinacionais e as agências locais vão trabalhar com as empresas nacionais, o que não impede de conseguir desalinhar algumas campanhas internacionais a partir de um excelente trabalho. Também poderão trabalhar com as multinacionais que possuem produtos/serviços locais ou sem volume suficiente para o alinhamento. No caso das concessionárias de automóveis, as campanhas são locais e nem sempre têm relação com o posicionamento da marca. A Procter & Gamble é globalizada e tem uma campanha totalmente brasileira para o sabão em pó Ariel, por recomendação da agência local. A globalização, portanto, não acabará com a complementação local.

Por outro lado, apesar da tendência de as marcas globalizadas ficarem com agências globais, poderá existir campanhas cada vez mais regionalizadas e localizadas porque os grandes anunciantes também terão de lançar produtos com características de nicho. Conforme o mundo vai se globalizando e se homogeneizando, contrariamente vai surgindo a necessidade da individualização por parte do consumidor. A fragmentação das revistas e dos canais de televisão representa a busca da individualização por produtos e serviços de nichos.

Foi observado que o Brasil ainda está resistindo ao alinhamento, mas essa resistência vai diminuir no futuro. É um processo no qual todos estão se adaptando para ter uma ligação internacional por causa do fluxo de informações que não pode ser adquirido somente com viagens. Na Argentina, no Chile, no México e no Brasil, as maiores agências são internacionais. Algumas brasileiras optaram por se internacionalizar porque, para ter um grande volume de negócios, precisarão conquistar empresas internacionais que necessitam de redes internacionais. Enquanto modelo de negócio, o ganho de escala e a otimização dependerão da globalização, fazendo o mercado crescer com o predomínio das multinacionais.

Reestruturação dos clientes em função da CIMG

Cerca de metade dos entrevistados opinaram que não houve mudança na estrutura dos clientes; estão apenas mais enxutas, mas não diferentes, permanecendo as figuras do gerente de produto e de marketing. Acreditam que não vai mudar; quando muito, poderá ter na agência uma pessoa com um trâmite mundial, mas no cliente, não. Nele existe mais preocupação com o marketing institucional centralizado e que começa a se envolver com o marketing social, porém continua com o seu gerente de produto e o seu gerente de marketing para as marcas. Estão do jeito que estavam, só que impondo mais.

A tendência, como já apontado, é ter todos os gerentes de produto falando inglês ou um terceiro idioma porque têm que se reportar a uma coordenadoria internacional ou fazer relatórios em inglês, mas isso é algo que já vinha acontecendo. Hoje, os planejamentos integrados globalmente já vem com tudo pronto, basta não errar. O marketing só executa a estratégia estruturada no exterior, implementando o raciocínio. É diferente pensar e montar uma estratégia do que receber pronto e só aplicar. Considera-se também, como já colocado, o fato de os gerentes de produto serem muito jovens, sem autonomia, apenas cumprindo o estabelecido e sem poder mudar nada, mesmo que enxerguem algo óbvio. São pagos para executar e não para ter idéias, o que é lamentável, pois muitas vezes têm muito com o que contribuir e isso não é aproveitado.

O que acontece, às vezes, é a mudança nas funções, uma vez que o gerente de comunicação tem de fazer a ponte entre a agência do seu país e a coordenação da área ou com a matriz, com a intenção de vender a campanha criada localmente ou de trazer as campanhas globais para explicar para a agência. É diferente nos clientes locais que costumam ter uma outra estrutura.

Há casos de pessoas que são coordenadoras da América Latina, da Europa ou dos Estados Unidos, com a função de implementar a estratégia na região. Dependendo da empresa, o país mais importante costuma ser o coordenador. Como o Brasil é o principal país da América Latina, existe a tendência de os diretores de marketing do Brasil tornarem-se diretores de marketing da região.

Os clientes estão procurando se adaptar. Um terço dos entrevistados informou que começam a acontecer algumas mudanças na estrutura dos clientes por causa da regionalização e da globalização, variando muito conforme a empresa. Há casos com diretores de comunicação regionais, regional communication directors, em que cada um cuida de uma divisão. Outros têm um diretor de marketing de região, às vezes subordinado a um diretor de marketing estratégico, com abordagem conceitual. Estão ocorrendo algumas adaptações para enfrentar os níveis hierárquicos internacionais no processo de aprovação de uma campanha. O gerente de categoria é subordinado ao CEO do Brasil e ao gerente de comunicação da região, em uma estrutura matricial, respondendo pela operação para uma pessoa e pela comunicação para outra. Eles espelham como a companhia encara a comunicação, se de uma forma globalizada, regional ou local. Existem empresas em que o departamento de marketing e o de propaganda são separados, em outras, são juntos. A Unilever tem gerente de produto que responde tanto por preço e distribuição quanto por publicidade. Na Fiat, o gerente de marketing é responsável pelo produto, e o de publicidade é um especialista que responde apenas pela comunicação de todos os produtos.

A Nestlé está se reestruturando totalmente no Brasil. Em vez de ter vários níveis hierárquicos, o presidente fala diretamente com o responsável pela comunicação, que, por sua vez, fala com os chefes de divisão responsáveis pela venda e pelo controle das marcas. Isso resultou em uma redução fantástica dos degraus para chegar ao presidente.

Essas estruturas estão com quesitos diferenciados dos de antigamente, precisando preparar as pessoas para adquirirem um conhecimento de diversas culturas, entender o mundo e parar de defender apenas os aspectos locais.

A sensação que se tem é de que as mesmas pessoas passaram a ter novas áreas de responsabilidade, especialmente a alta gerência, a presidência e o diretor de marketing. O diretor de marketing lidava com a gerência do produto; hoje, envolve diversas áreas de atuação e cuida mais do sucesso do produto do que do seu desenvolvimento. Por exemplo, na Brastemp são muitas áreas que precisam envolver diversas pessoas para fazer uma discussão estratégica, por causa da diversidade dos cenários a serem analisados. Existiria espaço para uma nova área que visasse à integração de tudo, como um gerente de integração de marketing, respondendo para a alta gerência ou para a direção de marketing.

A relação entre o marketing e a comunicação

Existe a percepção da existência de uma nova geração de marketing que vive pressionada pela voracidade das suas corporações, o que se reflete nos seus relacionamentos profissionais e pessoais. Porém, o importante é ter um relacionamento do mais alto nível com os clientes, tanto pessoal como profissional, para que todos fiquem felizes – cliente e agência. Para isso, é preciso treinar a equipe para propiciar o melhor atendimento.

Antes era tudo separado: o marketing, a comunicação, vendas e produção. Cada um definia o que queria. A comunicação fazia um plano estratégico para a marca e pedia para a agência definir a estratégia de comunicação. Agora, o marketing está mais próximo das vendas, do produto e do mercado, não cuidando somente da comunicação e das estratégias das marcas. O novo profissional está sendo preparado para manter o controle da estratégia de marketing e os clientes estão terceirizando, transferindo para as agências a execução da estratégia de comunicação que antes era discutida dentro da empresa. Muitas vezes, o trabalho da agência é feito com o cliente, interferindo no marketing e na marca. E os clientes aceitam bem quando há consistência, porque os profissionais das agências estão mais preparados para o pensamento estratégico, o que não era muito típico. A relação fica assim: quanto melhor o marketing do cliente melhor é a ação de comunicação; quanto melhor o briefing melhor é a resposta; e para que uma ação seja efetiva, tem que haver uma boa equipe. A permanência na função ajuda a criar vínculos no relacionamento e a acumular experiências.

Essa relação, como já comentado, vem sendo muito questionada devido à insatisfação dos clientes por existir uma distância entre o discurso e a prática. Fazer uma campanha com marketing direto, ponto de venda ou outra disciplina não significa que seja comunicação total. Por exemplo, um grupo de comunicação que tenha várias áreas de atuação enfrenta uma concorrência interna por verbas, e cada diretor de criação dessas áreas acha ruim o que o outro faz, dificultando a montagem de uma comunicação integrada. A solução é definir um conceito para a comunicação total e ter um só diretor de criação sob o mesmo teto, apoiado por uma equipe de design de embalagem, outra de marketing direto, de eventos e ações promocionais, um de Internet, de identidade visual, de ponto-de-venda e propaganda, tudo no mesmo ambiente. Cada um na sua especialidade, o criativo que faz folheto tem o sonho profissional de ser o melhor – ele não é um criativo de propaganda frustrado. Por estar no mesmo ambiente, o arquiteto, na criação, vai ajudar no visual das lojas do cliente. Dessa forma, o relacionamento com o cliente sai fortalecido se for competente. Essa é a maneira de entregar o prometido com o diretor de criação compromissado com a comunicação total. Nesse esquema, o atendimento e planejamento entram com a definição do conceito. Quanto maior for o relacionamento, maior será a integração.

Uma outra abordagem sobre o problema de relacionamento, tanto do cliente quanto da agência, é quanto à qualificação dos funcionários. Já foi aqui discutido como vem sendo contestado o modelo no qual as pessoas acham que pensar é valor porque há pessoas que só pensam e outras que só operacionalizam. Nesse sentido, tudo é valor. As pessoas que realizam têm de ser tão prestigiadas quanto as que pensam porque têm uma capacidade fantástica de realizar coisas, são ótimas realizadoras, mas ficam maculadas com esta condição. A agência tem procurado achar um modelo dentro do sistema participativo, mas precisaria existir algo em que todos tivessem o pensamento da comunicação integrada, sem alguém para pensar ou mandar e outra para fazer. Todo mundo, seja quem está criando o folhetinho, seja quem está mandando os promotores distribuí-lo, precisa ter a visão do que se está querendo. Sem isto, é normal que as pessoas mudem as coisas quando não sabem por que estão fazendo aquela tarefa; dão os seus toques de criatividade e, geralmente, provocam o erro.

Quatro entrevistados (22%) disseram que a relação entre o marketing e a agência tem mudado sim, está mais próxima. No passado, o cliente era o *expert* no seu negócio e a agência, em publicidade. Hoje, a agência continua sendo especialista em publicidade, mas tem de conhecer muito bem o mercado, o marketing e o negócio do cliente, a concorrência etc. Um profissional competente de planejamento e atendimento fará colocações que somente um diretor de marketing faria. A dinâmica mudou muito, aproximando a agência do cliente em termos de universo de diálogo. Como as dificuldades são maiores, o cliente continua a se apoiar na agência, trabalhando junto e dando idéias. As funções, agora, são diferentes, mas não necessariamente há uma nova estruturação.

Conclusões da pesquisa – 1ª e 2ª etapas

Termos e definições

As expressões "comunicação global" e "propaganda global" já eram do conhecimento dos entrevistados. No entanto, "comunicação integrada de marketing global" apresentou um índice de conhecimento menor que as duas anteriores, mas, ainda bastante elevado. A "comunicação global" é tida como mais abrangente do que a "propaganda global", uma vez que esta só se refere à "propaganda em si", é mais específica e está inserida na primeira.

A nova definição de CIMG proposta na pesquisa, elaborada a partir das definições dos vários autores investigados, foi considerada correta por parte de todos os entrevistados da 2ª etapa, a saber:

> CIMG é o planejamento de comunicação integrada de marketing global que parte da análise de valor para o consumidor com o fim de definir o posicionamento da marca. Utiliza as disciplinas de comunicação de forma integrada e interligada com as estratégias de marketing da organização, permitindo a aplicação única do conceito em todos os países, mas tendo a flexibilidade de permitir adaptações, quando necessário.

Apesar da primeira definição pesquisada ter sido considerada correta, assim como o pensamento globalizado da comunicação, os entrevistados comentaram que seria de difícil aplicação devido às inúmeras variáveis que influenciam a definição do conceito, a estratégia criativa e a execução das peças publicitárias. Foi externada uma grande preocupação sobre a necessidade de adaptação às condições locais de cada país ou região para que a campanha consiga motivar o seu público. Se o planejamento e o posicionamento das marcas realmente partissem da análise de valores dos consumidores, a comunicação global possivelmente seria diferente do que se tem visto. Em outras palavras, os entrevistados acham que as campanhas globais, de um modo geral, não estão obtendo a eficácia pretendida.

Empresas e produtos

O tipo de companhia, a categoria e o tipo de produto parecem influenciar a possibilidade de a marca adotar um posicionamento global único. Produtos destinados a públicos que possuem os mesmos valores em qualquer país, assim como aqueles de maior valor agregado, que são sofisticados e com alta tecnologia, parecem ser mais adequados à prática da CIMG. Os seguintes produtos foram citados com maior probabilidade de assumir um conceito global: refrigerantes, tênis, creme dental, produtos de higiene e limpeza, uísques, relógios, canetas de marca, bancos, automóveis de luxo e produtos de moda e de informática.

Conceito, estratégia e peças publicitárias

Devido ao grande número de variáveis intervenientes, houve uma certa dificuldade em fazer um julgamento genérico sobre a aplicabilidade de três áreas investigadas – o conceito, a estratégia criativa e as peças da campanha – em um projeto de CIMG. No entanto, as opiniões expressaram existir maior probabilidade de um conceito de marca ser realmente mundial do que a estratégia criativa, e as peças publicitárias têm ainda menores chances. Em um sentido decrescente, o conceito ou posicionamento seria de mais fácil adoção internacional, a estratégia criativa já sofreria restrições e as peças restrições ainda maiores, devido à necessidade de utilizar uma linguagem que fale mais de perto com os consumidores.

O importante no processo de comunicação seria preservar o DNA da marca e do produto (posicionamento). A partir dessa base, poder-se-ia adotar qualquer estratégia criativa ou peças publicitárias para a campanha.

Para que a CIMG tenha sucesso seria importante considerar:

- os aspectos transculturais da marca que permitam ultrapassar as fronteiras dos países, porque estaria utilizando os valores culturais comuns aos diversos povos;

- o estágio de desenvolvimento das marcas e dos mercados, porque mercados em desenvolvimento e novos produtos geralmente não se comportam da mesma forma que produtos já estabelecidos e/ou atuem em mercados maduros;
- os hábitos de mídia de cada país ou região;
- a verdadeira preocupação em fazer uma boa comunicação, por meio do diálogo entre as partes envolvidas;
- o uso adequado do mix de ferramentas de comunicação convergindo para o mesmo objetivo da marca.

As vantagens da CIMG estariam:

- na economia de escala, devido ao rateio dos custos de produção entre os países participantes;
- na economia de excelência, pela elevação da qualidade em todas a áreas devido à utilização dos melhores talentos;
- na centralização das informações;
- na maior facilidade de coordenação internacional;
- no maior controle internacional;
- na manutenção da unidade e uniformidade da comunicação, mas permitindo certa flexibilidade e agilidade;
- na otimização do processo pela transferência de conhecimentos;
- nas maiores verbas que auxiliariam os valores de produção, melhorando a execução.

Adaptação de campanhas

O ônus da prova para convencer a matriz a mudar uma campanha global está sempre do lado da agência local porque vários fatores podem dificultar as modificações ou adaptações de campanhas globais, a saber:

- o reconhecimento da campanha mundial pela alta direção da empresa;
- a prepotência das empresas que ditam as suas crenças sem considerar o fator humano interno e do mercado;
- a imposição da matriz, que pode desmotivar as gerências locais não consideranto o conhecimento específico que têm do mercado local;
- a submissão dos gerentes às regras e imposições dos seus superiores visando proteger suas carreiras, em vez de trabalhar para o sucesso da marca;
- determinadas imposições também desmotivam a agência, porque esta é impedida de contribuir criativamente para o processo;
- o controle das campanhas para evitar desvios, podendo conduzir a erros;

- a preocupação de perseguir obstinadamente a unidade da campanha, correndo o risco de engessá-la, conduzindo o processo sem inteligência e sensibilidade;
- marcas mundiais de maior expressão e faturamento costumam ter maior rigidez para adaptações.

A barreira mais clássica contra a adoção de campanhas internacionais é a síndrome do NIH, reação comum entre agências e anunciantes. Essa resistência tende a diminuir à medida em que os profissionais vão ganhando maturidade. Em função dessa resistência, as redes internacionais de agências costumam serem usadas pelos clientes para implementarem campanhas globais, ajudando-os a convencerem as suas filiais a adotarem as diretrizes traçadas, facilitando a tarefa dos clientes locais nesse trabalho de convencimento.

O tamanho do mercado e da filial no contexto da empresa multinacional ajudam a aumentar as oportunidades de alterações nas campanhas globais, uma vez que ela é responsável em apresentar bons resultados financeiros. Nesse sentido, devido à importância do mercado brasileiro e das filiais das multinacionais aqui instaladas, as casas matrizes costumam ser mais flexíveis em aceitar as modificações das campanhas globais sugeridas pelos escritórios.

Processos e relacionamento

Não foi possível precisar com clareza se a idealização do processo da CIMG nasceu na agência ou no cliente, mas um terço dos entrevistados indicou que a liderança do processo partiu dos clientes.

O processo de adoção de campanhas globais está intimamente relacionado com o grau de liberdade que a matriz dá às suas filiais. Isso varia conforme a empresa, mas costuma ser imposto pela diretoria, "de cima para baixo". Há gerências locais passivas que simplesmente repassam as ordens, acomodando-se ao sistema interno, e outras mais arrojadas, que abrem um diálogo com a matriz na defesa dos interesses locais.

A agência local, devido ao seu conhecimento do mercado e sensibilidade, deveria ser reconhecida pela matriz dos clientes, permitindo adaptações das estratégias e/ou peças publicitárias para melhorar a comunicação com o público. Nesse sentido, alguns clientes e agências estão se envolvendo cada vez mais no processo de implantação das campanhas globais, criando níveis de coordenação regional e internacional. É comum a formação de um grupo de trabalho composto por criativos de vários países-chave para desenvolverem projetos mundiais, constatando-se que vários profissionais brasileiros têm participado desse grupo. A aprovação de campanhas internacionais costuma ser feita no mais alto nível da diretoria do cliente, e quando a companhia tem uma mentalidade regional ou global torna-se mais fácil a adoção de campanhas internacionais, mantendo coerência, solidez e identidade.

Os processos variam com maior ou menor flexibilidade, conforme a empresa, mas costumam seguir o modelo representado na Figura 5.4, sendo comum o trabalho de parceria entre cliente e agência. O relacionamento entre cliente e agência ocorre em diversos níveis hierárquicos, e cada um comunica-se com o seu par e dentro de cada empresa. Dessa forma, evita-se o cruzamento de informações e, principalmente, das decisões tomadas, ordenando melhor o processo. Em outras palavras, um determinado nível do cliente não deve se relacionar diretamente com outro da agência que esteja acima ou abaixo do seu. Por exemplo, o diretor de marketing regional não deve se comunicar diretamente com a direção de atendimento ou com a matriz da agência sem passar primeiro as informações para a coordenação regional da agência.

Figura 5.4 – Modelo de relacionamento participativo entre cliente e agência

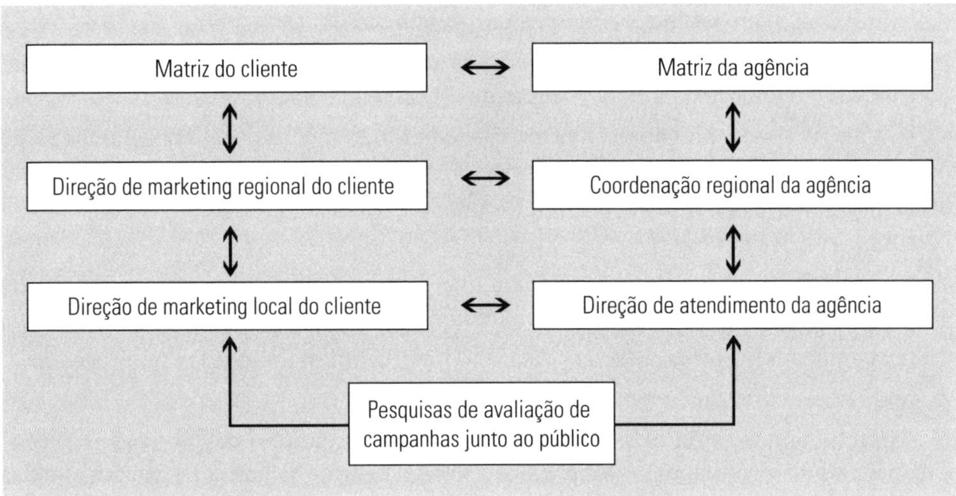

Fonte: Elaborado pelo autor.

Essa disciplina de trabalho é importante para o fluxo harmonioso do sistema de comunicação interna. Na base de tudo estão as pesquisas realizadas com os consumidores para determinar os seus valores, necessidades e desejos, mas as informações não se restringem apenas aos dados de mercado, pois comportam todas as idéias e planos que venham a fazer parte da CIMG.

Vale mencionar que a informática tem ajudado muito o processo de adoção de campanhas mundiais porque facilita a comunicação e agiliza a decisão sobre possíveis modificações a serem introduzidas.

Alguns entrevistados acham que as campanhas globais são menos efetivas do que as regionais e, estas, menos efetivas do que as locais, ou seja, à medida que aumenta a cobertura geográfica da campanha, as sutilezas de cada mercado vão se perdendo porque é necessário atender a valores mais universais, deixando de incorporar detalhes que tenham maior relevância por parte dos consumidores. Portanto, é necessário avaliar se o resultado final da campanha apresentará um saldo positivo entre os valores universais em comparação aos locais.

Alinhamento e desalinhamento

Aproximadamente um terço dos entrevistados foi a favor do alinhamento de contas em redes internacionais de agências, um terço foi contra e o terço restante ficou indiferente, considerando-o nem bom nem mau.

O alinhamento internacional de contas em uma rede de agências pode enfrentar alguns problemas:

- algumas multinacionais ainda não estão totalmente alinhadas, continuando a trabalhar com agências independentes em alguns países;
- o cliente local fica refém da agência porque recebeu a determinação de trabalhar com ela, no entanto, ele pode exercer maior pressão sobre a agência;
- se a agência local não apresentar bons serviços não terá maiores conseqüências de imediato;
- algumas filiais são obrigadas a manter uma equipe para atender ao cliente, mesmo com prejuízo financeiro;
- exige profissionais mais qualificados, e tem-se de contar com a questão da vaidade das pessoas envolvidas, que advogam maior autonomia para projetar suas carreiras;
- falta agilidade e autonomia, resultando, portanto, em maior rigidez no processo;
- pode haver carência de estudos de mercado adequados;
- o grande tamanho da rede torna mais difícil a aproximação das pessoas e o reconhecimento profissional, assim como podem ocorrer falhas na transmissão das informações, prejudicando os projetos;
- as agências precisam aprender a transportar uma experiência bem-sucedida em um país para os demais;
- o alinhamento estaria acontecendo na estratégia e no posicionamento da marca, mas ainda não estaria ocorrendo a integração da comunicação;
- a economia de escala em produção não será vantagem se a campanha não for adequada ao mercado.

As vantagens seriam:

- a maior tranqüilidade para clientes e agências, por ser uma medida inteligente e prática, uma vez que a comunicação e o marketing estão alinhados em um mesmo grupo;
- o alinhamento é positivo para marcas mundiais pela possibilidade de exportar campanhas para vários países, evitando a necessidade de criar uma em cada país, sem nenhuma unidade nas mensagens;
- a manutenção do conhecimento dentro de uma mesma casa é enriquecedor porque permite exercer o controle para manter o mesmo pensamento estratégico, manter o mesmo grau de exigência, usar as mesmas ferramentas de trabalho, acarretando sinergia;
- a rapidez de resposta pode ser aumentada devido à troca de informações ao utilizar idéias bem-sucedidas em outros países.

O desalinhamento de campanhas internacionais, conferindo maior flexibilidade às filiais, poderia ocorrer quando:

- a alta direção da empresa percebe que está tendo prejuízo em algum mercado;
- precisa aumentar a participação no mercado;
- precisa de maior competitividade;
- o mercado de um país é muito grande e importante.

É indispensável que as agências nacionais se integrem a alguma rede internacional para poderem participar do processo de globalização e da troca de informações. O processo já começou no Brasil. As maiores agências nacionais foram adquiridas pelas grandes redes, mas continuam tendo uma participação acionária. Por outro lado, agências independentes locais têm a possibilidade de trabalhar contas internacionais quando marcas e produtos são locais ou quando o mercado é importante para a empresa, merecendo uma atenção mais específica.

Algumas poucas agências brasileiras estão iniciando o processo de internacionalização. Estão, também, estruturando-se em grupos de comunicação para oferecer várias disciplinas aos seus clientes em função da comunicação integrada. Como potencial, existe um grande número de empresas brasileiras exportadoras que poderão precisar dos serviços das agências de comunicação.

Tempo de desenvolvimento

Foi difícil precisar o período de tempo necessário para o desenvolvimento de uma campanha de CIMG, desde a definição do conceito até a produção das peças publicitárias. No entanto, houve um certo consenso de que as campanhas nacionais costumam ser desenvolvidas em um prazo de três a quatro meses, enquanto as internacionais demorariam por volta de um ano. Portanto, aproximadamente, uma campanha de CIMG poderia tomar um tempo 2 a 3 vezes maior do que uma de CIM.

De uma maneira geral, o desenvolvimento de campanhas nacionais poderia ser dividido em três etapas principais:

- 1ª etapa – pesquisa e análise de dados: 60 dias;
- 2ª etapa – insight e criação da campanha: 10 a 15 dias;
- 3ª etapa – produção da campanha: 45 a 60 dias.

O processo da CIMG vem sendo intensificado há mais de 10 anos, auxiliado pelas facilidades propiciadas pela Internet. No entanto, observam-se movimentos contrários à globalização em várias partes do mundo, partindo de países, etnias e religiões que manifestam a sua necessidade de independência e identidade própria. Esses fatos alertam para a necessidade de maiores cuidados nas definições da CIMG.

Sistema ideal

Parece não existir um sistema, estrutura ou procedimento ideal de CIMG, em razão de sua grande complexidade. Segundo os entrevistados, seria utópico supor que todos venham a ter a mesma informação, ao mesmo tempo, em todos os lugares e que tenham o mesmo comportamento. A principal razão da dificuldade estaria na direção do processo "de dentro da empresa para fora" quando deveria ser "de fora para dentro", partindo do mercado.

O sistema ideal deveria ter por base o respeito ao consumidor, considerando suas diferenças e não a imposição da empresa. O apoio da alta diretoria e de líderes dedicados ao processo, com amplo acesso aos diferentes escalões para obter agilidade nas decisões, também seria fator de sucesso. Um processo participativo e seletivo, partindo dos escritórios para a matriz mediante os níveis hierárquicos, permitiria escolher as melhores opções de campanhas para serem testadas com o público antes da aprovação final. Entretanto, o envolvimento de muitas pessoas no processo poderia dificultar a tomada de decisão porque a busca de um denominador comum para a campanha mundial poderia conduzir a um resultado mediano, perdendo a sua eficácia.

Pesquisas e avaliação

A realização de pesquisas é fundamental para melhor conhecer o consumidor e sua relação com marcas e categorias de produtos em diferentes mercados. Isso permitiria a criação de conceitos globais porque a convergência de sentimentos e percepções semelhantes dos consumidores facilitaria a implementação dos projetos de comunicação integrada, permitindo a sua duplicação em outros países. No Brasil, o conceito e as peças de campanhas costumam serem testadas para averiguar a sua aceitação por parte do público.

Parece ser predominante a avaliação subjetiva de campanhas, baseadas no ponto de vista do cliente e da agência, ou por meio de comitês de avaliação, indicando uma deficiência nos procedimentos de mensuração. Foram consideradas insuficientes ou primárias as pesquisas de mercado utilizadas para essa finalidade. Criticaram-se as avaliações, que, de um modo geral, não são feitas com continuidade, não costumam considerar os investimentos em mídia, nem fazem comparações com outras campanhas para uma melhor aferição dos resultados. Normalmente, as pesquisas são realizadas antes (pré) da realização da campanha ou depois (pós), procurando saber a sua aceitação ou rejeição por parte do público. Internacionalmente são usadas métricas padronizadas e aplicadas em todos os principais países que participam do projeto, para permitir a consolidação e comparação dos dados. As agências manifestaram o desejo de ter mais acesso aos resultados das campanhas.

Várias agências desenvolveram ferramentas de pesquisa e de análise de dados para orientar o processo de construção de conceitos, planejamento e estratégias de campanhas, em nível mundial, denominados de Road Map, Strat Map, Letter Learning, 360°, entre outras.

Importação e exportação

A eficácia da campanha parece ser o maior impedimento à exportação ou importação de campanhas internacionais. Nesse sentido, os executivos precisam ser muito pragmáticos, adotando campanhas que realmente tragam resultados. Marcas reconhecidamente internacionais transitam melhor em nível mundial, mas outras, cujos valores não são identificados com os consumidores, tendem a fracassar. A campanha importada deveria respeitar alguns valores globais e outros da cultura local para ser relevante.

Está sendo previsto que o advento da tecnologia digital, permitindo ao telespectador eliminar os comerciais da televisão no seu monitor, poderá alterar profundamente o modelo atual de comunicação baseado em comerciais de 30'/15" e páginas simples/duplas. Parece que o *merchandising* como forma de inserir a marca dentro dos programas ganhará destaque no futuro. Isso, se ocorrer, poderá afetar o processo de importação/exportação de campanhas.

Há indicações de amadurecimento e de aculturamento quanto à importação de campanhas globais, com redução das resistências locais, passando-se a considerar a melhor maneira de implementá-la em vez de discutir se será adotada. Começa a ser mais destacado o lado técnico e menos o da crença no processo.

O pedido para uso de campanhas internacionais é sempre feito pelo cliente porque as agências preferem criar localmente. As adaptações das peças publicitárias podem ser feitas de várias maneiras:

- importar o comercial inteiro, refazendo somente o áudio;
- importar somente a imagem e refazer a música e o áudio;
- importar o material filmado (*footage*) e reeditar, até com imagens locais, utilizando o comercial internacional como referência.

As dificuldades para a exportação de campanhas por parte do Brasil poderiam ser:

- os projetos internacionais estão com as grandes redes globais de agências;
- as agências brasileiras que não fazem parte dessas redes deverão ter mais dificuldades para exportar;
- o idioma português é um empecilho;
- os custos de produção e de modelos no país são considerados altos;
- a ousadia da criação brasileira poderia ser rejeitada pelos veículos de comunicação no exterior.

A capacidade criativa e de planejamento dos profissionais brasileiros é considerada entre as melhores e mais desenvolvidas do mundo, beneficiando a exportação de campanhas, principalmente para a América Latina. No entanto, ainda não há o reconhecimento da "inteligência estratégica" dos brasileiros por estarem em um país menor em relação àqueles onde está o centro do poder.

Disciplinas oferecidas pelas agências

O levantamento da 1ª etapa da pesquisa indicou que além da propaganda, 71% das agências oferecem serviços de marketing direto, 66% os de promoção de vendas e de web design, 57% organizam eventos e 24% assessoria de imprensa. Neste conjunto, 86% das agências pesquisadas oferecem quatro ou mais serviços de comunicação, indicando a sua capacidade de lidar com a comunicação integrada.

Na 2ª etapa, eminentemente qualitativa, vários entrevistados informaram que suas agências estavam montando grupos de comunicação com diversas especialidades para atender aos clientes de forma mais completa e integrada.

Contato com a marca

Integrar a mídia e as disciplinas de comunicação foi consenso entre os entrevistados, porém ocorreria em nível conceitual e estratégico, alertando para a necessidade de adaptação às condições locais. Como os investimentos em comunicação são elevados, não só é preciso, mas fundamental, sempre falar a mesma linguagem em qualquer situação – propaganda, promoção, ponto de venda e demais disciplinas. Esse cuidado propiciaria ao consumidor um bom contato com a marca, resultando em melhor retorno sobre o investimento.

Apesar do consenso dos entrevistados sobre a validade da integração, ela não vem ocorrendo na medida da necessidade em razão da luta entre as agências na busca da lucratividade do seu negócio. Algumas vêm procurando obter maior participação na verba do cliente, sem se preocupar com a solução dos seus problemas de comunicação, como um todo. Outras, ao contrário, procuram seguir a diretriz da integração, seja com agências pertencentes ao mesmo grupo, seja com agências terceirizadas. Sua função passa a ser de orientação e coordenação das atividades planejadas, considerando o conjunto de variáveis. As agências estão começando a mudar o seu perfil porque os clientes solicitam planejamentos completos que integrem todas as ações, preocupando-se com a dinâmica do negócio, da empresa e dos stakeholders. Nesse quadro, o trabalho da criação está passando a ser também mais planejado para atingir determinados objetivos.

Estrutura de trabalho

Houve indícios de que os departamentos de comunicação dos clientes nem sempre trabalham integrados, muitos estão sendo desativados e suas funções transferidas para as agências. Aos gerentes de produto e de marketing caberia comandar, zelando pela unidade e integração das ações planejadas. A parte operacional ficaria mais com a agência, sendo muito delicada a sua implementação porque precisa considerar as características do mercado local. No processo da globalização, as agências estão procurando manter uma sintonia fina com os clientes, trabalhando em maior parceria por causa da complexidade dos mercados, da segmentação das disciplinas e dos meios, fatores que dificultam a manutenção da mesma estratégia criativa.

Cerca de metade dos entrevistados revelou que as estruturas dos clientes locais estão mais enxutas, mas não diferentes. Algumas empresas reduziram os níveis hierárquicos, facilitando a comunicação interna e a tomada de decisões. O marketing institucional costuma ser mais centralizado, as figuras dos gerentes de produto e de marketing continuam e a tendência é todos falarem inglês ou um terceiro idioma porque precisam se comunicar com a coordenação internacional. Os planejadores globais elaboram as estratégias e as filiais executam por meio dos gerentes de produtos, que costumam ser muito novos, sem experiência e não têm autonomia, sendo contratados para implementar e não para pensar, o que pode ocasionar a perda de boas idéias.

Geralmente, os países mais importantes costumam sediar a coordenação para a região com a finalidade de implementar estratégias globais. O Brasil costuma ser a sede da coordenação para a América Latina, por ser o país mais importante da região. A regionalização e a globalização provocaram alguma mudança nos clientes, por isso foram criados cargos de diretor regional de comunicação e de diretor regional de marketing, ambos subordinados a um diretor mundial. A sensação que se tem é de que as pessoas passaram a ter novas áreas de responsabilidade, especialmente a alta gerência, porque são analisados muitos cenários, envolvendo vários especialistas, o que acarreta a necessidade de ser criada uma nova área ligada à alta gerência e que vise à integração dos esforços.

A voracidade das corporações vem pressionando os executivos, refletindo nos relacionamentos profissionais e pessoais. Por isso, tem ocorrido treinamento de pessoas para melhor compreenderem o que acontece no mundo e qual a participação do seu país nesse contexto. O relacionamento melhora quando existe uma boa equipe de marketing que passa bons briefings para a agência, resultando em melhor comunicação.

Muitas vezes, o trabalho da agência é feito com a participação do cliente, ocorrendo interferências no marketing e na marca. A colaboração é bem recebida quando está baseada em fatos e bons argumentos que venham a contribuir para o pensamento estratégico. Entretanto, a alta rotatividade dos executivos prejudica o relacionamento e acarreta menor comprometimento com os projetos.

A solução sugerida para se conseguir um bom processo integrado seria partir de um conceito de comunicação, utilizando-o como base para todos os trabalhos – embalagem, ponto-de-venda, propaganda e outros – sob o comando de um diretor de comunicação que mantenha a unidade em todas as ações. Quanto maior for o relacionamento entre agência e cliente, melhor será o processo de integração.

É preciso considerar que existem pessoas com talento para pensar e outras para executar. Ambas são importantes e precisam estar plenamente informadas sobre o projeto, para que a integração seja realizada com eficácia durante a implementação. A falta de visão do todo e de informação faz com que as pessoas tomem a iniciativa de fazer do modo que achar mais conveniente, o que não é, necessariamente, o mais correto.

Imagem *versus* vendas

Apesar de difícil e de certa forma antagônico, é possível conciliar os dois objetivos de construir o brand equity no longo prazo e incentivar as vendas no curto prazo. Geralmente, as ações de vendas costumam erodir a imagem da marca. Apesar da sobrevivência das empresas e das diretorias depender dos resultados de vendas e lucros, os valores da marca constituem a única base e patrimônio para manter a longevidade nos mercados. O *brand equity* está sempre em construção e o relacionamento da marca com o consumidor só pode ser obtido ao longo do tempo. A solução estaria em possuir um forte conceito que facilitasse o seu trânsito entre as disciplinas de comunicação, uma vez que algumas atuam em curto e outras no longo prazo, procurando manter um certo equilíbrio.

O futuro

O futuro pode ser dividido em duas etapas. A de curto prazo, ocorrendo a concentração nos alinhamentos globais com o predomínio das multinacionais, com base em uma visão administrativa e financeira. Em prazo mais longo, possivelmente o processo será revisitado por não estar funcionando a contento, criando novas oportunidades e dando mais força às agências locais.

O sistema de remuneração por comissão das agências também vem sendo muito questionado, sendo necessário encontrar novas formas que satisfaçam a ambos os lados como, por exemplo, a determinação de *fees*.

O objetivo da CIMG não deveria ser o controle da argumentação ou gerar economia, mas conseguir um conceito universal de ampla aceitação e encontrar formas para operacionalizá-lo, criando métodos de trabalho, de diagnóstico e de planejamento.

Visando ao futuro, foi considerado que para ser líder mundial é preciso ser líder na maioria dos países, podendo-se questionar se a comunicação deva ser igual. Talvez possa haver um movimento contrário, ou seja, "pensar localmente e agir globalmente", substituindo o conhecido "pensar globalmente e agir localmente". O raciocínio parte da necessidade de terem campanhas regionais para conseguir maior ligação entre produtor e consumidor, havendo a preocupação em encontrar um modo diferente de pensar o marketing e a comunicação.

Database

A maioria dos entrevistados não tem conhecimento da implantação de *database* no Brasil para o desenvolvimento de campanhas de CIMG. Se existirem, normalmente as agências os teriam na casa matriz porque não possuem uma receita local suficiente para justificar o investimento. Além disso, a rotatividade dos clientes desestimula a formação do *database* devido à incerteza do uso futuro dos dados acumulados. A consciência, no entanto, existe. O mais comum é a existência de um banco de dados ou arquivo central com pesquisas e informações coletadas pelo cliente ou pela agência, disponibilizando as informações pela Internet ou Intranet. Os comerciais e as peças premiadas no Festival Publicitário de Cannes costumam ser usados como *benchmarking* do setor.

No varejo, existem dados sobre consumo, valor médio do tíquete, *mix* de produtos, freqüência de compra e outros, mas pouco se sabe sobre o comportamento do consumidor dentro da loja. Algumas empresas estão começando a usar os dados dos seus cartões de crédito em ações de comunicação.

A pressão financeira por melhores resultados tem prejudicado os investimentos em pesquisa e informação, porém algumas multinacionais estão adquirindo participações em empresas de pesquisa brasileiras e trazendo novas tecnologias. A relação entre o consumidor e o produto está passando a ser o foco dos estudos e não apenas a determinação do perfil sociodemográfico.

Profissionais de comunicação

Foi observado que os profissionais de propaganda estão se transformando em comunicadores, com maior conhecimento das outras disciplinas de comunicação, de mídia e obtendo uma visão mais abrangente, com uma formação maior em marketing e administração. Especialmente na área internacional, parece que os profissionais possuem um perfil e uma atitude diferente daqueles que atuam somente no mercado doméstico. Houve unanimidade dos entrevistados sobre o preparo e a capacidade do profissional brasileiro em desenvolver campanhas de CIMG. O reconhecimento e os prêmios internacionais recebidos pela propaganda brasileira atestam a afirmativa.

Essa capacidade foi atribuída ao perfil mais aberto e sensível do brasileiro que possui uma forma diferente de ver e enfrentar os problemas. É um profissional que procura manter-se atualizado. Falta apenas a oportunidade de exercer o seu conhecimento porque o processo de globalização está restrito às grandes agências, devido aos seus projetos globais. Fica mais difícil para as agências independentes desenvolverem projetos dessa natureza.

Foi observado, ainda, que algumas estratégias elaboradas no exterior estão frágeis, restringindo-se à elaboração de relatórios e conclusões sobre pesquisas, em lugar do pensamento estratégico propriamente dito. Isso poderia vir a ser uma oportunidade para os planejadores brasileiros.

Perguntas

Relativas aos resultados das pesquisas

1. Qual é a diferença entre "comunicação global" e "propaganda global" apontada pelos entrevistados?
2. Além da propaganda, quais são as outras disciplinas mais oferecidas pelas agências aos seus clientes?
3. Por que parece existir maior viabilidade de implementação de campanhas regionais ou locais do que no âmbito global?
4. Quais são os fatores que influenciam a maior flexibilidade ou rigidez na adoção de campanhas internacionais?
5. O que significa a síndrome do NIH?
6. Qual é o significado das expressões "global" e "glocal"?
7. Quais são as vantagens da CIMG?

8. Por que a convergência de sentimentos e percepção dos consumidores em relação a marcas e categorias, comuns a diversos mercados, é importante para a aplicação de campanhas globais?
9. É possível conciliar os dois objetivos, de certa forma antagônicos: um voltado para a construção do brand equity em longo prazo e, outro, para incentivar as vendas no curto prazo? Justifique.
10. O que é necessário para que um grupo de trabalho, composto por criativos de vários países-chave, possa ter sucesso no desenvolvimento de projetos mundiais?
11. Quais são as vantagens e as desvantagens do alinhamento de contas em agências internacionais?
12. Por que o sistema ideal para o desenvolvimento da CIMG seria o de "respeito" e de um "processo participativo", com a colaboração de vários países?
13. Apesar de haver consenso sobre a importância e a possibilidade de integrar a mídia e as disciplinas de comunicação, por que esta é considerada uma tarefa difícil?
14. Qual foi a solução sugerida para se obter um bom processo de integração das campanhas de comunicação global?
15. O que acontece quando o cliente muda muito de agência?
16. Considerando as agências atuantes no país, por que o database voltado para o desenvolvimento de campanhas de comunicação ainda se encontra na sua fase inicial?

Relativas à conclusão das pesquisas

1 Por que parece existir maior probabilidade de um conceito de marca ser realmente mundial do que a estratégia criativa e as peças publicitárias?
2. O que seria importante considerar para que a CIMG tenha sucesso?
3. Relacione os fatores que podem dificultar as modificações ou adaptações de campanhas globais?
4. Explique o modelo de relacionamento participativo entre cliente e agência.
5. Quais são os problemas que o alinhamento internacional de contas pode enfrentar em uma rede de agências?
6. Quais são as vantagens do alinhamento internacional de contas em uma rede de agências?

TERCEIRA PARTE

6 Propostas

Ao se aproximar do final deste trabalho, gostaria de apresentar algumas propostas para uma nova definição sobre o tema comunicação integrada de marketing e suas variações, uma matriz que estabelece os critérios de adoção da Comunicação Integrada de Marketing Global, bem como um modelo compreensivo para a aplicação desses conceitos.

Nova definição e conceito para CIM, CIMR e CIMG

Parece ser interessante reunir a nova definição sobre Comunicação Integrada de Marketing (CIM) já mencionada anteriormente e suas variações regional e global. Essas definições são fruto da síntese dos conceitos emitidos pelos diversos autores citados anteriormente, somados aos resultados da pesquisa de campo e à minha interpretação sobre o tema. Esse procedimento procurou, portanto, considerar vários ângulos da mesma questão para não sofrer as críticas de que se trata de um ponto de vista unicamente pessoal. Além das definições foram, também, elaborados os conceitos correspondentes, sintetizando a idéia principal de cada uma das variações.

Convém mencionar que a definição de Comunicação Integrada de Marketing Regional (CIMR) não foi encontrada na literatura pesquisada, mas que considero importante ser caracterizada em função da diversidade de situações em que as empresas e as suas ações de comunicação poderão ser exercidas. Essas três aplicações de cobertura local, regional ou global procuram eliminar a visão polarizante de atuação somente local ou global, postura comum encontrada na literatura na qual um grupo acredita na possibilidade da utilização global em qualquer circunstância e outro considera ser uma tarefa impossível, dada a variedade de situações a serem enfrentadas pela comunicação.

Nos Quadros 6.1, 6.2 e 6.3 encontram-se as propostas das novas definições e conceitos.

Quadro 6.1 – Definição e conceito de Comunicação Integrada de Marketing (CIM)

<table>
<tr><td>Definição
CIM é o processo que começa com a análise do consumidor para detectar os seus valores de comportamento, com o propósito de definir o conceito da marca, agregando-lhe valor e distinguindo-a da concorrência. Esse posicionamento permitirá a aplicação única do conceito da marca em todos os programas de comunicação, por meio da criação de mensagens claras e consistentes que visam influenciar o comportamento do público interno ou externo ao maximizar a sua satisfação. Para isso, utiliza as disciplinas de comunicação de forma integrada às ações de marketing, considerando os objetivos, a filosofia e a estrutura da organização.
Conceito
A CIM posiciona a marca no mercado com base nos valores dos consumidores e integra as estratégias de comunicação com as do marketing para atingir os objetivos propostos pela empresa.</td></tr>
</table>

Quadro 6.2 – Definição e conceito de Comunicação Integrada de Marketing Regional(CIMR)

<table>
<tr><td>Definição
CIMR é o processo regional, representado por um grupo de países com maior identidade comportamental, que começa com a análise do consumidor para detectar os seus valores comuns, com o propósito de definir o conceito da marca, agregando-lhe valor e distinguindo-a da concorrência. Esse posicionamento permitirá a aplicação única do conceito da marca em todos os programas de comunicação por meio da criação de mensagens claras e consistentes que visam influenciar o comportamento do público interno e externo ao maximizar a sua satisfação. Para isso, utiliza as disciplinas de comunicação de forma integrada às ações de marketing, considerando os objetivos, a filosofia e a estrutura da organização, mas tendo a flexibilidade de permitir adaptações para melhorar a efetividade da comunicação.
Conceito
A CIMR posiciona a marca no mercado com base nos valores dos consumidores e integra as estratégias de comunicação com as do marketing para atingir os objetivos propostos pela empresa, em uma determinada região do mundo. Esse posicionamento é único e universal, mas as estratégias podem ser adaptadas aos países para se obter maior eficácia.</td></tr>
</table>

Quadro 6.3 – Definição e conceito de Comunicação Integrada de Marketing Global (CIMG)

<table>
<tr><td>Definição
CIMG é o processo global, que começa com a análise do consumidor para detectar os valores comuns de comportamento, com o propósito de definir o conceito da marca, agregando-lhe valor e distinguindo-a da concorrência. Esse posicionamento permitirá a aplicação única do conceito da marca em todos os programas de comunicação por meio da criação de mensagens claras e consistentes que visam influenciar o comportamento do público interno ou externo ao maximizar a sua satisfação. Para isso, utiliza as disciplinas de comunicação de forma integrada às ações de marketing, considerando os objetivos, a filosofia e a estrutura da organização mundial, mas tendo a flexibilidade para permitir adaptações para melhorar a efetividade da comunicação.</td></tr>
</table>

Conceito

A CIMG posiciona a marca no mercado com base nos valores dos consumidores e integra as estratégias de comunicação com as do marketing para atingir os objetivos propostos pela empresa, em todo o mundo. Esse posicionamento é único e universal, mas as estratégias podem ser adaptadas às regiões ou países para se obter maior eficácia.

Matriz: critérios de adoção da CIMG

A matriz foi idealizada para facilitar a tomada de decisão sobre qual tipo de comunicação integrada seria mais adequada para o anunciante, considerando-se que o conceito é mais aceito no âmbito global e que a estratégia e a peça publicitária costumam ser questionadas e modificadas para a sua utilização em nível regional ou local. Sua reprodução pode ser apreciada no Quadro 6.4.

O eixo vertical da matriz indica se a estratégia global a ser utilizada é adequada ou inadequada ao país ou à região que pretende ser implantada. O eixo horizontal refere-se ao uso da peça publicitária global, também indicando se é adequada para ser aplicada local ou regionalmente da forma como foi criada, considerando-se apenas a necessidade da tradução interpretada do texto ao idioma e do tipo de embalagem do produto vendido no país. Note-se que o "conceito" é tido como passível de aplicação global, sem restrições, por ser a base que vai permitir a consistência da mensagem e servir de orientação para as adaptações locais ou regionais que forem julgadas necessárias.

Para utilizá-la, o plano da campanha global e suas peças devem ser analisados em função dos três critérios adotados: conceito, estratégia e peças publicitárias.

O conceito ou posicionamento da marca, em se tratando de campanha global, muito provavelmente já foi dissecado e testado em nível mundial, devendo existir uma série de argumentos que justificam a sua adoção, como é o caso das grandes marcas transnacionais. No entanto, se houver dúvidas, precisaria ser testado local ou regionalmente, utilizando-se as métricas internacionais para que os resultados possam ser comparados.

Admitindo-se que o conceito esteja adequado, o passo seguinte é analisar a estratégia global, verificando se é compatível com as características do mercado consumidor. A seguir, deve ser feito o mesmo procedimento com as peças publicitárias criadas para uso internacional. O resultado dessa avaliação certamente se enquadrará em uma das situações previstas na matriz. Essa classificação facilitará a tomada de decisão sobre a conveniência de implantação da campanha no seu todo ou parcialmente.

Quadro 6.4 — Matriz: Critérios de adoção da CIMG

Estratégia \ Peça publicitária	Inadequada	Adequada
Adequada	Adote o conceito e a estratégia	Adote o conceito, a estratégia e as peças
Inadequada	Adote só o conceito	Adote o conceito e adapte a estratégia e as peças

Fonte: Elaborado pelo autor.

Modelo de aplicação da CIM

Como foi mencionado, os conceitos sobre a CIM e CIMG vêm sendo formulados sob o ponto de vista dos seus autores, e as pesquisas mais completas, realizadas em vários países de língua inglesa indicaram que a concordância sobre a definição de Schultz[1] foi aceita com certas restrições. Ademais, as definições geralmente abordavam, prioritariamente, o aspecto da comunicação e a integração das suas disciplinas, com pouca ou nenhuma consideração sobre as outras variáveis que influenciam o processo da comunicação integrada.

No meu ponto de vista, faltou compreender o contexto no qual a CIM e a CIMG são exercidas, o que inclui não só variáveis do ambiente externo à empresa quanto os internos, aspectos considerados na nova proposta de definição supracitada. Sem que essa complexa teia de fatores seja assimilada dentro de um sentido evolutivo por aqueles que pretendam implementar a comunicação integrada para, então, posicionar a organização no seu estágio de desenvolvimento, ficará mais difícil planejar a estratégia, montar a estrutura adequada e adotar os processos mais eficientes para que possa ter maior possibilidade de sucesso. Por esses motivos, parece válida a tentativa de criar um modelo compreensivo do estágio evolutivo das empresas dentro do processo de globalização e a sua relação com a área da comunicação. Ele tem o objetivo de reunir as variáveis que influenciam a CIM nas esferas doméstica, regional e global, para facilitar a classificação da empresa em uma das três fases da sua expansão, permitindo a percepção do ambiente mais apropriado para o exercício da CIM, da CIMR ou da CIMG.

1 SCHULTZ, Don E. Integrated marketing communications: maybe definition is in the point of view. **Marketing News**, jan., 1993.

Essa classificação permitirá oferecer também aos anunciantes e às agências os principais parâmetros a serem considerados em um planejamento de comunicação integrada de marketing. A compreensão das limitações que se impõem a uma tarefa tão complexa poderá facilitar a definição do posicionamento global da marca, da estratégia e criação das peças publicitárias, propiciando a sua adequação a cada uma das fases evolutivas da empresa para maior eficiência e eficácia nos projetos de comunicação integrada.

Esse modelo, denominado "Arquitetura das Dimensões Espaciais da Comunicação Integrada de Marketing" é diferente do sistema cartesiano porque pressupõe três níveis ou fases evolutivas da empresa e quatro dimensões em cada uma delas, todas interferindo no processo de planejamento e implementação da comunicação integrada, daí a idéia de "dimensões espaciais" e de "arquitetura", porque procura relacionar de forma coerente os fatores envolvidos na construção de uma estrutura de trabalho.

Em cada uma dessas fases – inicial, de desenvolvimento e avançada – que demonstram o sentido evolutivo, é preciso coordenar e integrar a comunicação de marketing considerando aquelas quatro dimensões básicas mencionadas e que estão inter-relacionadas, a saber:

1) a atuação geográfica da empresa (cobertura);
2) o foco da sua linha de produção;
3) a prática do marketing;
4) a prática da comunicação.

O modelo da "Arquitetura das Dimensões Espaciais da CIM" reúne as teorias de vários autores, apresentadas ao mundo acadêmico em momentos diferentes, mas que continuam válidas nos dias atuais. A contribuição está, portanto, em associá-las harmonicamente; elas podem ser apreciadas no Quadro 6.5.

Kadzban e Motwani[2] atestam que as operações globais incluem vários níveis de aprofundamento e sofisticação. Considerando essa idéia e associando-a à dinâmica dos mercados, é possível perceber que as empresas se desenvolvem e evoluem constantemente, formando uma espiral que se expande a cada ciclo e com o correr do tempo vai ampliando a sua área de atuação em várias direções. Esse processo, no entanto, não é contínuo, mas ocorre em fases, para que a empresa possa ter o tempo necessário para absorver as conquistas de mercado, tecnológicas e financeiras, construindo a sua cultura e filosofia operacional entre o seu pessoal interno, seus consumidores e demais parceiros da cadeia produtiva.

[2] KADZBAN, Susan; MOTWANI, Jaideep. How to integrate and refine global operations. **Review of Business**, inverno, 1995.

Quadro 6.5 – Modelo de arquitetura espacial da CIM

Fases	Dimensões			
	Expansão	Marketing	Evolução	Comunicação
Kadzban e Matwani	Perlmuter	Keegan	Phase Model Bolwing e Kumpe	4 As/Schultz et al.
3ª fase Avançada	Geocêntrica	Global	Inovação Uniqueness Flexibilidade	Comunicação Integrada de Marketing Global
2ª fase Desenvolvimento	Regiocêntrica Policêntrica	Transnacional Internacional Qualidade	Escopo de produtos	Comunicação Integrada de Marketing Regional
1ª fase Inicial	Etnocêntrica	Doméstico	Qualidade Preço	Comunicação Integrada de Marketing

Fonte: Elaborado pelo autor. A classificação "Comunicação Integrada de Marketing Regional" é proposta do autor.

Com este pensamento, foi possível desenvolver uma arquitetura para a comunicação integrada de marketing, representada na forma de uma pirâmide invertida, demonstrando as quatro dimensões – expansão, marketing, evolução e comunicação – e secionada em três partes para indicar as fases evolutivas da empresa. As figuras 6.1, 6.2, 6.3 e 6.4 mostram as dimensões em cada um dos lados e nas respectivas fases. A pirâmide invertida procura dar, também, um sentido de evolução que vai se ampliando de baixo para cima à medida que a empresa vai crescendo e mudando as suas estratégias de atuação. Portanto, pressupõe-se a ocorrência de uma integração tanto vertical quanto horizontal.

- 1ª fase – Estágio inicial do processo

Caracteriza-se por ter uma aplicação doméstica, ou seja, voltada para o seu país de origem e que, na linguagem de Perlmuter[3], a empresa seria considerada "etnocêntrica" e sua preocupação maior está em produzir com maior eficiência e a baixos preços, aproveitando-se da economia de escala[4]. Os seus valores e produtos são desenvolvidos e comercializados dentro do país, em uma abordagem do marketing doméstico[5]. Nesse ambiente, existe a possibilidade da prática da CIM ao serem integrados os programas

[3] PERLMUTTER, Howard. The tortous evolution of the multinational corporation. **Columbia Journal of World Business**, p. 9-20, jan./feb., 1969.

[4] BOLWIJN, P. T.; KUMPE, T. **Manufacturing in the 1990s** – Productivity, flexibility and innovation. Artigo baseado na apresentação à 2nd International Production Management Conference on Management and New Production Systems, Fontainebleau, p. 44-57, mar. 1989.

[5] KEEGAN, Warren J. **Global marketing management**. 5. ed. New Jersey: Prentice Hall, 1995.

de comunicação com a infra-estrutura da empresa e visando aos diferentes públicos, interno e externo.

- 2ª fase – Estágio de desenvolvimento

  Considerada a etapa intermediária na arquitetura espacial, a empresa está expandindo a sua ação geograficamente, podendo ser "policêntrica" quando está exportando os seus produtos para diferentes países já com alguma preocupação em adaptá-los aos mercados, ou "regiocêntrica" quando a sua amplitude de atuação é ainda maior, em base regional. Nessa dimensão, a empresa passa a aprofundar o seu conhecimento sobre as características comuns dos países onde opera para realizar melhores adaptações na sua linha de produtos, mas sempre em busca da eficiência e da maior qualidade, a um bom preço. Torna-se necessário, então, a aplicação do marketing internacional ou transnacional, conforme a empresa esteja no estágio "poli" ou "regiocêntrico". A CIM também evolui porque terá de ser aplicada em vários países e, nesse caso, poderia ser denominada CIMR.

- 3ª fase – Estágio avançado

  A empresa já possui uma dimensão global nas suas atividades, classificada de "geocêntrica". Significa que opera em grande número de países e possui centros de excelência em alguns deles, verificando-se uma atuação mais participativa dos diferentes países e regiões para com a direção central. Sua linha de produtos é extensa, com grande escopo, ao mesmo tempo que possui muita flexibilidade para customizar os seus produtos devido às exigências dos seus consumidores, graças aos benefícios da tecnologia. É uma fase inovadora, permitindo conferir uma *uniqueness* aos produtos. A dimensão do marketing global é praticada dando condições para que a CIM também seja Global (CIMG).

Como dito anteriormente, o modelo demonstrado no Quadro 6.4 reuniu algumas das várias teorias descritas durante a análise do "estado da arte". A sua construção partiu do conceito das fases de Kadzban e Motwani[6]: inicial, desenvolvimento e fase avançada.

A cada uma delas correspondem as quatro dimensões, sendo a primeira a classificação de Perlmutter[7] quanto às etapas expansionistas das empresas – etnocêntrica, policêntrica, regiocêntrica e geocêntrica – que demonstram as modificações que elas sofrem na sua forma de conquistar os mercados e sua adaptação para atender cada vez melhor os seus consumidores.

A segunda dimensão é representada pelo *Phase Mode,* de Bolwijn e Kumpe[8], que classifica o processo evolutivo das empresas, no qual o foco está direcionado inicialmente para o preço, depois para a qualidade, atingindo o escopo dos produtos fabricados, chegando à inovação e *uniqueness* dos produtos, com flexibilidade de adaptação da produção.

---

[6] KADZBAN; MOTWANI, 1995.
[7] PERLMUTTER, 1969.
[8] BOLWIJN; KUMPE, 1989.

A terceira dimensão não é necessariamente uma teoria, mas uma classificação das formas de atuação do marketing – doméstico, internacional, transnacional e global –, demonstrando as abordagens estratégicas que devem ser consideradas à medida em que a empresa vai expandindo suas atividades geograficamente pelo mundo, de acordo com a visão de Keegan[9].

Finalmente, a quarta dimensão, que engloba a teoria da CIM e CIMG de Gould, Leman e Grein[10], acrescida da proposta do autor deste trabalho com a criação da etapa intermediária denominada Comunicação Integrada de Marketing Global.

É importante destacar outras considerações. Durante o processo de análise bibliográfica, ficou evidente a necessidade de integração das atividades de comunicação e que ela só poderia ocorrer satisfatoriamente se houvesse uma estrutura adequada para este fim, com responsabilidades bem definidas. Além disso, seria necessário um trabalho de liderança no sentido transformacional que conseguisse motivar as pessoas por meio da parceria e da participação ativa no processo de desenvolvimento da empresa e da aplicação da CIM. Isso implicaria uma nova atitude da empresa, que se inicia com a determinação da alta direção em trabalhar de forma integrada e difundindo esta postura dentro da organização.

O ciclo de vida dos produtos e dos mercados é outro ponto importante para quem pretende utilizar a CIM, uma vez que o tipo de mensagem a ser transmitida deverá considerar a familiaridade do consumidor com o produto ou serviço em questão. Nesse sentido, o conhecimento do comportamento do consumidor e dos *stakeholders* por meio da pesquisa e do uso adequado do *database* permitirá uma visão mais ampla daqueles que têm alguma relação com a marca.

Figura 6.1 – Modelo de arquitetura espacial da CIMG – Dimensão Expansão

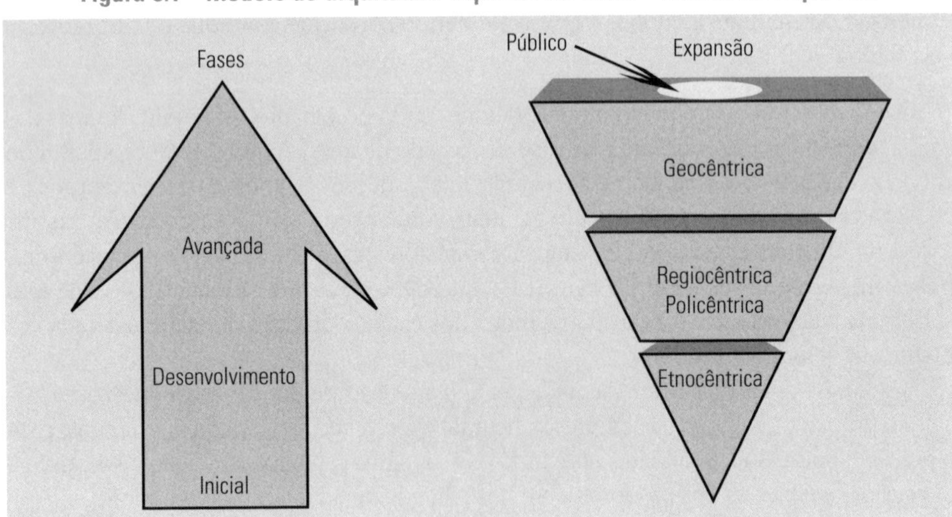

Fonte: Elaborada pelo autor.

---

9 KEEGAN, 1995.

10 GOULD, Stephen J.; LEMAN, Dawn B.; GREIN, Andreas F. Agency perceptions and practices on Global IMC. **Journal of Advertising Research**, p. 7-20, jan./fev., 1999.

Figura 6.2 – Modelo de arquitetura espacial da CIMG – Dimensão Marketing

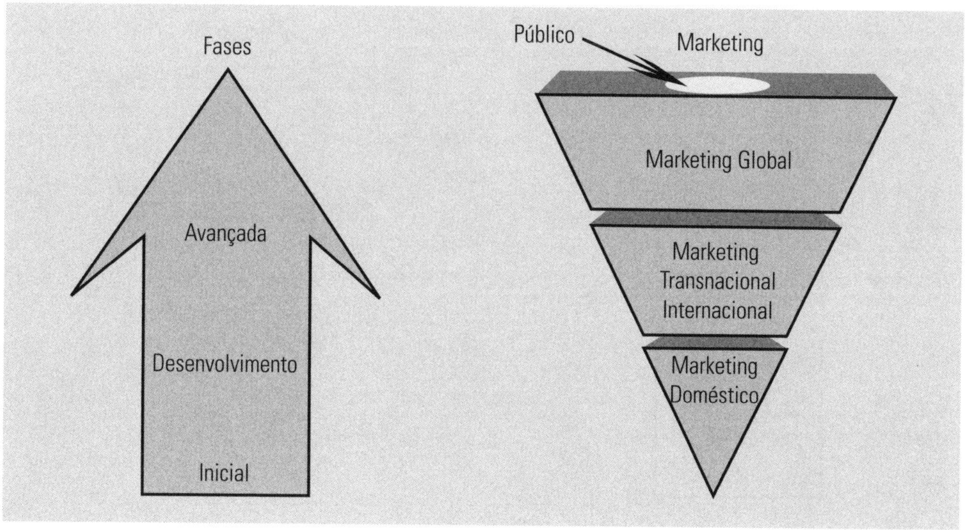

Fonte: Elaborada pelo autor.

Figura 6.3 – Modelo de arquitetura espacial da CIMG – Dimensão Phase Model

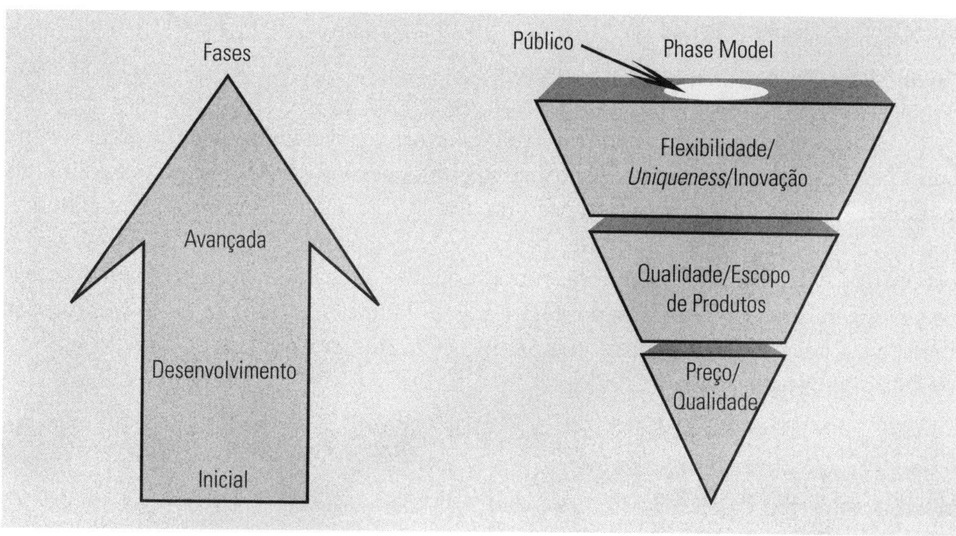

Fonte: Elaborada pelo autor.

Figura 6.4 – Modelo de arquitetura espacial da CIMG – Dimensão Comunicação

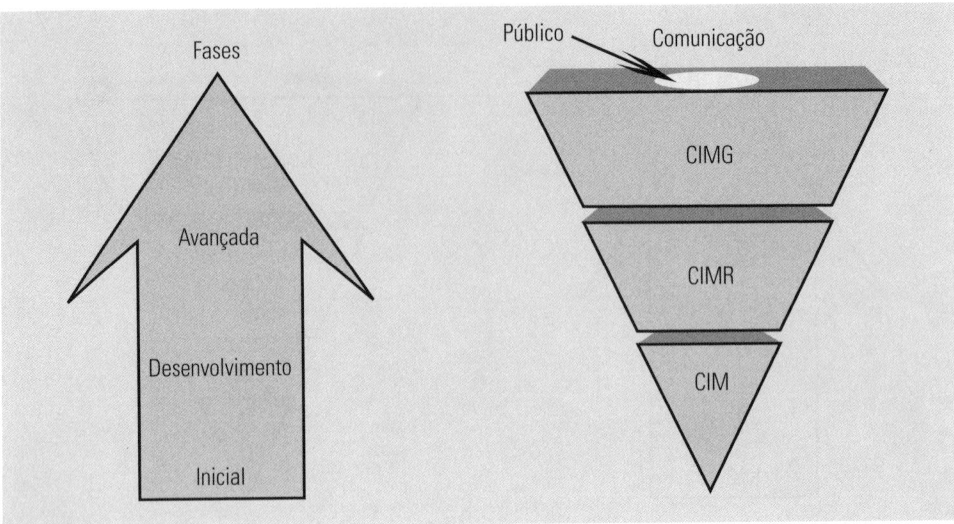

Fonte: Elaborada pelo autor.

Em termos de mensagens, a construção do *equity* da marca pressupõe a consistência e continuidade do que vai ser dito em todas as peças publicitárias, devidamente integradas com as disciplinas de comunicação a serem utilizadas (propaganda, promoção, relações públicas, marketing direto, entre outras).

Graças ao grande avanço da tecnologia da informação, a interatividade com os consumidores é cada vez maior – *Internet, scanner* nos pontos de vendas etc. –, facilitando o trabalho de pesquisa para a formação do *database.* E nesse novo mundo da comunicação, verifica-se a necessidade de formação de departamentos de CIM, com cargos específicos e de alto nível, com total suporte da alta direção da empresa, para que seja possível gerenciar a tão almejada integração, adotando uma postura de liderança participativa e responsável, para motivar os funcionários em qualquer parte do mundo onde a organização esteja atuando.

Perguntas

1. Qual é a definição de CIM, CIMR e CIMG?
2. Explique a matriz "Critérios de Adoção da CIMG".
3. Quais são as quatro dimensões do modelo "Arquitetura Espacial da CIMG"?
4. Explique o modelo "Arquitetura Espacial da CIMG".

CONCLUSÕES FINAIS

Este capítulo tece algumas considerações sobre o que foi aprendido das pesquisas bibliográficas e de mercados realizadas.

Considerações e conclusões

1. Considerando:
   - que a Comunicação Integrada de Marketing (CIM) é um conceito que está na sua fase introdutória, constituindo-se em um pré-paradigma[1], sem construir uma teoria *per se* que possa nortear o seu desenvolvimento e aplicação, uma vez que os autores se restringiram a explicar o seu funcionamento;
   - que a pesquisa realizada com as agências de São Paulo revelou um consenso sobre o que seja a CIM, seus benefícios e dificuldades de implementação, porém indicando a necessidade de uma postura que conduza à sistematização de procedimentos para torná-la mais eficiente e eficaz;

   pode-se concluir que a proposta do modelo Arquitetura Espacial da CIM poderia contribuir para preencher tais necessidades, sem a pretensão de esgotar o assunto. Se o modelo for associado aos aspectos importantes que contribuem para o desenvolvimento e a implementação das campanhas, ou os dificultam, talvez isso possa ser o início da identificação de princípios que poderão nortear nos âmbitos doméstico, regional ou global.

2. Foi verificado que as definições encontradas na literatura sobre CIM tiveram por base a interpretação pessoal dos autores e abordavam a parte da comunicação, deixando de incluir os aspectos do marketing. Portanto, a proposta das três novas

[1] KITCHEN, Philip J.; SCHULTZ, Don E. A multi-country comparison of the drive for IMC. **Journal of Advertising Research** Jan./Fev., 1999, p. 21-38.

definições (Comunicação Integrada de Marketing (CIM), Comunicação Integrada de Marketing Regional (CIMR), e Comunicação Integrada de Marketing Global (CIMG)) é mais abrangente porque abrange tanto a comunicação como o marketing, oferecendo uma visão mais completa sobre o tema. Ao mesmo tempo, a proposta da criação da etapa Regional, até então não considerada pela literatura acadêmica, vem complementar a visão sistêmica da CIM.

3. O conceito de "integração" não deve ser visto apenas no sentido prático de integrar as ações de comunicação com as de marketing, mas, partindo da compreensão dos desejos e das necessidades do público, fazer com que toda a organização do marketing assuma a postura de trabalhar estrategicamente em função da satisfação do consumidor. Para isso, precisaria desenvolver uma estrutura empresarial adequada para oferecer produtos e serviços que o beneficiem mais do que a concorrência e estabeleça uma linha de comunicação clara para facilitar a compreensão da oferta dos produtos ou serviços. Conseqüentemente, o faturamento e o lucro passariam a ser o resultado dessa postura, e não a sua determinante.

4. É possível, ainda, perceber que as oportunidades de participação dos profissionais em campanhas globais estão relacionadas à sua proximidade com a matriz. Só mais recentemente é que o Brasil, especialmente São Paulo, começou a ser aceito como sede regional para a América Latina, criando maiores oportunidades de internacionalização de campanhas. Ficou bastante claro que as grandes decisões provêm da matriz dos clientes multinacionais, sendo mais difícil que aceitem a contribuição das filiais de países de menor expressão econômica.

5. Para que as campanhas regionais ou globais possam melhorar a sua eficiência e eficácia, parece ser importante a criação de cargos específicos, para executar os trabalhos de desenvolvimento, coordenação e implementação. Esses cargos precisariam estar subordinados à alta direção da empresa, possuir a autoridade necessária para agilizar o processo decisório, e ser ocupados por profissionais com ampla visão de marketing e comunicação. Os departamentos das empresas também precisariam compreender e trabalhar de forma integrada não só entre si, mas com aquela gerência de comunicação, para melhor efetividade da CIMG.

6. Atenção especial deveria ser dada ao processo de participação dos diversos países e níveis hierárquicos das empresas e agências, criando oportunidades de colaboração dentro de um sistema organizado para facilitar a tomada de decisões. O apoio da alta direção das empresas é fator importante para a formação de um ambiente motivador e favorável à adoção de campanhas globais, no qual as pessoas se sintam como partes integrantes do processo de trabalho. Parece ser insuficiente o nível e a extensão das pesquisas, realizadas até então com os consumidores, para detectar os valores que lhe são comuns internacionalmente, para fornecer a base para a criação do posicionamento global das marcas, a estratégia

criativa e o desenvolvimento das peças da campanha de comunicação. Essa deficiência poderia ser uma das causas do insucesso da CIMR e da CIMG.

7. Seria recomendável dar especial atenção aos desenvolvimentos propiciados pela tecnologia digital e da informação. Os novos equipamentos e programas oferecerão recursos de navegação e operacionais com maior flexibilidade e de controle por parte dos seus usuários, influenciando no seu comportamento de compra. Como conseqüência, o modelo atual utilizado pelas disciplinas de comunicação provavelmente será afetado *vis-à-vis* à customização, exigindo uma nova maneira de pensar a comunicação e o marketing.

8. Existe a tendência de as agências de comunicação se transformarem em grupos de comunicação, formados por empresas especializadas nas diversas disciplinas. Esses grupos estão atuando local e internacionalmente para atender à demanda dos clientes por um planejamento e execução da CIM. Essa constatação exigiria uma postura de maior envolvimento da agência nos negócios do cliente, melhor conhecimento do mercado e profissionais com uma formação mais ampla em comunicação e marketing. Além disso, para que o processo de integração dos programas possa realmente ocorrer, é importante que os grupos de comunicação pratiquem uma administração interna que evite o conflito entre as suas empresas na luta por uma parte maior da verba dos mesmos clientes.

9. Os clientes estão demandando maior envolvimento das agências no desenvolvimento estratégico e na implementação dos programas. Portanto, a sua estruturação deveria seguir as estratégias e permitir maior interdependência entre cliente e agência, uma vez que o processo requer uma intercomunicação freqüente de ambos durante as etapas de desenvolvimento e de execução.

10. A CIM constrói uma forte identidade da marca no mercado, ligando e reforçando todas as mensagens que ajudam a formar a sua personalidade única, determinando o seu DNA e diferenciando-a da concorrência para ganhar a preferência dos consumidores. Ela, portanto, passa a ser o elo de todas as ações de um programa, conduzindo-as para que o contato com a marca, por parte do consumidor, possa acontecer sempre de forma coerente. Essa integração ultrapassa os limites da comunicação, envolvendo as ações de marketing e a estrutura das empresas para que possam estar em sintonia, trabalhando dentro do mesmo ritmo, harmonicamente, em toda a cadeia produtiva.

11. Uma das causas que conduzem à falha das campanhas globais é a resistência local à sua adoção, mesmo antes de avaliarem a sua pertinência. Nesse sentido, é importante para os gerentes reconhecerem os processos de troca envolvidos, ou seja, se de um lado a campanha global propicia redução de custos, maior controle e melhoria substancial do potencial criativo; por outro, pode ter alguma deficiência no apelo mais diretamente ligado à cultura local. A análise desse balanço é que

permitirá uma tomada de decisão mais consciente sobre a adoção total ou parcial da campanha global. É necessário, portanto, fazer a distinção entre "o que dizer" (proposição de venda ou promessa básica) e "como dizer" (forma criativa utilizada para transmitir a proposição de venda), uma vez que, na grande maioria dos casos, a proposição pode ser transferida eficazmente para diversos países.

12. Em linhas gerais, considerando o estágio atual da CIMG – Comunicação Integrada de Marketing Global, poderia sugerir que o conceito ou posicionamento da marca, por ser único, deveria ser mantido em nível global. A estratégia criativa deveria, de preferência, ser trabalhada global ou regionalmente, e as peças publicitárias deveriam, de preferência, ser adaptadas regional ou localmente. Apesar de possível, parece ser menos provável que se consiga a aplicação total e única do conceito, da estratégia e das peças globalmente de maneira eficaz. Naturalmente, a orientação estaria na dependência das características do mercado e do produto/serviço em seus estágios de desenvolvimento, da estrutura das empresas, valores dos consumidores e outras variáveis já comentadas.

13. Uma vez que a CIM é planejada, desenvolvida, executada e avaliada em relação ao comportamento do consumidor, ela conduz à necessidade de um novo pensamento sobre a atuação do marketing e da comunicação, que abranja a gama de *stakeholders*. Isso sugere a necessidade de criação de um sistema de informações, por meio do *database*, o desenvolvimento de técnicas de avaliação e de gerenciamento de dados, como ferramentas básicas para sua aplicação. Paralelamente, a formação do profissional de comunicação precisará ser feita em função dessas novas necessidades, com um conhecimento mais amplo de marketing, das disciplinas de comunicação e do uso da informática.

14. A imposição de conceitos, estratégias e peças publicitárias por parte dos clientes parecem ter uma alta freqüência no processo de implantação da CIMG, cabendo às agências o ônus de contestar a sua adequação por meio de argumentos e/ou pesquisas, oferecendo simultaneamente outras alternativas. O perigo da rigidez dessa atitude seria a perda da eficiência dos projetos, por não considerar as diferenças de matizes dos mercados em que atuam. É como se existisse uma luta interna, não explicitada, baseada na autoridade do controle, em lugar de ser uma parceria em busca do melhor resultado. Essa situação estaria sendo criada por uma visão mais de curto prazo, esquecendo-se de que a construção do *brand equity* é contínua e demanda um prazo maior. Uma certa flexibilidade no processo começa a ser notada quando o país possui um mercado importante, permitindo, por vezes, que a sua opinião prevaleça.

15. O processo de adoção da CIMG não tem um procedimento específico, podendo variar conforme a empresa, as estratégias adotadas, o escopo de produtos e o estilo de liderança, entre outras variáveis. A implementação de projetos seria facilitada quando a empresa possui uma mentalidade globalizada. No entanto, qualquer que venha a ser o sistema adotado, não se pode perder de vista o respeito ao consumidor. A adoção precisaria ser delineada a partir desse foco.

16. O alinhamento internacional de contas apresenta uma série de vantagens e desvantagens. Para a sua eficiência e eficácia, torna-se necessário a sua estruturação e adoção de sistemas operacionais que facilitem a comunicação entre as partes envolvidas em diferentes níveis hierárquicos, o processo decisório e o controle das ações implementadas. Paralelamente, um relacionamento duradouro entre cliente e agência seria fundamental para o estabelecimento do conhecimento e confiança mútua, aliados às vantagens da curva da experiência.

17. Seria importante considerar que o movimento globalizador tende a unificar e padronizar produtos, serviços e comportamentos. No entanto, notam-se reações contrárias de diversos povos e subgrupos da sociedade em busca da sua própria identidade. São dois movimentos opostos e coexistentes, mas que precisam ser considerados no planejamento da CIMG, principalmente por aquelas empresas que pretendem praticar o *marketing one to one.*

18. É possível, apesar de difícil, compatibilizar os interesses de vendas imediatas com a construção da imagem da marca em um prazo mais longo. Esse dilema está sempre presente, sendo necessário que as ações promocionais respeitem o posicionamento da marca para impulsionar as vendas e não denegrir a imagem.

QUARTA PARTE

7
A COMUNICAÇÃO E O MARKETING

Compreender que a comunicação é um meio e não um fim em si mesmo, existindo para auxiliar o marketing a atingir os seus objetivos, é muito importante para saber utilizar essas duas áreas do conhecimento com maior propriedade. Tenho percebido que a utilização dessas palavras tem sido desvirtuada e aplicada indiscriminadamente, gerando confusão aos neófitos na matéria e exigindo explicações sobre o seu significado entre aqueles que já a praticam há algum tempo. O propósito deste capítulo é tentar esclarecer os conceitos para que possam ser aplicados corretamente no planejamento de comunicação.

A relação entre marketing e comunicação

O *mix* de marketing concebido por Jerome McCarthy[1] e conhecido como os 4 Ps foi uma das mais significativas contribuições para os estudos de marketing. É composto pelos seguintes itens:

- *product* – produto ou serviço;
- *price* – preço;
- *place* ou *point of sale* – praça ou ponto de venda, no sentido de canal de distribuição e tipo de loja;
- *promotion* – propaganda ou promoção, significando comunicação ou divulgação.

O *mix* de comunicação é formado por:

- Propaganda – técnica e arte de divulgação de massa que utiliza todos os veículos da mídia impressa, eletrônica e material de ponto de venda.

[1] McCARTHY, Jerome E. **Essentials of Marketing**. Homewood: Richard D. Irwin, Inc.,1982, cap. 2, p. 35.

- Promoção de vendas – técnica e arte específica de divulgação para gerar vendas, podendo ser aplicada dentro ou fora da empresa.

  No primeiro caso, como plano de incentivo, costuma ser utilizada com a equipe de vendas para motivá-la a cumprir uma quota mais elevada de vendas ou de melhor distribuição de produtos. Menos freqüentemente, tem sido ainda aplicada aos demais departamentos das empresas, com o objetivo de conseguir uma melhor *performance*.

  No segundo caso, quando é utilizada externamente, ela pode ser exercida em dois níveis:
  - no nível do canal de distribuição, envolvendo vendedores de piso, balconistas, proprietários, gerentes e compradores de loja;
  - no nível do consumidor final, persuadindo-o a intensificar suas compras em freqüência e volume mediante a oferta de uma vantagem adicional.
- Relações públicas – atividade planejada para atingir resultados de comunicação perante o público interno e externo da empresa.
- Venda pessoal – considerada uma forma de comunicação pelo fato de o vendedor, como representante da empresa, transmitir uma imagem positiva ou negativa da instituição.

Considerando apenas as disciplinas que permitem a comunicação de massa, o composto ou *mix* de comunicação utiliza propaganda, promoção e relações públicas. Além da sua forma tradicional de atuação no sentido do anunciante para o público, essas disciplinas podem ser utilizadas nas ações de marketing direto que, pela sua natureza, funcionam nos dois sentidos, permitindo a interação entre o emissor e o receptor da mensagem.

As interpretações do *merchandising*

Na área do marketing, *merchandising* pode ser entendido como a ação realizada no ponto de venda com a intenção de expor melhor o produto, destacando-o da concorrência, para chamar a atenção do consumidor e impulsioná-lo à compra. A American Marketing Association (AMA) define *merchandising* como "a operação de planejamento necessária para se colocar no mercado o produto certo, no lugar e no tempo certo, em quantidades certas e a preço certo". O Quadro 7.1 indica onde o termo vem sendo aplicado aqui no nosso mercado.

Quadro 7.1 — Usos da palavra merchandising

Mix de comunicação	Aplicação		
Propaganda	Mídia	→	*Merchandising*
	Ponto-de-venda	→	*Merchandising*
Promoção de vendas	Mídia	→	*Merchandising*
	Ponto-de-venda	→	*Merchandising*
Relações públicas	Mídia	→	*Merchandising*
	Material de apoio		
Venda pessoal	Material de apoio		

Na propaganda, a mídia eletrônica usa o termo *merchandising* ou *merchandising* eletrônico quando o produto ou serviço aparece na tela inserido no contexto do programa ou é mencionado. Por exemplo, em uma novela, o ator entra num bar, abre a geladeira e retira um sorvete cuja marca é captada pela câmera de TV. Na mídia impressa, o equivalente ao *merchandising* seria a reportagem paga, comumente denominada de "matéria paga", "publi-editorial" ou "informação publicitária". O material para ponto-de- venda, como cartazes, móbiles, faixas de prateleira, discos ou raquetes de preços, papel-forração etc., é também chamado de *merchandising*.

Na promoção de vendas que utiliza a mídia e os materiais de ponto de venda, o termo *merchandising* é empregado da mesma forma que na propaganda, como quando um animador de televisão menciona e recomenda um produto ou serviço durante o seu programa.

As relações públicas, realizadas por assessoria de imprensa, ao utilizarem a mídia, podem recorrer às facilidades da técnica do *merchandising* ao conseguirem, por exemplo, que os dirigentes e técnicos de empresa ou órgão governamentais tenham a oportunidade de serem entrevistados em programas de rádio e televisão. O termo *merchandising* ainda não foi usado para designar o material de apoio das ações de relações públicas ou de assessoria de imprensa por não ser adequado, uma vez que não é utilizado em ponto-de-venda e sim nos locais de eventos, convenções ou feiras comerciais.

Quanto à venda pessoal, o representante de vendas utiliza material de apoio ao seu trabalho, não sendo chamado de *merchandising*, pelo mesmo motivo mencionado para relações públicas. O escritório de um cliente ou o seu departamento de compras é totalmente distinto da área de vendas das lojas, local de aplicação do material de *merchandising*.

É importante notar que, não importando o modo pelo qual o termo venha a ser usado, *merchandising* não é um item isolado de comunicação, mas estará sempre entrosado com uma ação de propaganda, de promoção de vendas ou de relações públicas.

Vale ainda comentar que as agências americanas costumam separar as campanhas de propaganda ou de promoção em duas áreas. A primeira refere-se a comerciais de rádio e televisão, anúncios de jornais, revistas e *outdoor* criados a partir do tema da campanha. A segunda diz respeito aos materiais de ponto-de-venda, classificados como *below the line material*, para demonstrar que são dependentes da estratégia criativa utilizada na mídia e devem estar totalmente integrados ao tema escolhido. Esta classificação, no entanto, foi interpretada como um material de importância secundária. Tal não é o caso. Em muitas empresas, a sua presença é significativa, a ponto de disputar uma parcela considerável da verba publicitária total.

O contexto da comunicação

A comunicação é um meio e não um fim em si mesma; é um instrumento de ação do marketing, sendo uma das formas pela qual ele pode ser aplicado. A Figura 7.1 procura ilustrar que a comunicação está contida ou é suportada pelo marketing, que, por sua vez, está contido na empresa; a empresa está inserida no micro-ambiente e, este, no macro-ambiente.

Figura 7.1 — O contexto da comunicação

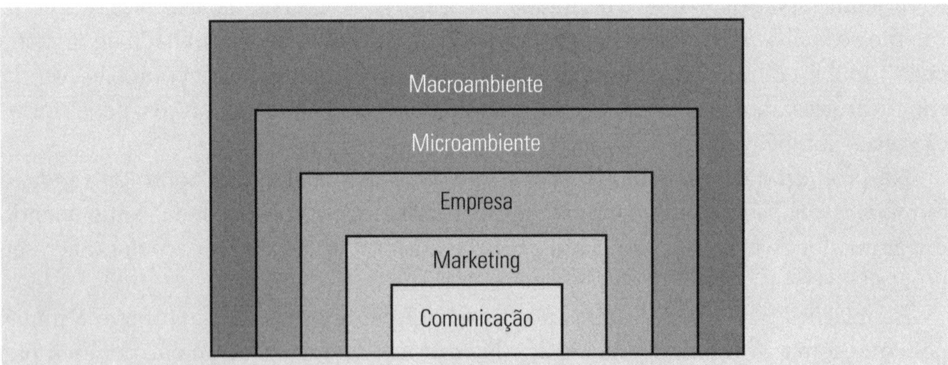

Fonte: Elaborada pelo auror.

O significado do da Figura 7.1 seria a interdependência dos cinco setores, ou seja, a uma dada condição ambiental, a empresa vai agir de determinada maneira. Para isso, a gerência de marketing parte em busca de soluções e se utiliza, muitas vezes, da comunicação como uma das formas de atuação. Por exemplo, o mercado demonstra sinais de crescimento e baixo risco de acontecimentos políticos, cambiais e do próprio segmento, que encorajam o lançamento de um novo produto. O marketing traçará objetivos e estratégias para o lançamento; a comunicação definirá as ações de propaganda, promoção e relações públicas necessárias dentro do objetivo de construir uma imagem para o novo produto, motivando o consumidor a preferir a marca e a comprar o produto.

Esta interdependência demonstra que é necessário conhecer todo o cenário em que a campanha será realizada para que seja adequada para atender a todas essas condições externas e internas à empresa. Criar ações de comunicação sem conhecer o cenário em que vai atuar é pura especulação.

Como a comunicação é uma das variáveis dos 4 Ps, o sucesso de uma campanha não pode ser a ela atribuído, mas deve ser considerado em consonância com o desempenho das outras três variáveis. Se o produto não satisfizer os consumidores, o preço não for adequado e a distribuição for deficiente, não haverá campanha que dê resultado. Deste este ponto de vista é que a comunicação é considerada uma forma para conseguir o que se pretende. Sem este direcionamento, ela não tem sentido – seria apenas arte.

Se a comunicação tem essa responsabilidade de produzir resultados e se faz parte do marketing *mix*, podemos admitir que a sua eficácia seria dependente da orientação que receber do marketing. O planejamento de comunicação deverá estar baseado no planejamento de marketing, que, por sua vez, deverá considerar os recursos humanos, tecnológicos e financeiros da empresa e os analisará em função das variáveis do meio ambiente que vão influenciar o seu desempenho.

Comunicação de resultados

A comunicação por meio da propaganda, da promoção e das relações públicas precisa chamar a atenção e persuadir as pessoas a preferirem determinado produto, serviço ou empresa – mas como funciona? O que precisaria ter para realmente produzir os resultados?

Vale relembrar que a comunicação é um dos componentes do marketing *mix*. A sua responsabilidade nos resultados de uma campanha é relativa, pois sofrerá a influência dos outros três componentes – produto, preço e praça. Em outras palavras, o sucesso ou o fracasso das vendas não pode ser atribuído somente à comunicação executada. Uma boa campanha pode vir a ser prejudicada por uma distribuição ruim do produto ou pelo seu preço inadequado, da mesma forma que uma campanha medíocre pode ser auxiliada pela felicidade de um excelente produto ou de uma inteligente estratégia de preço.

Para que possa funcionar, a comunicação está apoiada em três necessidades:

- Difundir

É a necessidade de "difusão" de determinada marca de produto ou serviço, tornando-a reconhecida. Isso pode ser avaliado de duas formas. A primeira, quando a marca é lembrada em primeiro lugar pelo consumidor e passa a ocupar uma liderança chamada de *top of mind* (Tabela 7.1). Na tabela abaixo, a marca "A" ocupa o primeiro lugar no *top of mind*, a marca "B" ocupa o segundo e a "C", o terceiro.

Tabela 7.1 — Cálculo do *top of mind* (primeira lembrança da marca)

Marca	Citada em 1.º
A	14 menções
B	10 menções
C	6 menções

A segunda medição, *share of mind*, representa a lembrança da marca independentemente da ordem em que é citada, se é em primeiro, segundo ou enésimo lugar. A Tabela 7.2 pode ajudar na compreensão desse outro conceito.

Tabela 7.2 — Cálculo do *share of mind* (% de participação na memória das pessoas)

Marca	Citada em 1.º	Citada em 2.º	Citada em 3.º	Pontos	% do *Share of mind*
A	14 menções	12 menções	4 menções	70	38,9
B	10 menções	14 menções	6 menções	64	35,5
C	6 menções	4 menções	20 menções	46	25,6
Ponderação	Peso 3	Peso 2	Peso 1	180	100,0

A tabela indica que em uma pesquisa com o público, a marca "A" foi citada 14 vezes em 1.º lugar, 10 em 2.º e 6 em 3.º lugar. O mesmo cálculo aplica-se às duas outras. Como o exemplo tem apenas três marcas, pode ser feita uma ponderação dando pesos (importância) diferentes conforme a ordem das citações. Assim, vale 3 pontos ou tem peso igual a 3 as citações das marcas em 1.º lugar, peso 2 em 2.º e peso 1 as citadas em 3.º lugar. A marca "C", por exemplo, obteve 46 pontos porque foi citada em 1.º lugar 6 vezes (6 x 3 = 18), 4 vezes em 2.º lugar (4 x 2= 8) e 20 vezes em 3.º lugar (20 x 1 = 20). Perfazendo o total de 180 pontos obtido pelas três marcas igual a 100%, pode ser calculado o *share of mind* de cada uma.

Esta primeira necessidade da propaganda – a difusão – está relacionada a um estágio cognitivo, cuja finalidade é despertar a atenção e o interesse do público-alvo, despertando a sua consciência para o conhecimento da marca e a identificação da respectiva imagem.

- Persuadir

A segunda necessidade é a de "persuasão" do consumidor, convencendo-o de que o produto ou serviço anunciado é a melhor opção de compra ou contratação, criando, assim, uma atitude de preferência. Essa necessidade de persuasão nos conduz a despertar o desejo do consumidor. Podemos relacionar essas reações a um estágio afetivo provocado por apelos emocionais e/ou racionais e associado a uma imagem pretendida. Quando as pessoas se lembram desta imagem, têm uma percepção que a qualifica de determinada maneira; diz-se, assim, que existe uma *brand awareness*, que é o termo correspondente em inglês e de uso corrente no mercado publicitário.

- Motivar

A terceira necessidade é a da "motivação". Motivar o consumidor em potencial é conduzi-lo para um novo estágio: o da ação de compra.

Em suma, despertar a "atenção", o "interesse" e o "desejo de compra", levando o consumidor à "ação" são as funções básicas da comunicação. As primeiras letras de cada etapa formam a famosa sigla AIDA, muito citada nos livros e manuais de treinamento de vendas.

Ao compreender essas funções da comunicação, os seus resultados poderão ser medidos com base nesses aspectos, além de avaliar a criatividade da campanha e a intensidade com que a mídia foi executada.

Diferença entre propaganda, promoção e relações públicas

Naturalmente, é preciso fazer distinção entre propaganda, promoções de vendas e relações públicas quanto aos resultados esperados. Atuam de maneiras diferentes e são utilizadas para atenderem a objetivos distintos. Fazendo uma analogia e comparando as três disciplinas com a faca, o garfo e a colher, não seria possível dizer qual delas seria a mais importante, pois dependendo do que se pretende comer será escolhido o talher mais adequado. Da mesma forma, essas três disciplinas serão selecionadas dependendo da estratégia de comunicação a ser adotada para enfrentar determinada situação de mercado. A habilidade estará em saber utilizá-las no momento certo. O Quadro 7.2 resume as características básicas de cada uma.

Não se pode esquecer de que a principal função da propaganda é formar a imagem da marca e motivar a ação de compra. A promoção de vendas, essa sim, precisa vender. As relações públicas exercem uma ação mais sutil do que a da propaganda, mas também eficaz na sua tarefa de construir a imagem da marca. A sua ação estaria mais relacionada à característica de continuidade, mais a de um "tratamento homeopático" do que a uma "cirurgia de emergência", sendo apropriada para divulgar conteúdos mais extensos ou detalhados, difíceis de serem adequadamente tratados pela propaganda. As relações públicas também são responsáveis por eventos, como seminários, palestras, concursos culturais, competições esportivas e outros tipos, podendo criar eventos ou participar dos já existentes. É importante considerar que os eventos são um fato gerador de notícias, fornecendo farto material a ser publicado com o auxílio da assessoria de imprensa, melhorando os resultados de comunicação.

Quadro 7.2 — Características básicas e comparativas entre propaganda, promoção de vendas e relações públicas

Características	Propaganda	Promoção de vendas	Relações públicas
Objetivo	Formação de imagem Motivação à compra	Aumentar vendas Gerar tráfego	Formação de imagem
Público-alvo	Consumidor	Consumidor Canal de distribuição Equipe de vendas	Consumidor final Intermediários Fornecedores Governo
Duração	Por períodos	Um só período	Contínua
Retorno esperado	Médio prazo	Curto prazo	Longo prazo
Avaliação	Possível	Possível	Difícil

Perguntas

1. Como é formado o *mix* de comunicação ou composto de comunicação?
2. O que é *merchandising* do ponto de vista do marketing?
3. Como a palavra *merchandising* é utilizada na área da comunicação?
4. Explique o contexto em que a comunicação atua.
5. A propaganda é dependente do marketing? Explique.
6. Qual é o principal objetivo da propaganda, da promoção de vendas e das relações públicas?
7. Quais são os públicos visados pela propaganda, pela promoção e pelas relações públicas?
8. Quanto ao período de duração da campanha, geralmente como são feitas a propaganda, a promoção e as relações públicas?
9. Em quanto tempo podem ser esperados os resultados de uma campanha de propaganda, de promoção e de relações públicas?
10. A avaliação dos resultados da propaganda, da promoção e das relações públicas é relativamente fácil ou difícil? Por quê?
11. Qual é a diferença entre relações públicas e assessoria de imprensa?

8 PLANEJAMENTO

O planejamento pressupõe um conhecimento bastante amplo sobre administração, marketing e comunicação para aqueles que pretendem se dedicar à área da comunicação. Exige disciplina e pensamento lógico, precisa de mentes abertas e flexíveis para mudar quando necessário, além de humildade profissional para não assumir a postura de dono da verdade.

O planejamento e sua importância

A aplicação do planejamento é conveniente em qualquer momento, tanto em épocas de crise como nas de bonança. Em qualquer empresa os recursos são limitados, existem incertezas, e o comportamento do mercado modifica-se constantemente em todas as direções. As limitações e toda essa dinâmica de mercado dificultam grandemente a tarefa do executivo. Em momentos de crise, muitas vezes o executivo não tem a coragem de propor resultados menores no seu planejamento, permanecendo na vã esperança de que a sorte ajudará e que, de um jeito ou de outro, tudo acaba dando certo. Ter a coragem de apresentar um quadro real pior do que o anterior poderia fazê-lo ser interpretado como uma pessoa pessimista, com pequena visão de negócios ou como uma demonstração de incapacidade profissional. Nada mais errado. O executivo não precisa ter medo em recuar, muito pelo contrário, é um ato de coragem e prudência. Basta lembrar que a economia é cíclica, havendo períodos de expansão e de retração, o que conduz a uma contínua adequação à realidade. As variáveis externas influenciam os mercados cada vez mais, devido à facilidade propiciada pela informática e pela comunicação eletrônica, fazendo com que as informações circulem com uma velocidade impressionante. Portanto, ser precavido em determinados momentos é melhor do que se atirar numa aventura.

No entanto, para que um planejamento possa ser apresentado e seja incorporado à cultura da empresa, é preciso que exista um ambiente de compreensão para que o executivo encarregado pela sua elaboração não venha a ser julgado pelos seus superiores como homem ou mulher de pouca fé, sem capacidade de luta. Muito pelo contrário, deveria ser visto como uma pessoa capaz de avaliar corretamente uma situação, mesmo que esta não apresente boas perspectivas. É importante admitir, também, que é possível errar, que aprendemos mais com os erros do que com os sucessos, afastando o fantasma negativo da penalidade quando algo não sai conforme o previsto.

O planejamento é um sistema de trabalho, e a previsibilidade do que irá acontecer é uma das tarefas mais difíceis que existe no mundo empresarial. Por esse motivo, não deve existir nenhum receio em colocar as proposições por escrito, uma vez que as agências e anunciantes-clientes possuem um objetivo comum e devem procurar seguir juntos na mesma direção, admitindo como normal a correção dos erros e desvios, quando ocorrem. A atitude diante de uma proposta de plano deveria considerar como satisfatório o resultado cujo conjunto das ações corretas for maior do que as falhas ocorridas.

Em outras palavras: é preciso uma atitude positiva, libertando-se do sentimento de culpa se algo não der certo. Todos costumam ser treinados para vencer e seria bom ganhar sempre, mas às vezes não é possível. O importante é tentar.

Essa atitude pode ser descrita como uma abordagem realista das situações, sejam elas favoráveis ou não à nossa empresa. A sua identificação seguida da tomada de decisão terá como fim o de conseguir um equilíbrio das atividades programadas, seja para uma expansão ou retração, em lugar de ater-se à idéia fixa de sempre obter um crescimento a qualquer custo ou até mesmo irracional. Exemplificando, é preciso desacelerar ao fazer a curva com um carro; depois dela, pode aumentar a velocidade. Dessa forma, o controle do veículo será mantido, podendo-se continuar a viagem sem maiores problemas. Essa é a chave: todo o planejamento precisa ser equilibrado, procurando-se harmonizar a capacidade produtiva com a capacidade de absorção do nosso produto ou serviço pelo mercado.

Na comunicação não é diferente, podendo-se considerar duas variáveis importantes: a mensagem e a veiculação. A primeira, procura despertar a confiança do consumidor, rompendo a barreira da dúvida e da incerteza por parte do deste, para que se anime a comprar, e a segunda, precisa aplicar a pressão necessária de mídia para atingir um nível de intensidade suficiente, a fim de que a mensagem seja percebida. Estas precisam estar de acordo com os valores da sociedade, para fazerem sentido. Partindo dessa premissa, deve-se detectar os problemas, os anseios e as necessidades do público por meio dos diversos métodos de pesquisa existentes e oferecer a solução mais adequada, isso é, uma mensagem que contenha os valores importantes para o consumidor, que atenda às expectativas, os valores psíquicos e comportamentais do público a que se destina.

É uma tarefa complexa e contínua, que só poderá ter sucesso se cada ação for mensurada, avaliada e corrigida, gerando um novo banco de dados bem atualizados, para orientar o passo seguinte, trabalhando e pesquisando incansavelmente. Não se deve, por esses motivos, iniciar nenhuma campanha sem primeiro estudar minuciosamente todas as variáveis, testar as hipóteses de trabalho e definir, o mais precisamente possível, o caminho a seguir.

Os riscos de errar são cada vez maiores porque as variações da economia, como um todo, costumam ser mais rápidas e toma os rumos mais inesperados. Normalmente, alguns setores de atividade estão em expansão, outros estacionários ou decrescentes, conforme o momento econômico ou político. É necessário, pois, analisar, avaliar os riscos e decidir conscientemente, porque não existem mais situações confortáveis que permitam a sobrevivência dos incapazes, transformando indistintamente a todos em heróis administradores. A tarefa é árdua, mas poderá ser executada com eficiência desde que se crie um clima favorável de trabalho. A compreensão, o apoio mútuo e a persistência dentro da empresa formarão a base para motivar as pessoas e fazê-las respirar o ar da tranqüilidade, e suas mentes, nessas condições, serão capazes de produzir melhor.

A noção do planejamento equilibrado – o que é e o que dele se espera – o posiciona como uma poderosa arma contra a ineficiência, transformando-o em tarefa mais aceitável e menos ameaçadora, que ajuda a somar esforços em lugar de dividi-los, e não um instrumento de trabalho castrador. O equilíbrio será alcançado com o conjunto das ações harmoniosamente entrosadas, ajustadas continuamente para se atingir um objetivo maior.

Em suma, um planejamento, seja ele empresarial, de marketing ou de comunicação, deve reunir as seguintes características:

- buscar o equilíbrio entre o proposto e a realidade do mercado;
- servir como padrão de referência para as ações propostas;
- possuir a flexibilidade necessária para se adaptar às possíveis mudanças de mercado;
- manter a consistência das ações e a sua continuidade;
- ser um instrumento de trabalho do dia-a-dia dos executivos.

Na tentativa de sintetizar, o ponto de vista expressado sobre o planejamento pode ser visualizado no Quadro 8.1:

Quadro 8.1 – Atitude para com o planejamento

Atitude		**Avaliação**		**Planejamento**
Positiva. Realista perante o mercado. O que vale é o conjunto dos acertos.	+	Sistemática. Programada. Emprego das diversas técnicas de pesquisa.	=	Eficiente instrumento de trabalho do executivo. Determina os padrões para orientação das ações e sua avaliação.

Alguns conceitos

Para melhor compreensão do que seja planejamento, seguem alguns conceitos:

- Planejamento
  Seria um processo administrativo e sistemático para se atingir um determinado objetivo, coordenando a atuação do governo, da empresa ou do assunto em questão, para

se obter o máximo de resultado com o mínimo dispêndio de recursos humanos e financeiros.

- Plano
  Poderia ser definido como o documento que contém o programa planejado.
- Planejamento de marketing
  É um processo administrativo e sistemático, que tem a finalidade de avaliar as condições de mercado e da empresa para determinar os objetivos e estratégias que permitirão atingir o máximo de retorno sobre o investimento realizado.
- Planejamento de comunicação
  Deve ser compreendido como uma derivada do planejamento de marketing. Sendo um processo administrativo e sistemático, teria a finalidade de coordenar os objetivos, as estratégias e as diversas fases de uma campanha de propaganda, promoção de vendas ou de relações públicas, com os estipulados pelo marketing, procurando atingir o máximo de retorno sobre o investimento realizado.

Tentando analisar os conceitos anteriores, pode-se dizer que a idéia de planejamento é um "processo". Como tal, significa que se trata de algo dinâmico, pressupondo uma atualização constante durante o período planejado. Essa dinâmica, que se caracteriza pela adaptação às circunstâncias de cada momento, conduz à noção de flexibilidade e não de rigidez. A noção "sistêmica" indica a repetição do processo a intervalos regulares, para que haja a possibilidade de manter a continuidade na implementação das estratégias, o que contribui para a consecução dos objetivos. Por sua vez, a "coordenação" do planejamento visa entrosar todas as áreas envolvidas para que cada ação venha a ocorrer no momento certo, no lugar pretendido, de acordo com a verba estabelecida e, naturalmente, aplicada conforme o estipulado.

Com essas colocações, o planejamento pode ser conceituado como um instrumento de trabalho do dia-a-dia, bastante flexível, que facilitaria a tomada de decisões porque existe uma orientação das atividades projetadas. Esse pressuposto conduziria a melhores resultados, tanto em termos financeiros quanto na eficácia das ações implementadas.

O plano, como repositório das informações que fazem parte do planejamento, precisa ser um documento de fácil leitura e compreensão, em que cada tópico seja auto-explicativo e permita a tomada de decisões. Para que isso seja obtido, organização das informações, lógica na sua apresentação e no desenvolvimento do raciocínio, objetividade no que se quer demonstrar e clareza para expressar o pensamento são características fundamentais na sua elaboração.

Diferença entre o planejamento de marketing e o de comunicação

O planejamento de comunicação parte do pressuposto de que já exista um planejamento de marketing. Este analisa detalhadamente os aspectos das variáveis externas à empresa, realiza o diagnóstico e pode prever possíveis cenários, como resultado desta análise. Inclui, também, um estudo sobre as condições que a empresa precisa ter para melhorar o seu desempenho, influenciando, assim, todas as suas áreas. Mais especificamente aborda questões sobre o produto/serviço a que se refere e inclui a parte financeira sobre faturamento e resultados, uma vez que todas as ações propostas devem contribuir para o lucro da corporação.

No caso do planejamento de comunicação, todo esse estudo já existe. É com base nele e a partir dele que será elaborada a estratégia de comunicação. Por esse motivo, não precisa constar de tantos detalhes porque já parte de um patamar de informações mais elevado ou previamente definido.

A título de exemplo, o Quadro 8.2 apresenta o modelo de planejamento de propaganda, denominado modelo"C" devido ao seu enfoque mais abrangente do que outros modelos existentes.

Quadro 8.2 – Modelo "C" de planejamento de propaganda (ampliado)

1.	Resumo técnico
2.	Histórico da empresa
3.	Ambiente externo: macro e microambiente político, econômico, legislativo, climático, religioso etc.
4.	Ambiente interno da empresa – estrutura, produtos/serviços, análise de vendas, preço, distribuição, comunicação
5.	Mercado: sua dimensão, tendências, comparação com a concorrência direta
6.	Diagnóstico: pontos fortes e fracos, problemas, ameaças e oportunidades, conclusão
7.	Definição do problema de comunicação
8.	Definição do público-alvo e área de ação
9.	Posicionamento da marca
10.	Marketing: definições de objetivos e estratégias
11.	Comunicação: definições de objetivos e estratégias
12.	Criação: definições de objetivo, estratégias e peças publicitárias da campanha
13.	Mídia: definições de objetivos, estratégia, justificativa, tática e programação, sendo esta última opcional em um primeiro momento.
14.	Cronograma da campanha, incluindo a parte de produção e de mídia
15.	Resumo financeiro da mídia e da produção (R$ e %)
16.	Fluxo de caixa da campanha abrangendo um período de 12 meses, incluindo os investimentos em produção e mídia (R$ e %)
17.	Demonstrativo de resultados (faturamento - custo de produção = lucro bruto - despesas de marketing, de comunicação, financeiras, ... = lucro líquido)
18.	Sistemas de avaliação: o que precisa ser avaliado, quem vai fazer a avaliação, como será feita a avaliação (método), quando será conveniente fazê-la
19.	Comentários sobre a legislação referente ao produto, serviço e empresa que possa influenciar a criação e veiculação da campanha.

Sistemas de avaliação

O planejamento, como instrumento de trabalho, passa a ser uma referência e uma fonte para consultas, passando a ser padrão cujos parâmetros vão guiar as ações previstas. Da mesma forma que tudo na vida diária é medido por meio de padrões, eles também precisam ser estabelecidos na área de comunicação para a empresa, o produto ou serviço, independentemente das suas características tangíveis ou intangíveis. Além dos padrões para futura comparação, é preciso definir os sistemas de medição para avaliar se o executado estará dentro do previsto ou se ocorrerão desvios que devam ser corrigidos a fim de que os objetivos venham a ser alcançados. A implantação de um sistema de avaliação de resultados compreende quatro fases:

- 1ª fase – determinação dos padrões com base nos objetivos e metas propostos;
- 2ª fase – determinação do sistema de avaliação, que implica o que avaliar, como será feita a avaliação, quando e quem ficará encarregado da medição;
- 3ª fase – comparação dos resultados reais com os previstos;
- 4ª fase – tomada de uma ação corretiva, se os desvios apresentados estiverem além dos limites permitidos ou aceitáveis.

Para que os padrões possam ser estabelecidos, é necessário que os objetivos e as metas sejam previamente definidos. Sem eles, não saberemos qual o problema de comunicação que estará sendo resolvido, qual a melhor estratégia a ser adotada e como quantificar os padrões para poderem ser avaliados. Apesar da avaliação ser um dos últimos itens do plano, convém enfatizar a sua importância, sem o que não será possível manter o rumo adequado do planejamento.

Como toda vez que se propõe uma ação é para resolver um determinado problema ou aproveitar uma oportunidade de mercado, o resultado obtido deve ser avaliado em função dos objetivos e das estratégias propostas para resolvê-lo. Por exemplo, se a marca de um produto não é lembrada pelos consumidores, então seria conveniente realizar uma campanha de propaganda para aumentar o seu índice de *recall* e a avaliação dos resultados seria feita com base nos índices de *top of mind* e *share o mind,* já comentados no capítulo anterior.

Toda campanha de comunicação precisa de um orçamento definido pelo anunciante. Sem ele, fica difícil planejar dentro da realidade financeira do produto ou serviço. O orçamento pode ser dividido em três grandes áreas: mídia, produção para veiculação e produção de material para ponto de venda. Em virtude da importância da avaliação dos resultados, gostaria de propor uma quarta divisão, bem pequena, destinada à verba para pesquisas. Se uma pequena parcela em torno de 3% do valor do projeto for alocada para medir os resultados da campanha, em nada prejudicaria sua produção e veiculação, mas permitiria conhecer se está no rumo certo. Conforme a estrutura adotada por cada empresa, essa verba para a comunicação poderia sair, também, do orçamento de marketing ou do orçamento de pesquisas de mercado.

Compreensão do cenário mercadológico

A improvisação é uma característica do brasileiro, talvez por ter vivido muito tempo em um regime inflacionário, com freqüentes mudanças políticas e econômicas, que o fez adquirir uma agilidade de adaptação muito grande. É justamente essa capacidade de improvisar que reduz a produtividade no trabalho, uma vez que se procura resolver um problema em lugar de preveni-lo. O que é resolvido de improviso ou no último momento, nem sempre é a melhor solução. No entanto a disciplina, a organização e a sistematização do trabalho contribuem para o melhor desempenho profissional.

A abordagem inicial do planejamento consiste em compreender o cenário mercadológico no qual a empresa está inserida para, então, encontrar as soluções. Na aplicação do modelo "C" de planejamento de propaganda, parte-se do pressuposto de que o briefing do anunciante contém as informações sobre o mercado extraídas do plano de marketing, as quais podem ser agrupadas em três tópicos fundamentais, analisados a seguir.

Resumo da situação de mercado

Este tópico está contemplado no briefing. No entanto, ao se elaborar o planejamento, é sempre conveniente que se faça um resumo das informações que foram comunicadas à agência para que os principais fatos e dados venham a servir de base para alinhavar um pensamento estratégico.

Análise comparativa do produto ou serviço com os concorrentes

Uma das formas de fazer essa análise é comparar o produto/serviço com a atuação da concorrência no mercado sob o ângulo dos 4 Ps: produto ou serviço, preço, praça (sistema de distribuição e a situação no ponto de venda), e propaganda ou promoção. As ações de comunicação devem ser avaliadas em termos quantitativos (investimentos em mídia) e qualitativos, analisando o conteúdo e o tipo da mensagem dos comerciais e anúncios veiculados. As promoções pelos resultados de vendas ou tráfego de pessoas em comparação com as metas traçadas.

Concorrentes diretos e indiretos

A atuação de um produto no mercado é idêntica à de uma competição, em que cada marca busca a liderança ou uma melhor posição. Portanto, precisa-se conhecer a concorrência antes de tudo, porque a sobrevivência da empresa, seu produto ou serviço, dependerá também do que ela fizer.

Em primeiro lugar, é preciso separar os concorrentes diretos dos indiretos. Por exemplo, os refrigerantes são produtos que têm uma função específica: a de matar a sede. Partindo dessa função, todas as bebidas competem entre si, ou seja, a água, o leite, a cerveja, os refrigerantes e até mesmo as bebidas alcoólicas. Entretanto, as motivações e o momento de consumo são diferentes, assim como as qualidades intrínsecas de cada produto que estão mais relacionadas ao paladar. Seria lógico considerar, em um primeiro momento, que os concorrentes diretos seriam todas as marcas de refrigerantes, e os indiretos os demais produtos citados. No entanto, ao relacionar as diversas marcas em atividade no mercado, seria possível segmentá-las pelo sabor, característica básica de diferenciação. A identificação de cada uma permitirá agrupá-las nos segmentos "guaraná", "coca", "limão", "laranja", "uva", "tônica" etc. Desse ponto de vista, os concorrentes diretos estariam representados no segmento de mesmo sabor e os indiretos, nos demais. Esse procedimento significa uma filtragem para localizar melhor quem são os competidores que têm maiores oportunidades de conquistarem o consumidor do seu produto. O preço também costuma ser usado como elemento diferenciador.

A flexibilidade na classificação complica a sua definição, por isso fica mais fácil definir como concorrentes diretos aquelas marcas que mais de perto podem "roubar" os nossos consumidores e vice-versa. Se quiser, o concorrente direto seria a primeira opção de compra que o consumidor teria para substituir o seu produto ou serviço preferido. Os concorrentes indiretos estariam mais distantes na opção de compra, constituindo-se uma ameaça menor.

Produto

Ao analisar o produto ou serviço da concorrência em relação ao seu, procura-se verificar os pontos fortes e fracos de cada um, para descobrir uma vantagem que dê um diferencial à sua marca e que dificilmente possa vir a ser imitado pela concorrência.

Preço

Ao se comparar os preços praticados pelos diversos produtos ao nível do consumidor final, pode-se detectar qual a estratégia adotada para cada um. Se uma determinada marca adota a estratégia de manter o seu preço sempre acima ou abaixo da média do mercado.

Ponto-de-venda ou distribuição

O ponto-de-venda, tanto o tipo de loja como o canal de distribuição das mercadorias, precisa ser muito bem conhecido antes de ser estabelecida a estratégia adequada. É um item de atenção no planejamento publicitário porque, dependendo da logística adotada pela empresa, a velocidade de escoamento do produto poderá ser maior ou menor. A campanha de propaganda só deverá ser iniciada quando o nível de distribuição alcançar um número razoável dos varejistas que colocarão a mercadoria à venda. Se ocorrer antes, os consumidores irão procurar o produto e não o encontrarão na loja, sentindo-se frustrados.

Há várias formas de distribuição a serem adotadas, dependendo da natureza do negócio. Alguns canais de distribuição mais comuns podem ser relacionados:

- com um intermediário – fabricante, varejista, consumidor;
- com dois intermediários – fabricante, atacadista, varejista, consumidor;
- com três intermediários – fabricante, representante, atacadista, varejista, consumidor;
- com quatro intermediários – fabricante, representante, atacadista, distribuidor, varejista, consumidor;
- distribuição direta, porta a porta – fabricante, consumidor ou cliente.

As características das fases de pré-venda, venda propriamente dita e pós-venda, como o controle dos estoques, o acompanhamento dos preços, a velocidade do fluxo de escoamento ou a necessidade de assistência técnica, formam um conjunto importante de dados a serem considerados no planejamento de comunicação, visando à integração de todas as variáveis.

Um outro aspecto a ser comentado refere-se à forma de exposição do produto na loja. Se ele está nos supermercados, o auto-serviço elimina a figura do vendedor na maioria das seções, fazendo com que os esforços de merchandising na área de vendas da loja para conseguir a melhor exposição da mercadoria e dos materiais de ponto de venda seja diferente dos utilizados em um outro estabelecimento onde existe a presença do balconista ou vendedor de piso. Obviamente, o próprio layout desses tipos de lojas determina o que deve ser feito.

Por incrível que pareça, é comum observar a falta de cuidado com os diferentes aspectos do canal de distribuição e do tipo de loja, esquecendo-se de que uma faixa de prateleira pode ser a última chance de lembrar a marca do produto ao consumidor no momento da compra.

Comunicação

O levantamento das atividades de comunicação da concorrência em termos financeiros e qualitativos seria o próximo passo. É conveniente analisar o volume de investimentos realizados pelos concorrentes diretos, em que período e regiões, e qual a mídia utilizada para identificar a estratégia adotada pela concorrência. Esses dados permitirão estimar o share of voice dos produtos ou serviços na categoria em que atuam, sendo uma das referência para se estimar a verba da campanha. Outro dado também de muita importância é conhecer o conteúdo e os aspectos qualitativos da mensagem, para ter um discurso diferente do concorrente, como citado anteriormente.

Quando se fala em consumidor, as informações geralmente são mais escassas, porque exigem o uso da pesquisa de mercado. Existe o fator de custo e tempo para a sua realização. Saber o que o consumidor e o revendedor pensam sobre as diversas marcas, suas vantagens e desvantagens, os hábitos de compra, quem na família decide a compra, como o produto é consumido permitirá entender melhor o cenário de atuação da campanha. Partindo dessa base, a tomada de decisões tem maior probabilidade de acerto.

Definição de problemas e oportunidades

Uma vez analisada a situação de mercado e feita a comparação com a concorrência, inicia-se uma etapa muito importante do planejamento: a realização do diagnóstico. Por aqui, tem início o processo criativo de um planejamento de comunicação, pois não é suficiente coletar informações. Depois de organizadas, é fundamental analisá-las, verificando quais são os aspectos negativos e problemas que terão de ser enfrentados e os aspectos positivos e oportunidades a serem aproveitadas.

É muito difundido o uso do método SWOT, para analisar o ambiente interno e externo da empresa e seus produtos/serviços. Internamente, procura-se identificar os pontos fortes e fracos de todos os departamentos e produtos/serviços. Externamente, é importante identificar as oportunidades, problemas e ameaças existentes no mercado. A ameaça seria algo que poderia se transformar em realidade, mas não há certeza, e o problema seria algo já existente. Costumo adotar uma forma para elaborar um bom diagnóstico e que consiste em fazer uma lista com os pontos fortes e fracos da empresa, produto/serviço em relação aos dois ou três principais concorrentes diretos. Esta lista nada mais é do que uma síntese de todos os dados levantados, concisamente descritos e ordenados lado a lado, permitindo uma visão total da situação. Podem ser consideradas as variáveis de marketing, como produto, preço, distribuição, promoção, propaganda, ponto de venda, relações públicas, participação de mercado, evolução das vendas e outros itens pertinentes, como pode ser visto no Quadro 8.3 sobre uma hipotética ração para cães. Os sinais (+), (-) e (=) utilizados no quadro significam pontos fortes, fracos ou em igualdade de condições, respectivamente. O importante é que traduza uma situação e facilite o processo de classificação. Ao final, pode-se somar o resultado dos sinais para se ter uma melhor idéia da posição da marca diante de seus concorrentes diretos.

Uma vez organizado este resumo, o passo seguinte seria identificar os problemas que terão de ser enfrentados e as oportunidades que poderão ser aproveitadas, uma vez que nem todo ponto fraco é um problema e nem todo ponto forte é uma oportunidade. Pode-se, então, acrescentar mais duas colunas ao resumo, para facilitar a classificação da avaliação, como está demonstrado no Quadro 8.3. Por exemplo, pelo fato de não realizar ações de relações públicas e os concorrentes sim, não significa que este ponto fraco seja um problema, da mesma forma que um preço mais elevado da concorrência (considerado um ponto fraco) pode representar uma oportunidade para quem está fazendo a análise. A finalidade do diagnóstico da situação é compreender o que está ou poderá acontecer, para saber o que precisa ser defendido pela nossa comunicação e o que poderá ser atacado para enfrentar a ação da concorrência ou tomar uma iniciativa antes das outras marcas.

O terceiro passo seria listar em ordem decrescente os problemas e oportunidades, conforme o ponto de vista da empresa, produto ou serviço e, o último passo, seria a conclusão extraída da ordenação anterior. Todo esse procedimento bastante metódico e detalhado constitui o processo do diagnóstico. É oportuno notar que as observações feitas sobre um mesmo conjunto de dados podem diferir de um profissional para outro, uma vez que se trata de uma questão de interpretação. Apesar da dificuldade de se chegar a um diagnóstico correto, este método torna mais objetivo o processo de avaliação e julgamento.

Gostaria de comentar que se as empresa se associassem para realizar pesquisas de mercado em conjunto, rateando os custos e recebendo o mesmo relatório de dados, poderiam obter informações muito mais confiáveis. Infelizmente são pouquíssimas as que aceitam compartilhar os dados com medo do concorrente. Entretanto, a diferença está na interpretação dessas informações porque serão analisadas em função das condições financeiras, recursos humanos, tecnologia e outras variáveis de cada empresa diante do mercado.

Quadro 8.3 – Comparação com os concorrentes diretos

Variáveis	Nossa marca N/M	Concorrente A	Concorrente B	Problemas	Oportunidades
Qualidade do produto	Boa (+/–)	Melhor do que a nossa (+)	Pior do que a nossa (–)	N/M c/qualidade insuficiente	
Tamanhos vendidos	500g e 1000g (–)	300g, 500g e 1000g (+/–)	300g, 500g, 1000g e 1500g (+)		Lançar 300 g
Preço/500g	R$ 10,00 (+/–)	R$ 11,00 (–)	R$ 7,00 (+)	B tem preço imbatível	
Preço relativo	R$ 0,020/g (+/–)	R$ 0,022/g (–)	R$ 0,014/g (+)	B idem anterior	
Distribuição	Supermercado (=)	Supermercado (=)	Supermercado, lojas especializadas (+)	B tem melhor distribuição	
Promoção	Não faz (–)	1 por ano (+/–)	2 por ano (+)	A e B são agressivos	
Propaganda	Sim (+)	Sim (+)	Não (–)		
Slogan	Alimenta com carinho (emocional)	Nutrição balanceada (racional)	Boa e barata para o seu cão (racional)		
Material PDV[1]	Sim (+)	Não (–)	Sim (+)		
Relações públicas	Não (–)	Não (–)	Sim (+)		
Participação de mercado	10% (–)	14% (+/–)	23% (+)		Potencial para crescer
Evolução de vendas	5%/ano (+/–)	4%/ano (–)	6%/ano (+)		A c/ problema de vendas
Distribuição de vendas	Forte em SP, PR, SC, RS (=)	Forte em SP, RJ, BA, Nordeste (=)	Forte no RJ, SP, PR, Norte, Nordeste (=)		RJ / Nordeste podem ser explorados
Resultado	2(+) 4(–) 4(+/–) 2(=)	2(+) 5(–) 3(+/–) 2(=)	9(+) 2(–) 0(+/–) 1(=)	N/M em desvantagem x B	N/M em equivalência x C

1 Material PDV é aquele que vai para ponto-de-venda, como cartazes, faixas de gôndola, papel-forração etc.

A correta definição dos problemas e oportunidades é uma tarefa difícil, mas importantíssima para se chegar a um bom diagnóstico da situação. Esse diagnóstico será a base para a determinação dos objetivos e das estratégias necessárias para a sua consecução.

Perguntas

1. Quais são os componentes iniciais do modelo "C"?
2. O que é um concorrente direto e um indireto?
3. Desenhe dois tipos de sistema de distribuição.
4. Por que é importante conhecer o tipo de loja onde é vendido o produto?
5. Como é feito um quadro-resumo para comparar o seu produto com os da concorrência direta?
6. Por que os problemas e as oportunidades devem ser colocados em ordem decrescente de importância?
7. O que é diagnóstico?
8. O que se entende por planejamento de comunicação?
9. O que é um plano de comunicação?
10. Qual é a importância dos sistemas de avaliação?
11. Quais são as etapas de um sistema de avaliação?
12. O que deve ser feito quando há diferenças de resultados entre o previsto e o realizado?

9
POSICIONAMENTO E PÚBLICO-ALVO

O posicionamento de comunicação pode ser definido como a maneira pela qual o consumidor dever perceber a nossa empresa, produto ou serviço, os quais são identificados pela marca. Uma boa marca tem uma personalidade que lhe dá um diferencial competitivo, distinguindo-a da concorrência e que oferece um benefício para o consumidor. Conseguindo este feito, a empresa terá a sua "galinha dos ovos de ouro".

À procura do diferencial

Na busca do benefício que pudesse sensibilizar o consumidor, as campanhas de propaganda dos anos 1960 e 1970 costumavam se basear no conceito da "proposição única de venda" (*unique selling proposition* (USP)), idealizado por Rosser Reeves. Trata-se de uma abordagem racional focada no desempenho e nas características do produto ou serviço, procurando diferenciá-lo da concorrência. Nas décadas de 1970 e 1980, a agência Bartle Bogle Hegarty (BBH) procurou uma nova dimensão ao utilizar os aspectos psicológicos que apelavam ao consumidor, destacando mais os benefícios do que as características do produto. Buscava, dessa forma, motivar o consumidor utilizando os valores que eram importantes para ele e denominou essa abordagem de "proposição de venda emocional" (*emmotional sales proposition* (ESP)). Na virada do século, a Saatchi & Saatchi Cause Connection, percebendo a importância de as empresas estarem engajadas em atividades sociais e ambientais, propuseram uma terceira abordagem denominada "proposição de venda social" (*social sales proposition* (SSP)).

Entretanto, essas variações possuem a mesma essência e têm o objetivo de encontrar o apelo de comunicação que irá sensibilizar o consumidor. Como os mercados evoluem, os profissionais de comunicação procuraram adaptar as mensagens dos anunciantes para que pudessem sensibilizar melhor o público, e surgiram aquelas nomenclaturas. Em um determinado momento, o foco racional estava voltado para o produto ou serviço, mais tarde passou a ser dirigido para os valores do consumidor e, recentemente, começou a ser dirigido para os aspectos ambientais e da sociedade, em virtude da maior consciência das pessoas a respeito de uma melhor qualidade de vida. Na verdade, todas têm uma promessa básica, procurando o que é mais significativo para o público, enfatizando o benefício que irá sensibilizar o consumidor, seja ele racional, emocional ou social.

Das pesquisas e estudos realizados ao longo dos anos foram estabelecidos alguns procedimentos que, dependendo da companhia e de sua filosofia de trabalho, passaram a ser adotados de uma forma ou de outra. Existem modelos mais complexos e outros mais simplificados, porém, acredito que o esquema apresentado a seguir cumpre corretamente a sua função e que, também, pode ser apresentado na forma de conceito. O modelo "discriminado" é mais conveniente para se trabalhar com a criação porque indica claramente qual é o benefício principal contido na promessa básica, devidamente separado das outras variáveis, evitando equívocos possíveis de interpretação. O posicionamento pode, então, ser elaborado da seguinte forma:

- Promessa básica
  Em inglês, *basic promise,* também chamada de proposição básica, argumento de compra, proposição única de venda (*unique selling proposition (USP)).* É uma descrição sucinta do benefício sobre o qual a mensagem estará apoiada para convencer o público-alvo a preferir a marca, ou, simplesmente, é o benefício que será oferecido ao consumidor.
- Justificativa
  É também chamada de *reason why* (por que), validação, argumento de apoio ou suporte da proposição básica. É a razão que sustenta a promessa básica, justificando o benefício prometido, transformando-o em algo convincente e com credibilidade.
- Atributos complementares da imagem desejada
  Em inglês, *desirable image,* ou atributos complementares da imagem desejada. É a descrição dos atributos que são importantes para o consumidor e que o ajudam a pensar sobre a marca, de uma forma única e exclusiva. Em síntese, reúne as características da sua personalidade. O Quadro 9.1 dá um exemplo de sabonetes, no qual podem ser comparados os posicionamentos para as marcas "A", "B" e "C".

Quadro 9.1 – Posicionamento de marcas concorrentes de sabonete

Marca	Promessa básica	Justificativa	Atributos complementares de imagem
A	Sabonete umectante que deixa a pele suave e macia	Possui óleo de amêndoa	*Status*, alta qualidade, feminino, cuida da pele
B	Suave perfume	Feito com essências florais	Confiável, feminino, boa qualidade, acessível
C	Econômico	Forma exclusiva confere maior durabilidade ao uso	Para a família, baixo preço, tem espuma rica

O posicionamento também pode ser expresso na forma de texto, sendo mais adequado para a realização de pré-testes, com a finalidade de orientar a criação. A alternativa "A" do Quadro 9.1 poderia ser escrita da seguinte forma: "Carina é o sabonete moderno mais adequado para a mulher que gosta de cuidar da pele, porque a deixa suave e macia devido à ação umectante do óleo de amêndoas".

Deve ficar bem claro que estes sistemas são aplicados na fase anterior à da criação, referindo-se a "o que" deve ser dito. A tarefa do "como" deve ser dito pertence à criação. Definir o posicionamento é tarefa complexa, que exige muito treino e profunda análise das campanhas da concorrência e dos valores do consumidor. Nesse trabalho, o planejador é obrigado a empreender um grande esforço de síntese, condição essencial para um estudo comparativo bem-feito.

Público-alvo

O ponto mais importante para qualquer plano de comunicação e para o posicionamento da marca é o conhecimento profundo das características do público-alvo. No entanto, é comum as informações se limitarem aos dados demográficos ou fazerem referência a grupos etários muito amplos. A imprecisão da definição do público-alvo torna o trabalho mais difícil, tanto na busca da idéia criativa quanto na seleção dos veículos publicitários.

O conceito de segmentação de mercado é básico para o profissional de marketing na sua busca por melhores resultados. Considerando a massa humana como uma grande máquina devoradora de produtos e serviços, parece lógico que basta produzir para que o bem ou serviço seja consumido. Assim se pensava na era industrial, especialmente após a Segunda Grande Guerra, quando o mercado, ávido por produtos, tinha de adquirir o que lhe era oferecido. Com o aparecimento da concorrência e com o avanço tecnológico, os produtos foram ficando semelhantes, tornando cada vez mais difícil a sua diferenciação. Houve, então, a inversão de processos. O mercado é que passou a determinar o que desejava, cabendo ao fabricante produzir o que lhe estava sendo solicitado, porque a massa consumidora não pensa de forma homogênea, formando grupos com determinadas características e preferências que os diferenciam dos demais. Chegou-se, assim, ao princípio da segmentação, que pressupõe a identificação das características de cada grupo para que todos os componentes do processo de marketing estejam sintonizados com essas expectativas. Se um grupo de pessoas sofisticadas e de alta renda deseja produtos de classe, com exclusividade e aceita preços elevados, condizentes com a sua expectativa, todo o trabalho de comunicação deverá considerar esses aspectos para obter melhores resultados. Sofisticação, classe, elegância, luxo, riqueza serão os valores com maior chance de motivação para essa hipótese.

A segmentação requer que o perfil do consumidor seja delineado em termos demográficos, sociais, culturais, religiosos, econômicos, comportamentais e psicológicos. O Quadro 9.2 resume os fatores que ajudam a definir o perfil do consumidor.

Quadro 9.2 – Determinação do perfil do consumidor

Dados	Características
Demográficos	Sexo, idade, grau de instrução, estado civil, grupo étnico, local de residência
Socioculturais	Classe social a que pertence, grupos profissionais, artísticos, esportivos, tradições, folclore
Econômicos	Classe econômica a que pertence, renda discricionária, outros dados relativos à situação econômico-financeira
Religiosos	Religião a que pertence, seitas e crenças
Psicológicos	Relativos a atitudes, opiniões, reações e motivações de cada grupo
Hábitos de compra, uso, consumo, estilo de vida	Procedimentos usuais, diferenças de comportamento entre os diversos públicos
Atitudinais	Referentes à atitude ou postura das pessoas perante determinadas situações, conceitos ou filosofias de vida

Para exemplificar, os "salgadinhos", do tipo batatinha frita, amendoim, castanha de caju e *snacks* de queijo, são produtos que acompanham os drinques nas reuniões sociais, seja em casa, nos bate-papos descontraídos com os amigos nos bares, nos aperitivos que antecedem as refeições de negócios. Entretanto, esse hábito pode apresentar outras facetas quando o produto for consumido individualmente, quando a pessoa estiver assistindo a um programa de televisão ou estiver lendo um livro, assim como começam a ter a sua presença nas festinhas infantis. Esta nova situação indica um novo segmento de mercado com hábitos diferentes da proposição inicial, quando a referência era apenas o público adulto em situações sociais. Imagine como o enfoque de uma campanha pode ser completamente diferente ao considerar os hábitos do público adulto em comparação ao infantil.

Na questão de preencher a "necessidade do consumidor", deve-se perguntar para que serve o produto. Isso conduz às características de uso, que tendem a igualar os produtos e o público. Por exemplo, um xampu serve basicamente para lavar os cabelos, porém o marketing detectou o problema da caspa e as necessidades de cuidar dos diferentes tipos de cabelo: com tendência a seco, natural ou com tendência a oleoso. Mais tarde, foi constatada a importância das regeneração das "pontas quebradas dos cabelos" para manter os cabelos bonitos. Seguindo a história evolutiva do mercado, devido ao hábito de se usar creme rinse após a lavagem dos cabelos, vieram as proposições de "2 em 1", ou seja, xampu e creme rinse num só produto. Depois, devido à influência ecológica, algumas marcas propuseram o emprego de ervas naturais na sua formulação. Entretanto, em pouco espaço de tempo, os concorrentes reagem às inovações, procurando seguir a marca pioneira o mais rápido possível, e aí tudo se iguala novamente em termos tecnológicos. Nessas situações, os fatores psicológicos influenciarão a decisão de compra do consumidor e são da maior importância para a segmentação de mercado e conseqüente posicionamento do produto. Imagine dois rapazes solteiros, com a mesma idade de 22 anos, pertencentes à mesma classe socioeconômica, ambos cursando uma faculdade, sendo uma de engenharia e outra de direito; um deles pertence ao time de voleibol da escola e o outro a um grupo de teatro amador. O perfil sócio-econômico-cultural e demográfico dos dois universitários é semelhante, entretanto, há diferenças psicológicas e atitudinais entre eles. Os valores subjetivos e emocionais que motivariam a decisão de compra do estudante de engenharia são certamente distintos daqueles que fariam agir o futuro advogado.

Localização do público e áreas de ação

O Brasil não é uniforme do ponto de vista econômico-financeiro, sendo constituído por uma série de ilhas econômicas, representadas por grandes cidades, pólos industriais, regiões agrícolas, entroncamento das vias de transporte ou outras áreas onde o fluxo do dinheiro se apresenta com maior pujança.

Os estudos sobre o potencial econômico das regiões demonstram muito bem este fato, independentemente dos critérios utilizados para a determinação dos índices, mas todos apresentam resultados consistentes. Geralmente, são baseados nas estatísticas sobre arrecadação de impostos, depósitos bancários, número de veículos e alguns outros indicadores econômicos. Sabe-se, desta forma, que, de um modo geral, a Grande São Paulo é o maior mercado do país, seguido do interior do estado e do Grande Rio.

Além dessas considerações de ordem econômica e financeira, sempre é bom analisar os dados demográficos. Sabe-se que, em 1960, cerca de um terço da população brasileira vivia nos centros urbanos. Na virada do século, esta proporção entre cidade e campo se inverteu, ou seja, hoje, cerca de 80% da população vive nas cidades. A abertura de novas áreas agrícolas e o abandono de outras mudaram drasticamente o comportamento do mercado devido ao movimento migratório das populações. Basta lembrar historicamente os ciclos econômicos do pau-brasil, do ouro, da cana-de-açúcar, do café e, mais recentemente, o da industrialização. Esses ciclos deslocaram os centros econômicos do Norte-Nordeste para o Sul-Sudeste do país. Por sua vez, as cidades são organismos vivos que se movimentam, apesar de serem de tijolo, ferro, cal e cimento. Quem não se lembra do aspecto do bairro onde morou quando criança? Depois de 20 ou 30 anos, ao voltar ao mesmo lugar, você pode verificar quanta coisa mudou. O sistema de distribuição do produto, como vivem os nossos consumidores, quais as referências climáticas, como vive, qual é o tipo de moradia. Além desses dados, o volume de vendas por região, estado ou zona de venda da companhia permite avaliar a importância de cada uma, ajudando a determinar as prioridades de ação e a aplicação de recursos. Por exemplo, suponha que a sua empresa tenha cinco zonas de vendas com a distribuição expressa na Tabela 9.1. Pelos dados, é fácil identificar que a zona IV é a mais importante, com 31,8% das vendas do ano, e que a região V é a mais fraca, contribuindo apenas com 7,6% do total. A companhia poderá decidir pela defesa da sua região mais importante ou pela expansão da mais fraca, concentrando os recursos em uma ou em outra. No entanto, suponha que a região I tenha um potencial de compra de 20% para o produto. Isso significa que os 14,4% das vendas realizadas nesta região têm espaço para crescer até aqueles 20%. Pode ser feita ainda uma outra observação sobre a região II: com 25,0% das vendas está em excelente situação, ultrapassando um hipotético potencial de mercado de 17%.

Tabela 9.1 – Distribuição do volume físico de vendas por região
Caixas com 24 unidades – Ano 1

Região	Volume/ano	%	Potencial de mercado em %
I	19.000	14,4	20
II	33.000	25,0	17
III	28.000	21,2	23
IV	42.000	31,8	32
V	10.000	7,6	8
Total	132.000	100,0	100

Naturalmente, como a participação nas vendas das cinco regiões não pode ultrapassar os 100%, o crescimento de qualquer uma delas certamente redundará na diminuição das demais, mas isto não significa que o volume total de vendas irá decair. Pode ser que todas tenham apresentado um aumento, só que com taxas diferentes. Continuando o exemplo, suponha que no ano seguinte as vendas tenham chegado a 150 mil caixas e distribuídas conforme a demonstração da Tabela 9.2.

Tabela 9.2 – Distribuição do volume físico de vendas por região
Caixas com 24 unidades – Ano 2

Região	Volume/ano	%
I	24.150	16,1
II	35.000	23,3
III	31.000	20,7
IV	47.000	31,3
V	12.850	8,6
Total	150.000	100.0

Como pode ser observado, todas as regiões tiveram um desempenho de vendas melhor no Ano 2 em comparação com o anterior, entretanto, a distribuição de vendas modificou-se, demonstrando que algumas regiões cresceram mais do que outras.

No início, é comum a empresa ter poucos dados à disposição mas, com o tempo, pode montar um sistema de informação de marketing e passar a adquirir mais conhecimento sobre cada mercado onde está atuando. Quanto mais souber, mais completo será o cenário traçado, reduzindo os riscos na escolha da decisão mais correta.

Perguntas

1. Quais são os aspectos que podem ser considerados na definição do público-alvo?
2. Todos esses aspectos devem ser utilizados indistintamente ou apenas alguns deles? Explique a sua resposta.
3. Os dados demográficos devem ser abandonados e substituídos pelas outras informações? Explique a sua resposta.
4. Qual a importância em se analisar a distribuição de vendas da companhia pelas suas diferentes zonas de atuação?
5. Por que é conveniente conhecer o que se passa nas regiões onde a empresa atua?
6. Para que servem os dados de potencial de mercado?
7. O que é posicionamento?
8. Qual é a importância do posicionamento da marca?
9. O que significa promessa básica?
10. O que é justificativa?
11. O que são atributos complementares para a formação da imagem desejada?
12. Qual é a melhor forma de se escrever o posicionamento da marca: discriminada ou conceito? Por quê?

10
VERBA DE PROPAGANDA

Um investimento pode ser de tempo, esforço e dinheiro. No entanto, este último influenciará os dois anteriores. Verbas maiores de comunicação permitirão um esforço mais intenso durante um período mais longo e vice-versa. Neste sentido, a quantificação do orçamento publicitário é sempre um ponto importante que deve ser compartilhada entre o anunciante e a sua agência logo no início dos trabalhos, visto que uma campanha tem de estar dentro da realidade financeira da empresa.

Determinação da verba

Do ponto de vista contábil, a propaganda é considerada uma despesa, mas o marketing a entende como investimento, pois contribui para a construção e o fortalecimento da marca, o que constitui um ativo da empresa. A verba de propaganda é um dos itens que compõem o orçamento financeiro de uma empresa, podendo ser subdividida em vários tópicos, como pode ser visto a seguir:

- propaganda – incluindo a parte de produção, veiculação e material para ponto de venda;
- promoção de vendas – considerando não só o custo da campanha em si, mas, também, o valor dos prêmios, brindes, viagens, supervisão e qualquer outro item relacionado com esta atividade;
- relações públicas – abrangendo as campanhas e atividades afins, como convenções, feiras, exposições, jantares etc. Algumas companhias costumam alocar os recursos de feiras e exposições no item relativo a promoção de vendas;
- *merchandising* – quando é feito o *merchandising* eletrônico em veículos de divulgação, normalmente faz parte da verba de propaganda. Quando é considerado material de ponto de venda, os custos de produção pertencerão respectivamente às suas campanhas, quer sejam de propaganda ou de promoção.

Naturalmente, dependendo da dimensão da empresa e do volume das atividades publicitárias, o gerente responsável poderá detalhar cada um dos itens citados como lhe aprouver, dependendo das suas necessidades de informação gerencial ou de auditoria contábil.

Algumas considerações

A verba é sempre um aspecto muito importante para qualquer planejamento, uma vez que qualquer ação tem um custo. Um primeiro ponto a ser questionado é a adequação da verba. O seu montante precisa ser adequado às pretensões da campanha e dentro das possibilidades financeiras da empresa, tanto no seu total quanto na sua distribuição ao longo do período de produção e mídia. Por exemplo, uma firma poderá investir $ 500 mil dólares em seis meses, mas não poderá fazê-lo em dois meses, porque afetaria o seu fluxo de caixa.

Um segundo ponto é quanto ao *break-down* da verba, que significa a sua distribuição entre os três grandes setores: mídia, produção para veiculação e produção de materiais para o ponto-de-venda. Para melhor eficácia do investimento, essa distribuição deve ser mantida dentro de determinadas proporções. A prática tem ensinado que uma indústria de bens de consumo final, utilizando a televisão como mídia principal, pode aplicar até 15% a 20% da parcela destinada à produção para veiculação, ficando os 80% a 85% restantes para a mídia. Esses limites podem variar dependendo do produto ou serviço, se está em fase de lançamento ou de sustentação e de outras variáveis. Para o comércio, quando se trata de campanha de varejo ou de promoção, geralmente com pequeno período de duração, a verba destinada à produção costuma aumentar para uma proporção de um terço, ficando a mídia com dois terços do total. Uma oferta especial de um artigo válida apenas por três dias, com a publicação de anúncios em jornais, pode servir de exemplo. Não é conveniente ultrapassar aqueles limites.

O princípio que rege essa distribuição da verba está baseado no raciocínio de que será mais rentável aplicar o maior volume possível de recursos em mídia, permitindo uma melhor programação com a finalidade de atingir o maior número de pessoas possível e com maior repetição das mensagens do que o destinar à produção de materiais. Entretanto, devo chamar a atenção para o fato de que a qualidade da produção precisa ser mantida em alto nível porque diminuiria a eficácia da comunicação.

Quanto ao material de *merchandising*, não se costuma usar um percentual sobre o total da verba publicitária. O mais usual é estimar o número de pontos de venda que serão atendidos para orçar a produção das quantidades requeridas.

O montante adequado das verbas de comunicação

Analisando-se a relação entre os investimentos de propaganda realizados a cada ano e os volumes de vendas obtidos, pode-se chegar aproximadamente ao percentual mais adequado para cálculo da verba publicitária. Esse percentual, normalmente aplicado sobre o faturamento anual do produto ou da empresa, estabelece o montante da verba para lançar um produto ou realizar uma campanha de sustentação de um produto/serviço regular. Esta experiência dará mais confiança à empresa quanto ao investimento publicitário porque foi baseada em fatos que demonstraram a relação entre os resultados das vendas quando apoiadas pela comunicação.

Outra referência é comparar os investimentos publicitários com os da concorrência, determinando o share of voice, isto é, qual a participação da marca no total dos investimentos de mídia na categoria do produto/serviço em que está atuando, em um determinado período. Além dos valores financeiros, é possível medir o total de GRPs[1] utilizados no mesmo período para medir a intensidade da campanha.

No Brasil, duas companhias elaboram relatórios mensais sobre os investimentos realizados na mídia de massa (televisão, rádio, jornais, revistas e outdoor), com base nos preços de tabela dos comerciais e anúncios veiculados. Patrocínios e merchandising eletrônico não são computados, nem os materiais para ponto-de-venda. A produção de comerciais e de anúncios para a veiculação costuma ser estimada em 15% do valor da mídia.

Procurando dar um enfoque eminentemente prático e de fácil utilização por qualquer tipo de empresa, no quadro 10.1 encontram-se resumidos os métodos e os critérios mais utilizados.

Quadro 10.1 – Determinação da verba de propaganda

<table>
<tr><th>Método</th><th>Critérios</th></tr>
<tr><td>Fixo
Calculado sobre o faturamento do exercício fiscal do ano anterior, do ano vigente ou sobre a estimativa de faturamento do ano seguinte (futuro).</td><td rowspan="2">• Disponibilidade financeira da empresa.
• Necessidades previstas no planejamento da campanha.
• O nível pode ser determinado pela experiência da empresa, pode acompanhar os investimentos publicitários da concorrência ou adotar a prática do setor de atividade em que está atuando (% da verba de comunicação sobre o faturamento).
• Participação de mercado.
• Estágio no Ciclo de Vida do Produto.</td></tr>
<tr><td>Variável
Calculado com base em um percentual sobre as vendas do produto ou sobre o faturamento da empresa.</td></tr>
</table>

Comentando o Quadro 10.1, pode-se dizer que a verba fixa é estipulada em função da disponibilidade financeira da empresa e das necessidades previstas no planejamento da campanha. Determina-se esse valor, que passa a ser considerado um orçamento fixo a ser aplicado no período abrangido no plano. A vantagem deste método é que existe maior garantia de que a verba preestabelecida permitirá a execução do plano, independentemente dos resultados colhidos pela empresa durante aquele período,

[1] GRP – Gross Rating Point, um índice que mede a intensidade ou força de uma campanha na mídia de massa.

naturalmente dentro dos limites do razoável. Sua adoção é aconselhável quando a empresa chega à conclusão de que é realmente necessário este tipo de investimento para o bom andamento dos negócios, mesmo que os resultados venham a ser colhidos a médio ou longo prazos.

A determinação da verba pode ser feita em função dos resultados obtidos pela empresa no exercício anterior, caso o orçamento esteja sendo calculado no início do exercício fiscal em andamento, como em janeiro, por exemplo, porque os dados já estão disponíveis. Portanto, o dinheiro já entrou no caixa da companhia e será aplicado no exercício seguinte. A outra forma é sacar contra o futuro. Se o cálculo estiver sendo realizado no final do exercício, será melhor trabalhar com a estimativa de faturamento do ano seguinte.

Quanto ao cálculo da verba variável, determina-se um percentual sobre o faturamento a ser obtido no exercício seguinte, tomando-se por base a empresa no seu todo ou considerando cada linha de produtos. Utiliza-se cada uma dessas alternativas em função da disponibilidade de informações da contabilidade e da importância relativa dos produtos no faturamento total. Por exemplo, as empresas de cosméticos geralmente possuem uma grande linha de produtos, cada um contribuindo com uma pequena parcela para o faturamento total da empresa. Nestes casos, costuma-se trabalhar a imagem da marca como um todo, prestigiando determinados produtos de maior interesse ou em fase de lançamento. No entanto, quando a empresa possui marcas com alto faturamento, como é o caso do sabão em pó Omo, creme dental Colgate, achocolatado Nescau ou um modelo de automóvel, para citar alguns, cada uma tem faturamento suficiente para gerar a sua própria verba publicitária. Esta alternativa passa a ser mais aconselhável do que a primeira.

Os critérios para a determinação do percentual podem ser baseados na experiência da empresa, se for um anunciante costumeiro. Pode-se, ainda, observar as atividades de propaganda da concorrência, analisar o seu balanço e estimar o percentual que ela está aplicando usualmente.

Quando o setor de atividade em que atua está relativamente maduro, as companhias costumam ter um comportamento relativamente parecido, as práticas de propaganda já estão mais ou menos definidas, sendo possível saber qual o percentual adotado por parte dos anunciantes de uma categoria de produtos. Empresas de pesquisa como o Ibope e a A. C. Nielsen vendem relatórios sobre os investimentos nos meios de comunicação de massa, subdivido por categorias, marcas, meios, período e áreas geográficas.

Como exemplo para calcular uma verba publicitária, imagine que uma empresa estime um faturamento anual da ordem de $ 5 milhões de dólares e que tenha determinado um percentual de 3% para gerar a verba de propaganda. O resultado será um valor de $ 150 mil dólares para ser aplicado no exercício seguinte. A vantagem desse método é a sua facilidade de aplicação. Entretanto, apresenta a desvantagem de fazer oscilar o orçamento em função dos resultados de vendas. Se estiverem boas, haverá geração maior de dinheiro, que poderá ser reaplicado em propaganda ou não, dependendo das circunstâncias. Se, por outro lado, as vendas estiverem abaixo do previsto, a geração da verba será também menor e, talvez, insuficiente para cumprir o programa estabelecido, justamente em um momento em que seria muitíssimo importante manter a comunicação com o público-alvo para auxiliar a sair de uma situação difícil.

Quanto à participação de mercado, a marca líder, por já estar consolidada no mercado, precisará de uma verba relativamente pequena para manter a sua posição, mas se outra marca estiver em uma situação desvantajosa, provavelmente necessitará ser mais agressiva e investir mais para melhorar a sua participação.

O estágio em que o produto se encontra no Ciclo de Vida também vai influenciar o nível de investimento publicitário. Na fase de 'Introdução', há a necessidade de apoiar fortemente o lançamento porque o produto é desconhecido pelo público e não tem nenhuma imagem. Na fase de 'Crescimento', o produto bem aceito costuma apresentar uma taxa expressiva de expansão e, também, precisa ser apoiado pela propaganda, porém com um investimento relativamente menor do que na fase anterior. Ações de promoção já poderão ser utilizada para aumentar a participação no mercado. Ao atingir a 'Maturidade', o público que tinha de comprar já o fez e a taxa de crescimento tende à estabilidade. Nesta fase, a promoção passa a ser mais importante do que a propaganda, recebendo maiores verbas, exceto se houver uma reciclagem total do produto, quando novos investimentos precisam ser feitos para comunicar as novidades da marca. Na última fase, 'Velhice ou Decrescente', as vendas apresentam uma tendência negativa e a alternativa seria focar em preço menor para estimular as vendas.

Distribuição da verba

Uma vez determinada a verba total, vem a segunda fase, que é a sua distribuição pelos diversos itens constantes do planejamento. Inicialmente podem ser considerados três grandes setores para a aplicação da verba:

- mídia – geralmente consome a maior parte da verba, principalmente quando se trata de produtos de consumo final, durável e não durável;
- produção – que corresponde aos materiais necessários para a veiculação, como comerciais de televisão e de rádio, anúncios para jornais, revistas e outdoor, material para mala direta, entre outros.
- ponto de venda – refere-se à produção das peças para ponto de venda, como displays, cartazes, faixas de prateleira, papel para forração etc.

A Tabela 10.1 exemplifica a discriminação de uma verba estimada em $ 780.210 dólares entre as três áreas mencionadas.

Tabela 10.1 – Discriminação da verba publicitária

Áreas de aplicação	US$	%
Mídia	650.000	83,3
Produção para veiculação	114.400	14,7
Produção para ponto-de-venda	15.810	2,0
Total	780.210	100,0

Por sua vez, cada uma dessas áreas poderia ser detalhada com maior ou menor número de itens, dependendo da necessidade de informação da empresa. Dando continuidade ao exemplo, vejamos como este detalhamento pode ser feito.

Verba de mídia

Admitindo-se que a campanha de propaganda tivesse uma concentração no Rio de Janeiro e em São Paulo, mas com uma abrangência nacional, uma possível configuração pode ser vista na Tabela 10.2. A cobertura nacional seria feita pela televisão e pela revista, e as rádios reforçariam a programação local.

Tabela 10.2 – Resumo financeiro de mídia, por região

Veículo	Praças		Total	
	Rio de Janeiro	São Paulo	US$	%
Televisão A	245.050	–	245.050	37,7
Televisão B	–	306.800	306.800	47,2
Rádio A	12.020	–	12.020	1,8
Rádio B	15.600	–	15.600	2,4
Rádio C	–	17.500	17.500	2,7
Rádio D	–	21.450	21.450	3,3
Revista A	12.680	–	12.680	2,0
Revista B	–	18.900	18.900	2,9
Total – $	285.350	364.650	650.000	100,0
Total – %	43,9	56,1	100,0	%

Verba de produção

Como já foi visto neste capítulo, a verba de produção pode ser subdividida em duas partes: uma destinada à produção dos materiais enviados aos veículos de comunicação e outra para impressão dos materiais de ponto-de-venda ou de apoio, como brindes, folhetos para distribuição porta a porta, convites e muitos outros.

Para que a campanha possa ser veiculada, é necessária a produção dos materiais para cada um dos meios programados (Tabela 10.3).

Na Tabela 10.3, pode ser apreciado um exemplo de custo de produção de um comercial para televisão de 30", incluindo as respectivas cópias para as duas emissoras, um jingle de rádio de 30", também com as cópias para as quatro emissoras selecionadas nas duas cidades, e a produção de um anúncio de meia página em 4 cores para as duas revistas programadas. Observe que, no caso do fotolito, apesar de servir para duas revistas, foi suficiente fazer um "contato" (cópia mais barata do que o original), em vez de mais um fotolito, pressupondo-se que o tamanho e o sistema de impressão das revistas sejam idênticos. Convém observar que o uso do fotolito é cada vez menor devido à tecnologia de impressão digital, tendendo a desaparecer.

Tabela 10.3 – Resumo financeiro de produção para veiculação (dólares)

Especificação		$	Subtotal $	%
Televisão				
Um comercial de 30"		100.000		
Três cópias		900		
	Subtotal (1)		101.000	88,2
Rádio				
Um jingle de 30		6.000		
Dez cópias cassete		500		
	Subtotal (2)		6.500	5,7
Revista				
Arte-final de um anúncio de 1/2 pg 4 cores		1.500		
Produção de um fotolito e um contato		400		
	Subtotal (3)		1.900	1,7
	$\sum$ Subtotal (1) + (2) + (3)		109.400	95,6
Reserva para eventuais		5.000	5.000	4,4
Total geral			114.400	100,0

Verba de ponto de venda

Na Tabela 10.4, estão especificados os materiais a serem utilizados no ponto-de- venda, cartaz e bandeirola, além de um broadside para ser empregado pela equipe de vendas no momento inicial da campanha. Essa peça contém informações sobre o produto e a campanha que será realizada, auxiliando o vendedor a argumentar com o comprador sobre a oportunidade do negócio, ao mesmo tempo em que transmite seriedade ao assunto.

Tabela 10.4 – Resumo financeiro de produção para ponto de venda (dólares)

Especificação	$	Subtotal / $	%
Arte final para cartaz em 4 cores	1.043		6,6
Fotolito e impressão de 10.000 peças	4.601		29,1
Subtotal (1)		5.644	35,7
Arte final / 1 jogo de bandeirolas, 2 cores e 6 lâminas	2.024		12,8
Fotolito e impressão de 5.000 jogos	3.115		19,7
Subtotal (2)		5.139	32,5
Arte final de um *broadside* em 4 cores	1.438		9,1
Fotolito e impressão de 2.000 unidades	2.435		15,4
Subtotal (3)		3.873	24,5
Subtotal (1) + (2) + (3)		14.656	92,7
Reserva para eventuais	1.154	1.154	7,3
Total geral	15.810	15.810	100,0

Sistemas de pagamento

Um outro aspecto a ser considerado na determinação de uma verba é a sua distribuição ao longo do tempo. Ao se determinar uma verba anual de propaganda, é conveniente fazer uma previsão de quando será utilizada. Possivelmente, uma empresa não tenha condições de utilizá-la em dois meses, por ser um valor muito elevado a ser pago em duas parcelas. Entretanto, se uma parte for utilizada durante os três meses do primeiro semestre e mais dois no segundo, a diluição dos pagamentos tornará a sua realização mais viável.

Dentro do fluxo financeiro, é preciso, ainda, fazer uma distinção entre a data da veiculação ou da produção e a data do pagamento dos compromissos assumidos. Normalmente, os veículos publicitários adotam a condição DFM (dias fora o mês) ou DFQ (dias fora a quinzena), e a área da produção costuma trabalhar com a condição DD (dias da data), porém sempre existe a possibilidade de negociação dos prazos.

Para tornar mais fácil a compreensão deste assunto e das condições de pagamento, ou seja, a previsão do fluxo de caixa em virtude de uma programação e a respectiva data do seu pagamento, acompanhe os dados apresentados na Quadro 10.2 e suponha uma pequena campanha de rádio.

No primeiro mês (janeiro), é criado e produzido um jingle de 30" e que recebeu a aprovação do anunciante no dia 20. A produtora de som emite a fatura com 30 DD, significando que o seu pagamento deverá ser feito no dia 20 do mês seguinte, ou seja, fevereiro. Na segunda quinzena de fevereiro, é iniciada a veiculação na emissora de rádio com uma programação que vai até a metade de março. A emissora faturou a 30 DFM (trinta dias fora o mês da veiculação) o valor correspondente à segunda quinzena do mês de fevereiro que, portanto, deverá ser paga no dia 30 do mês seguinte. Quanto à veiculação na primeira quinzena de março, deverá ser paga no dia 30 do mês de abril.

Conhecendo as necessidades de caixa do anunciante, pode-se fazer um planejamento do fluxo financeiro da campanha de propaganda, levando em conta mais esta variável para tornar exeqüível a implementação de uma determinada ação.

Quadro 10.2 – Fluxo de caixa: produção e veiculação de comercial de rádio

Itens	Março	Abril	Maio	Junho
Produção				
Veiculação				
Nota Fiscal	A dia 20	B dia 30	C dia 30	
Pagamento		A dia 20	B dia 30	C dia 30

Perguntas

1. Quais são os métodos empregados para o cálculo da verba publicitária?
2. Quais são a áreas em que a verba é comumente utilizada?
3. O que é verba de produção?
4. Como é possível aproveitar as condições de pagamento para viabilizar uma campanha?
5. O que significa a sigla DFM?
6. O que significa a sigla DD?
7. Verba de propaganda é despesa ou investimento?
8. Qualquer que seja a sua resposta à pergunta 7, justifique.

GLOSSÁRIO

Apetite appeal – expressão utilizada em propaganda para designar o apelo degustativo.

Awareness – percepção da marca ou da campanha por parte do público.

Bellow the line – material de ponto-de-venda e de não mídia, assim como algumas outras disciplinas como marketing direto, relações públicas, assessoria de imprensa, entre outras.

Benchmarking – referências sobre o que existe de melhor em determinada área do conhecimento.

Board – comitê ou conselho de alto nível da companhia.

Best practices – "melhores práticas".

Brand equity – conjunto de valores que identifica a personalidade da marca.

Brand foot print – "DNA" da marca.

Branding – conjunto de esforços empreendidos para construir a imagem da marca.

Briefing – conjunto de dados para orientar a agência nos trabalhos de comunicação.

Business to business –sistema de comunicação e negócios virtuais de empresa para empresa.

Consumer insight – dados comportamentais do público-alvo.

Contas – termo normalmente utilizado pelas agências para designar os clientes, produtos e/ou serviços pelos quais são responsáveis.

Continuum – continuidade

Cross media – cruzamento de diversas mídias em uma programação.

Cross training – "treinamento cruzado", agrupado.

Database – base de dados que permite o fornecimento de relatórios gerenciais.

Database marketing – base de dados que permite o fornecimento de relatórios gerenciais na área do marketing.

Debriefing – analisar detalhadamente o documento que contém as informações (briefing) para solicitar complementação de dados ou esclarecimentos antes de iniciar o trabalho.

Delivery – "entrega em domicílio".

Domestic team – "equipe doméstica", local.

Downsizing – diminuição das estruturas das empresas.

Electronic marketing – ações de marketing que geralmente utilizam os recursos da Internet.

Equity da marca – personalidade e os ativos de imagem da marca.

Fee – valor negociado para a remuneração dos serviços da agência.

Feel – sentimento, sensibilidade da campanha.

Footage – material filmado e disponibilizado para uso.

Full service – a agência oferece quase todos os serviços de comunicação.

Gestalt – identificação do todo pelo reconhecimento de uma ou algumas das suas partes.

Global evaluation – sistema de avaliação de agências em nível global.

Global team – "equipe global".

Guide lines – orientação, regras a serem seguidas.

GRP – Gross Rating Point, índice que mede a intensidade ou força de uma campanha na mídia de massa.

Hard sell – linguagem agressiva ou vendedora na comunicação, como em uma promoção.

High-tech – termo utilizado para designar alta tecnologia ou tecnologia de ponta.

High-touch – termo utilizado para designar produtos de alto contato direto ou envolvimento com o consumidor, como alimentos, cosméticos, música.

Holding – empresa de participação acionário que reúne e controla as demais empresas do grupo.

In-house – os serviços são desenvolvidos pela própria empresa.

Insight – idéia criativa para a campanha; também, valores e comportamentos importantes para o consumidor.

IQ – sigla de Intelligence Quotient (quociente de inteligência).

Job – projeto ou trabalho de comunicação.

Joint ventures – acordos empresariais ou comerciais que visualizam oportunidades de ampliação ou complementação dos negócios entre duas empresas.

Knowbots (knowledge robots) – ajudantes computadorizados que trabalham para os "mestres" humanos. Os knowbots procuram, em um banco de dados, as informações disponíveis que mais interessam ao consumidor e podem ajudar a desenhar produtos ou serviços para o mesmo público.

Lead time – ciclos mais curtos de produção

Lifetime customer value – "valor do tempo de vida como consumidor".

Look – visual, aparência da marca ou da campanha.

Marcom – nova terminologia que significa marketing communication (comunicação de marketing).

Marketing one to one – "marketing individual", que se pratica um a um.

Market place – "mercado físico".

Market space – "mercado virtual".

Merchandising – inserção de marcas ou produtos em programas de televisão, filmes de longa metragem e outros meios de comunicação.

Mind space – "mercado mental".

Momentum – condições existentes no momento em que a ação é realizada

NIH – sigla de Not Invented Here ("não inventado aqui").

One reason, one voice – "uma só razão, uma só voz", no sentido da unidade da campanha.

One sight, one sound – "um sinal, um som", no sentido de unidade de comunicação.

One-stop agency – agências que oferecem quase todas as disciplinas de comunicação.

One-stop shopping approach – agências que oferecem quase todas as disciplinas de comunicação.

One-stop service – conceito de ter todos os serviços de comunicação em uma só agência.

Overhead – sobrepreço aplicado ao produto.

Papers – trabalhos acadêmicos.

Payoff – cobertura de custos ou equivalência entre esforços e resultados obtidos.

Personality – personalidade da marca.

Performance – desempenho.

Pool – "grupo de trabalho"; utiliza-se também a expressão task force.

Positioning – posicionamento da marca.

Premium price – "preço elevado".

Prospect – "cliente potencial".

Ranking – classificação em ordem de importância.

Recall – lembrança ou recordação da marca ou de uma campanha.

Reporting relationship – "relacionamento delegado".

Road Map – "mapa do caminho ou da trilha a ser seguida".

ROI – sigla de return on investment (retorno sobre o investimento).

Scanner panels – equipamentos que lêem as informações do código de barras.

Selling strategy – "estratégia dos argumentos de venda".

Share of voice – participação nos investimentos de mídia.

Slogan – frase publicitária que resume o conceito da marca.

Stakeholders – consumidores, empregados, investidores, vendedores e todos aqueles que mantêm um relacionamento e interesse com a companhia.

Spectrum – série continua ou seqüência.

Strat Map – "mapa estratégico".

Storyboard – espécie de história em quadrinhos do comercial que será produzido.

Style – estilo da marca ou da campanha.

Target – "público-alvo".

Target market – mercado ou público selecionado para ser trabalhado pelo marketing e pela comunicação.

Tear – "faixa ou área de atuação".

Telemarketing – ações de comunicação ativas ou passivas realizadas por meio do telefone.

The same voice – a manter a mesma linha de campanha, a mesma voz, para ter unidade.

Theme – tema da campanha.

Time report – relatório do tempo aplicado pelos funcionário a cada projeto.

Time sheet – folha para a marcação do tempo despendido pelo funcionário a cada cliente.

Tone – tom da campanha.

Top down – "de cima para baixo", algo imposto.

TQM – sigla de total quality management e significa gerenciamento da qualidade total.

Tracking – "acompanhamento".

Uniqueness – incomparável, único, singular.

Zapping – fenômeno relativo à mudança de canais na televisão, facilitada pelo controle remoto.

Workshop – seminário que enfatiza o troca de idéias e demonstraçnao de técnicas, talentos etc.

REFERÊNCIAS

ALLEN, Grey. Every market needs a different message. **IABC Communication World**, p. 16-18, abr. 1990.

BANERJEE, Ashish. Global campaigns don't work: multinationals do. **Advertising Age**, p. 23, abr. 1994.

BARTLITT, C. A.; GHOSAL, S. **Managing across borders**: the transnational solution. Boston: Harvard Business School Press, 1989.

BELCH, G. E.; BELCH, M. A. **Introduction to advertising and promotion**: an integrated marketing communication perspective. 3. ed. Chicago: Irwin, 1995.

BENTLEY, Stephanie. Big agencies profit from global tactics. **Marketing Week**, p. 25-26, jan. 1997.

BERGEN, John D. Beyond integrated marketing. **Management Review**, maio, 1996.

BOLWIJN, P. T.; KUMPE, T. **Manufacturing in the 1990s** — Productivity, flexibility and innovation. Artigo baseado na apresentação à 2nd International Production Management Conference on Management and New Production Systems, Fontainebleau, mar. 1989, p. 44-57.

BUZELL, Robert D. Can you standardize multinational marketing? op. cit. HORELLI, H. B. **International marketing strategy**. Great Britain: Penguin Books, 1973. p. 325-329.

CALLAHAN, Sean. Motorola stives for brand unity. **B to B**, p. 4, set. 2000.

CAYWOOD, Clarke; C. SCHULTZ, D.; WANG, P. **Integrated marketing communications**: a survey of national goods advertisers. Medill School of Journalism. Northwestern University, 1991.

CAYWOOD, Clarke; ERWING, Raymond. Integrated marketing communications: a new master's degree concept. **Public Relations Review**, v. 17, n. 3, p. 237-244, 1991.

COOK, William A. Integrated marketing communications — Performing together. [Editorial]. **Journal of Advertising Research**, set./out. 1997.

DARBY, Bryan. Adidas adds humor to global push. **Marketing**, p. 5, fev. 2000.

DAVIDOW, William H.; MALONE, Michael S. **The virtual corporation**. New York: Edward Burlingame Books/Harber Business, 1992.

DAVIS, Bill. Future lies in integrated marketing, not communications. **Marketing News**, ago. 1993.

DICHTER, Ernst. The world customer. **Harvard Business Review**, jul./ago., p. 113-122, 1962.

DILENSCHNEIDER, Robert L. Marketing communications in the post-advertising era. **Public Relations Journal**, v. 17,n. 3, p. 228, 1991.

DITLEA, Steve. Motorola consolidates. **Marketing Computers**, p. 16, dez. 2000.

DORNFELD, S. What's wrong with this ad? The disease of"creatisosis". **South Florida Business Journal**, v. 17, n. 48, p. 3-9, 1997.

DUCAN, T., EVERETT S. E. Client perceptions of integrated marketing communications. **Journal of Advertising Research**, v. 33, n. 3, p. 30-39, 1993.

________. Integrated marketing? It's synergy. **Advertising Age**, mar. 1993.

________. The concept and process f integrated marketing communications. **Integrated Marketing Communications Research Journal**, v. 1, n. 1, p. 3-10, 1995.

________. To fathom integrated marketing, dive! **Advertising Age**, out. 1993.

FAWCETT, Adrienne W. Integrated marketing-marketers convinced: its time has arrived. **Advertising Age**, nov. 1993.

FLIKKEMA, Luanne. Global marketing's myth: differences don't matter. **Marketing Views**, p. 4, jul. 1998.

GONRING, Mathew P. **Putting integrated marketing communications do work today**. Rhinebeck: Public Relations Quarterly, outono, 1994.

GOULD, Stephen J.; LEMAN, Dawn B.; GREIN, Andreas F. Agency perceptions and practices on Global IMC. **Journal of Advertising Research**, p. 7-20, jan./fev., 1999.

GREEN, Robert T.; CUNNINGHAM, William H.; CUNNINGHAM, Isabella C. M. The effectiveness of standardized global advertising. **Journal of Advertising**, p. 25-30, verão 1975.

GREIN, Andreas F.; GOULD, Stephen J. Globally integrated marketing communications. **Journal of Marketing Communications**, v. 2, n. 3, p. 141-158, 1996.

GRONSTEDT, Anders. Internet: IMC on steroids. **Marketing News**, maio 1997.

GRONSTEDT, Anders; THORSON, Esther. Five approaches to organize an integrated marketing communications agency. **Journal of Advertising Research**, v. 36, 1996.

GRUBAN, Brane. Slovenia. Don't overlook cultural differences. **IABC Communication World**, p. 38, jun./jul., 1994.

HALLIDAY, J. First global Chrysler ads push crucial PT Cruiser introduction. **Advertising Age**, p. 32, fev. 2000.

HIDALGO, Milexa V. **Propaganda global e a função criativa das agências de propaganda**. 1991. Dissertação (Mestrado) – Fundação Getulio Vargas, EAESP, São Paulo, 1991, p. 92-96.

HOGGAN, Karen. Gateway to Europe: have ads will travel? **Marketing**, p. 38, abr. 1990.

HUTTON, J. Integrated marketing communications and the evolution of marketing thought. Paper apresentado na American Academy of Advertising Annual Conference, Falta local do evento, mar. 1995.

JACKSON, R.; WANG, P. **Strategic database marketing**. Lincolnwood: NTC Publisihing, 1994.

JENSEN, Jeff. Reebok's Wardley open to adding agencies for brand. **Advertising Age**, p. 6, out. 1997.

JUNU, B. K. Databases open doors for retailers. **Advertising Age**, fev. 1993.

KADZBAN, Susan; MOTWANI, Jaideep. How to integrate and refine global operations. **Review of Business**, inverno 1995.

KANSO, Ali. International advertising strategies: global commitment to local vision. **Journal of Advertising Research**, p. 10-14, jan. /feb, 1992.

KANTER, Rosabeth. Strategies for success in the new global economy. Highlights of the presentation done at International Strategic Leadership Conference. **Strategy & Leadership**, p.20-26, nov./dez. 1997.

KEEGAN, Warren J. **Global marketing management**. 5. ed. New Jersey: Prentice Hall, 1995.

KILLOUGH, James. Improved payoffs from transnational advertising. **Harvard Business Review**, p.102-110, jul./ago. 1972.

KITCHEN, Philip J.; SCHULTZ, Don E. A multi-country comparison of the drive for IMC. **Journal of Advertising Research**, jan./fev., p. 21-38, 1999.

________. Integrated marketing communications in US advertsing agencies: an exploratory study. **Journal of Advertising Research**, set./out. 1997.

________. The marketing communications renaissance. **International Journal of Adversiting**, v. 12,n. 4, p. 367-186, 1993.

________. The marketing communications revolution: a leviathan unveiled? **Marketing Intelligence an Planning**, v. 12, n. 2, p. 19-24, 1994.

________. Quotes from unpushed letters from leading UK Academics and CEO's in UK Public Limited Companies, 1996.

KITCHEN, P. J.; MOSS, D. A. Marketing and public relations: the relationship revisited. **Journal of Marketing Communications**, v. 1, n. 2, p. 105-119, 1995.

KITCHEN, P. J.; PROCTOR, R. A. The increasing importance of public relations ins UK FMCG firms. **Journal of Marketing Management** , v. 7, n. 3, p. 357-391, 1991.

________. MegaMarketing. **Havard Business Review**, v. 64, n. 2, p.117-124, 1986.

________. **Marketing management**. 9. ed. New Jersey: Englewood Cliffs, Prentice Hall International, 1997.

KITCHEN, Philip J.; SCHULTZ, Don E. Integrated marketing communications in US advertsing agencies: an exploratory study. **Journal of Advertising Research**, set./out., 1997.

KOTLER, P. A. Generic concept of marketing. **Journal of Marketing**, v. 36,n. 2, p. 46-50, 1972.

KRUGMAN, D. M. et al. **Advertising**: Its role in modern marketing. 8. ed. New York: Dryden Press, 1994.

LAMONS, R. Branding still mystery to most business advertisers. **Marketing News**, out. 1998.

LEVIN, Garin. Ads going global. **Advertising Age**, p. 4-42, jul. 1991.

________. Tearing down the Fiefdom Walls. **Advertising Age**, n. 46, 1993.

LEVITT, Theodore. The globalization of markets. **Harvard Business Review**, maio/jun., 1983 op. cit. ENIS, Bem; COX, Keith; MOKOWA, Michael. **Marketing classics**. 8. ed. New Jersey: Prentice Hall, 1991. cap. 5.

________. Marketing myopia. **Harvard Business Review**, jul./ago. 1960 op. cit. ENIS, Bem; COX, Keith; MOKOWA, Michael. **Marketing classics**. New Jersey: Prentice Hall, 1990. p. 3-21.

LINDELL, Griffith P. You need integrated attitude to develop IMC. **Marketing News**, maio 1997.

LINK, Gordon L. Global advertising: an update. **The Journal of Consumer Marketing**, v. 5, n. 2, p. 69-74, 1988.

LIOTARD-VOGT, Pierre. A conversation with Nestle's Pierre Liotard-Vogt. **Advertising Age**, jun., 1980, op cit. KEEGAN, Warren J. **Global marketing management**. 5. ed. New Jersey: Prentice Hall, 1995. p. 31.

MATTAR, Fauze N. **Pesquisa de marketing**. 2. ed. São Paulo: Atlas, 2000. p. 18-28.

McARTHUR, David N.; GRIFFIN, Tom. A marketing management view of integrated marketing communications. **Journal of Advertising Research**, set./out. 1997.

McCARTHY, Jerome E. **Essentials of marketing**. Homewood: Richard D. Irwin, Inc., 1982. cap. 2, p. 35.

McCULLOGUGH, Wayne R. Global advertising which acts locally: the IBM subtitles campaign. **Journal of Advertising Research**, p.11-15, maio/jun., 1996.

McLAUGHLIN, John P. Why is IMC taking so long? Blame it on the clients. **Marketing News**, set. 1997.

MILLER, Cyndee. Every one loves IMC, but... **Marketing News**, ago. 1993.

MILLER, Debra A.; ROSE, Patrícia B. **Integrated communications**: a look at reality instead of the. Rhinebeck: Public Relations Quarterly, primavera, 1994.

MOOJI, Marieke de. **Global marketing and advertising**: Understanding cultural paradoxes. Thousand Oaks: Sage, 1998.

NAISBIT, John. **Megatrends** – Ten new directions transform. Nova York: Warner Books, 1984.

NOVELLI, W. D. One-stop shopping: some troughts on integrated marketing communications. **Public Relations Quarterly**, v. 34, p. 7-8, inverno, 1989-1990.

NOWAK, G.; PHELPS, J. The integrated marketing communications' phenomenon: an examination of its impact on advertising practices and its implications for advertising research. **Journal of Current Issues and Research in Advertising**, p. 49-66, jan. 1994.

O'CONNOR, James."International advertising". op. cit. MICHMAN; JUGENHEIMER, (eds.) Strategic advertising decisions: selected readings. **Grid Series in Advertising and Journalism**, p. 363-371, 1976.

PEEBLES, Dean M. Executives insights: don't write off global advertising. **International Marketing Review**, v. 6, n. 1, 1989, p.73-78.

PERLMUTTER, Howard. The tortous evolution of the multinational corporation. **Columbia Journal of World Business**, p. 9-20, jan./feb. 1969.

PETRECCA, Laura. Bic slates single image via global consolidation. **Advertising Age**, p. 3-6, nov. 1998.

PHELPS, J.; PLUMLEY, J.; JOHNSON, E. Integrated marketing communications: who is doing what? op. cit. KING, K. W. (ed.) **Proceedings of the Conference of the American Academy of Advertising**. Athens: University of Georgia, 1994.

POLLACK, Judann. Global 100 overcomes obstacles. **Business Marketing**, p. 6, jun. 1995.

RAYPORT, G. F.; SVIOKLA, J. G. Managing and marketspace. **Harvard Business Review**, n. 72, p. 141-150, 1994.

REDAÇÃO. ONU discute mundo cada vez mais velho. **Folha de S.Paulo**, São Paulo, 9 abr. 2002, p. A 11.

ROOSTAL, Ilmar. Standardization of advertising for Western Europe. **Journal of Marketing**, p. 15-20, out. 1963.

ROSIER, B. Compaq aims global ad work at SMEs. **Marketing**, p. 9, out. 2000.

RUST, Roland T.; OLIVER, Richard W. The death of advertising. **Journal of Advertising**, Provo, dez. 1994.

SCHULTZ, Don E. et al. **Integrated marketing communications**. Illinois: NTC Bussiness Book, 1996.

________. Branding the basis for marketing integration. **Marketing News**, nov. 1998.

________. Integrated marketing communications: maybe definition is in the point of view. **Marketing News**, jan. 1993.

________. Is IMC finally becoming mainsteam? **Marketing News**, jul. 1996.

________. Just what are we integrating? And who should benefit? **Marketing News**, maio 1993.

________. Objectives drive tactics in IMC approach. **Marketing News**, maio 1994.

________. Problems that practicioners have with IMC. **Marketing News**, nov. 1996.

________. Rethinking marketing and communicatios' ROI. **Marketing News**, dez. 1996.

________. Some agencies find dip in IMC pool too cold. **Marketing News**, abr. 1997.

________. Trying to determine ROI for IMC. **Marketing News**, jan. 1994.

________. Why ad agencies are having so much trouble with IMC? **Marketing News**, abr. 1993.

SCHULTZ, Don E.; TANNENBAUN, S. I.; LAUTERBORN, R. F. **Integrated marketing communications**. Illinois: NTC Business Book, 1996.

SHIMP, Terence A. **Promotion management and marketing communications**. 3. ed. Harcourt: Jovanovich International Edition, 1993.

SPEY, James S. What's make global advertising work? **Chief Executive Magazine**, p. 28-33, jun., 1996.

STEWART, D. W. Market-back approach to the design of integrated communications programs. A change in paradigm and a focus on determinants of success. **Journal of Business Research**, n. 37, p. 147-153, 1996.

TERPSTRA, Vern; SARATHY, Ravi. **International marketing**. Orlando: The Dryden Press, 1991. p. 456-461.

TROUT, Jack; RIES, All. **Posicionamento:** a batalha pela sua mente. Trad. José Roberto Witaker Penteado. São Paulo: Pioneira, 1987. p. 17-18.

WATERSCHOOT, W.; VAN BULTE, C. The four classification of the marketing mix revisited. **Journal of Marketing**, v. 56, n. 4, p. 83-93, 1992.

WIND, Yoran. The myth of globalization. **Journal of Consumer Marketing**, v. 3, n. 2, p. 23-26, 1986.

WIND, Yoran et al. Guidelines for developing international marketing strategies. **Journal of Marketing**, p.14-23, abr. 1973.

WOLTER, L. Superficiality, ambiguity threatens IMC's implementation and futures. **Marketing News**, set. 1993.

WOOD, Marian B. Clear IMC goals build strong relationships. **Marketing News**, jun. 1997.

YARBROUGH, John f. Implementing IMC – with ease. **Sales and Marketing Management**, set. 1996.

ZALTMAN, Gerald; MOORMAN, Christine. The management and use of advertising research. **Journal of Advertising Research**, p. 11-18, jun. 1988.

ZIGMUND, W. G.; D'AMICO, M. **Marketing**. 5. ed. New York: West Publishing Company, 1996.